Ammalat-Beck

Mulla-Nur

Alexander Bestuzhev

Аммалат-Бек
Мулла-Нур

Александр Бестужев

Ammalat-Beck; Mulla-Nur

ISNB: 978-1-60444-872-6

Аммалат-Бек . Мулла-Нур

© Индоевропейских Издание , 2018

ISNB: 978-1-60444-872-6

АММАЛАТ-БЕК

(Кавказская быль)

Посвящается
Николаю Алексеевичу Полевому

Будь медлен на обиду - к отмщенью скор!
Надпись дагестанского кинжала.

ГЛАВА I

Была джума[1]. Близ Буйнаков, обширного селения в Северном Дагестане, татарская молодежь съехалась на скачку и джигитовку, то есть на ристанье, со всеми опытами удальства. Буйнаки лежат в два уступа на крутом обрыве горы. Влево от дороги, ведущей из Дербента к Таркам, возвышается над ними гребень Кавказа, оперенный лесом; вправо берег, понижаясь неприметно, раскидывается лугом, на который плещет вечно ропотное, как само человечество, Каспийское море. Вешний день клонился к вечеру, и все жители, вызванные свежестью воздуха еще более, чем любопытством, покидали сакли свои и толпами собирались по обеим сторонам дороги. Женщины без покрывал, в цветных платках, свернутых чалмою на голове, в длинных шелковых сорочках, стянутых короткими архалуками (тюника), и в широких туманах[2], садились рядами, между тем как вереницы ребят резвились перед ними. Мужчины, собравшись в кружки, стоя, или сидя на коленях[3], или по двое и по трое, прохаживались медленно кругом; старики курили табак из маленьких деревянных трубок; веселый говор разносился кругом, и порой возвышался над ним звон

---

[1] Джума соответствует нашей неделе, то есть воскресенью. Вот имена прочих дней магометанской недели: шамби (наша суббота), ихшамба (воскресенье), душамба (понедельник), сешамба (вторник), чаршамба (середа), пханшамба (четверг), джума (пятница).

[2] Хотя, в существе, нет никакой разницы между мужскими шальварами и женскими туманами (панталонами), но для мужчины будет обидно, если вы скажете, что он носит туманы, и наоборот.

[3] Обыкновенный образ сиденья у азиатцев на улице или перед старшим. А потому Н.М. Карамзин очень ошибся, переведя слова волынского летписца: "Зле те, Романе, на коленях пред ханом седиши" — "худо тебе, Роман, на коленях стоишь перед ханом". Конечно, сидеть на корточках было невесело для галицкого князя, но не так унизительно, как думает историк.

1

подков и крик: "качь, качь (посторонись)!" от всадников, приготовляющихся к скачке.

Дагестанская природа прелестна в мае месяце. Миллионы роз обливают утесы румянцем своим, подобно заре; воздух струится их ароматом; соловьи не умолкают в зеленых сумерках рощи. Миндальные деревья, точно куполы пагодов, стоят в серебре цветов своих, и между них высокие раины, то увитые листьями, как винтом, то, возникая стройными столпами, кажутся мусульманскими минаретами. Широкоплечие дубы, словно старые ратники, стоят на часах там, инде, между тем как тополи и чинары, собравшись купами и окруженные кустарниками как детьми, кажется, готовы откочевать в гору, убегая от летних жаров. Игривые стада баранов, испещренных розовыми пятнами; буйволы, упрямо погрязающие в болоте при фонтанах или по целым часам лениво бодающие друг друга рогами; да там и сям по горе статные кони, которые, разбросав на ветер гриву, гордой рысью бегают по холмам, - вот рамы каждого мусульманского селения. Можно себе вообразить, что в день этой джумы окрестности Буйнаков еще более оживлены были живописною пестротою народа. Солнце лило свое золото на мрачные стены саклей с плоскими кровлями и, облекая их в разнообразные тени, придавало им приятную наружность... Вдали тянулись в гору скрипучие арбы, мелькая между могильными камнями кладбища... Перед ним несся всадник, взвевая пыль по дороге... Горный хребет и безграничное море придавали всей картине величие, вся природа дышала теплою жизнью.

- Едет, едет! - раздалось из толпы, и все зашевелились.

Всадники, которые доселе разговаривали со знакомыми, ступив на землю, или нестройно разъезжали в поле, вскочили на коней и понеслись навстречу поезда, спускающегося с горы: то был Аммалат-бек, племянник тарковского шамхала[4] со своею свитою. Он был одет в черную персидскую чуху, обложенную галунами; висячие рукава закидывались за плечи. Турецкая шаль обвивала под исподом надетый архалук из букетовой термоламы. Красные шальвары скрывались в верховые желтые сапоги с высокими каблуками. Ружье, кинжал и пистолет его блистали серебром и золотою насечкою. Ручка сабли осыпана была дорогими каменьями. Сей владетель Тарков был высокий, статный юноша, открытого лица; черные зильфляры (кудри) вились за ухом из-под шапки... легкие усы оттеняли верхнюю губу... очи сверкали гордою приветливостью. Он сидел на

_____

[4] Первые шамхалы были родственники и наместники халифов дамасских. Последний шамхал умер, возвращаясь из России, и с ним кончилось это бесполезное достоинство. Сын его, Сулейман—паша, владеет наследством просто как частным имением.

червонном коне, и тот крутился под ним как вихорь. Против обыкновения, не было на коне персидского круглого, расшитого шелками чепрака, но легкое черкесское седло с серебром под чернетью, с расписанными потебнями и со стременами черного хорасанского булата под золотою насечкою. Двадцать нукеров[5] на лихих скакунах, в чухах, блестящих галунами, сдвинув шапки набекрень, скакали, избочась, сзади. Народ почтительно вставал перед своим беком и склонялся, прижимая правую руку к правому колену. Ропот и шепот одобрения разливался вслед ему между женщин.

Подъехав к южному концу ристалища, Аммалат остановился. Почетные люди, старики, опираясь на палки, и старшины Буйнаков обстали его кругом, стараясь вызвать на себя приветливое слово бека, но Аммалат ни на кого не обращал особенного внимания и с холодною учтивостью отвечал односложными словами на лесть и поклоны своих подручников. Он махнул рукой: это был знак начинать скачку.

Без очереди, без всякого порядка кинулись человек двадцать самых горячих ездоков скакать взад и вперед, гарцуя, перегоняя друг друга. То перерезывали они друг другу дорогу и вдруг сдерживали коней, то вновь пускали их во всю прыть с места. После этого все взяли небольшие палки, называемые джигидами, и начали на скаку метать вслед и встречу противников, то ловя их на лету, то подхватывая с земли. Иные падали долой из седла от сильных ударов, и тогда раздавался громкий смех зрителей побежденному, громкие клики привета победителю, иногда кони спотыкались и всадники редко не падали через голову, выброшенные двойною силою коротких стремян. Затем началась стрельба.

Аммалат-бек все это время стоял поодаль, любуясь на скачку. Нукеры его один по одному вмешивались в толпу джигитующих, так что под конец при нем осталось только двое. Сначала он стоял неподвижен и равнодушным взором следил подобие азиатской битвы, но мало-помалу участие стало разыгрываться в нем сильнее и сильнее... Он уже с большим вниманием смотрел на удальцов, стал ободрять их голосом и движением руки, вставать выше на стременах, и, наконец, наезническая кровь закипела в нем, когда любимый его нукер не попал на всем скаку в брошенную перед ним шапку; он выхватил у своего оруженосца ружье и стрелой полетел вперед, увиваясь между стрелками.

---

[5] Нукер - общее имя для прислужников; но, собственно, это то же самое, что у древних шотландцев Henchman (прибедренник).Он всегда и везде находится при господине, служит за столом, режет и рвет руками жаркое и так далее.

- Раздайся, раздайся! - послышалось кругом, и все, как дождь, рассыпались по сторонам, дав место Аммалат-беку.

На расстоянии одной версты стояло десять шестов с повешенными на них шапками. Аммалат проскакал в один конец, крутя ружье над головою; но едва миновал крайний столб смелым поворотом, он встал на стременах, приложился назад, паф - и шапка упала наземь; не умеряя бега, он зарядил ружье, с брошенными поводами, сбил шапку с другого, с третьего и так со всех десяти... Говор похвал раздался со всех сторон, но Аммалат, не останавливаясь, бросил ружье в руки нукера, выхватил из-за пояса пистолет и выстрелом из него отбил подкову с задней ноги своего скакуна; подкова взвилась и, свистя, упала далеко назади; тогда он снова подхватил заряженное нукером ружье и велел ему скакать перед собою...

Быстрее мысли понеслись оба. На полдороге нукер вынул из кармана серебряный рубль и высоко взбросил его в воздух; Аммалат приложился вверх, не ожидая падения, но в то же самое мгновение конь его споткнулся со всех четырех ног и, бороздя пыль мордою, покатился вперед с размаху. Все ахнули, но ловкий всадник, стоявший стойма на стременах, не тряхнулся, не подался вперед, как будто не слышал падения, - выстрел сверкнул, и вслед за выстрелом серебряный рубль улетел далеко в народ. Толпа заревела от удовольствия: "Игид! игид (удалец)! Алла, Вал-ла-га!" Но Аммалат-бек скромно отъехал в сторону, сошел с коня и, бросив повода в руки джиладара, то есть конюшего, велел сей же час подковать коня. Скачка и стрельба продолжались.

В это время подъехал к Аммалату эмджек[6] его, Сафир-Али, сын одного из небогатых беков буйнакских, молодой человек, приятной наружности и простого, веселого нрава. Он вырос вместе с Аммалатом и потому очень коротко обходился с ним. Он спрыгнул с коня и, кивнув головою, сказал:

- Нукер Мемет-Расуль измучил твоего старика безгривого жеребца[7], заставляет его скакать через ров шириною шагов семи.

- И он не прыгает? - вскричал нетерпеливый Аммалат. - Сейчас, сей же миг привести его ко мне.

Он встретил коня на полдороге, не ступая в стремя, вспрыгнул в седло и полетел к утесистой рытвине, доскакал, стиснул колена, но усталый

---

[6] Эмджек - грудной, молочный брат, от слова эмджек - сосец. У кавказских народов это родство священнее природного; за своего эмджека каждый положит голову. Матери стараются заранее связать таким узлом надежные семьи. Мальчика приносят к чужой матери, та кормит его грудью, и обряд кончен, и неразрывное братство начато.

[7] Славная в Персии порода туркменских лошадей, называемая теке.

конь, не надеясь на свои силы, вдруг повернул направо на самом краю, и Аммалат должен был сделать еще круг.

Во второй раз конь, подстрекаемый плетью, взвился на дыбы, чтобы перепрянуть через ров, но замялся, заартачился и уперся передними ногами.

Аммалат вспыхнул.

Напрасно упрашивал его Сафир-Али, чтобы он не мучил бегуна, утратившего в боях и разъездах упругость членов; Аммалат не внимал ничему и понуждал его криком, ударами обнаженной сабли. И в третий раз подскакал он к рытвине, и когда в третий раз стал с размаху старый конь, не смея прыгать, он так сильно ударил его рукоятью сабли в голову, что конь грянулся наземь бездыханен.

- Так вот награда за верную службу! - сказал Сафир-Али, с сожалением глядя на издохшего бегуна.

- Вот награда за ослушанье! - возразил Аммалат, сверкая очами.

Видя гнев бека, все умолкли и отсторонились. Всадники джигитовали.

И вдруг загремели русские барабаны, и штыки русских солдат засверкали из-за холма. То была рота Куринского пехотного полка, отправленная из отряда, ходившего тогда в Акушу, возмущенную Ших-Алй-ханом, изгнанным владетелем Дербента. Рота сия должна была конвоировать обоз с продовольствием из Дербента, куда и шла горною дорогою. Ротный командир, капитан, и с ним один офицер ехали впереди. Не доходя до ристалища, ударили отбой, и рота стала, сбросила ранцы и составила в козлы ружья, расположась на привал, но не разводя огней.

Прибытие русского отряда не могло быть новостью для дагестанцев в 1819 году; но оно и до сих пор не делает им удовольствия. Изуверство заставляет их смотреть на русских как на вечных врагов, но врагов сильных, умных, и потому вредить им решаются они не иначе как втайне, скрывая неприязнь под личиною доброхотства.

Ропот разлился в народе при появлении русских; женщины окольными тропинками потянулись в селение, не упуская, однако ж, случая взглянуть украдкою на пришлецов. Мужчины, напротив, поглядывали на них искоса, через плечи, и стали сходиться кучками, разумеется потолковать, каким бы средством отделаться от постоя, от подвод и тому подобного. Множество зевак и мальчишек окружили, однако, русских, отдыхающих на травке. Несколько кекхудов (старост) и чаушей (десятников), назначенных русским правительством, поспешили к капитану и, сняв шапки, после обычных приветов: хош гяльды (милости просим) и яхшимусен, тазамусен сен-немамусен (как живешь-можешь), добрались и до неизбежного при встрече с азиатцами вопроса: "что нового? на хабер?"

- Нового у меня только то, что конь мой расковался и оттого, бедняга, захромал, - отвечал им капитан, довольно чисто по-татарски. - Да вот, кстати, и кузнец, - продолжал он, обращаясь к широкоплечему татарину, который опиливал уже копыто вновь подкованного Аммалатова бегуна. - Кунак, подкуй мне коня!.. Подковы есть готовые; стоит брякнуть молотком, и дело кончено в минуту!

Кузнец, у которого лицо загорело от горна и от солнца, угрюмо взглянул на капитана исподлобья, поправил широкий ус, падающий на давно не бритую бороду, которая бы щетинами своими сделала честь любому борову, подвинул на голове аракчин (ермолку) и хладнокровно продолжал укладывать в мешок свои орудия.

- Понимаешь ли ты меня, волчье племя? - сказал капитан.

- Очень понимаю! - отвечал кузнец. - Тебе надобно подковать свою лошадь...

- И ты сам должен подковать ее, - отвечал капитан, заметя в татарине охоту шутить словами.

- Сегодня праздник: я не стану работать.

- Я заплачу тебе за труды что хочешь; но знай, что волей и неволей ты у меня сделаешь, что я хочу.

- Прежде всех наших идет воля аллаха, а он не велел работать в джуму. Довольно грешим мы из выгоды и в простые дни... так в праздник не хочу я себе покупать за серебро уголья.

- Да ведь ты работал же сейчас, упрямая башка? Разве не равны кони? Притом же мой настоящий мусульманин. Взгляни-ка тавро: кровный карабахский...

- Кони все равны, да не равны те, кто на них ездит, Аммалат-бек мой ага (господин).

- То есть, если бы вздумал отнекиваться, он бы велел обрезать тебе уши; а для меня ты не хочешь работать в надежде, что я не смею сделать того же? Хорошо, приятель: я точно не обрежу тебе ушей, но знай и верь, что я в твою православную спину влеплю двести самых горячих нагаек, если ты не перестанешь дурачиться. Слышал?

- Слышал, и все-таки буду отвечать по-прежнему: не кую, потому что я добрый мусульманин.

- А я заставлю тебя ковать, потому что я добрый солдат. Когда ты работал для прихоти своего бека, ты будешь работать для необходимости русского офицера: без этого я не могу выступить. Ефрейторы, сюда!!

Между тем кружок любопытных около упрямого кузнеца расширялся, подобно кругу на воде от брошенного камня. В толпе иные уже ссорились за передние места, не зная, что смотреть бегут они, и, наконец, раздалось: "Этого не надо, этому не бывать, сегодня праздник, сегодня грех работать!"

6

Некоторые смельчаки, надеясь на число, надвинули шапки на глаза и, держась за рукоятки кинжалов, подле самого капитана стали кричать: "Не куй, Алекпер, не делай ему ничего... Вот тебе новости! Что нам за пророки эти немытые русские!"

Капитан был отважен и знал очень коротко азиатцев.

- Прочь, бездельники! - закричал он гневно, положа руку на ручку пистолета. - Молчать, или я первому, кто осмелится выпустить брань из-за зубов, запечатаю рот свинцовою печатью!

Это увещание, подкрепленное штыками нескольких солдат, подействовало мгновенно: кто был поробче - давай Бог ноги, кто посмелее - прикусил язык. Сам набожный кузнец, видя, что дело идет не на шутку, поглядел на все стороны, проворчал: "Недежелеим (что ж мне делать)?", засучил рукава, вытащил из мешка клещи и молот и начал подковывать русскую лошадь, приговаривая сквозь зубы: "Валла билла битмы эддым" (а это значит наравне с польским: дали буг, не позволяй).

Надобно сказать, что все это происходило за глазами Аммалата: он, едва завидел русских, как, избегая неприятной для себя встречи, сел на новоподкованного коня и поскакал в дом свой, над Буйнаками стоящий.

Между тем как это происходило на одном конце ристалища, ко фронту отдыхающей роты подъехал всадник среднего роста, но атлетического сложения; он был в кольчуге, в шлеме, в полном боевом вооружении; за ним следом тянулось пять нукеров. По запыленной их одежде, по коням в поту и пене виделось, что они совершили скорый и дальний переезд. Первый всадник, рассматривая солдат, тихим шагом проезжал вдоль составленных в козлы ружей, задел и опрокинул две пирамиды. Нукеры, следуя за господином, вместо того чтоб своротить в сторону, дерзко топтали упавшее оружие. Часовой, который еще издали кричал, чтоб они не приближались, схватил под уздцы коня панцирника, между тем как множество солдат, раздраженных таким презрением от мусульман, окружили поезд с бранью.

- Стой, кто ты? - было восклицание и вместе вопрос часового.

- Ты, видно, рекрут, когда не узнал Султан-Ахмет-хана Аварского[8], - хладнокровно отвечал панцирник, отрывая руку часового от поводьев. - Кажется, в прошлом году я задал русским в Башлах[9] по себе славную поминку. Переведи ему это, - сказал он одному из своих нукеров. Аварец повторил его слова по-русски довольно понятно.

---

[8] Он был родной брат Гассан-хана Джемутайского, а сделался ханом Аварским, женясь да вдове хана, единственной его наследнице.

[9] Тогда отряд наш, состоявший из трех тысяч человек, окружен был шестьюдесятью тысячами горцев. Там был уцмий Каракайдахский, аварцы, акушинцы, койсубулинцы и другие. Русские пробились ночью - и с уроном.

- Это Ахмет-хан! Ахмет-хан... - раздалось между солдатами. - Лови его, держите его! Тащите его на расплату за башлинское дело... Бездельники в куски изрубили наших раненых!

- Прочь, грубиян! - вскричал Султан-Ахмет-хан по-русски рядовому, который снова схватил коня за узду. - Я русский генерал!

- Русский изменник! - зашумели множество голосов. - Ведите его к капитану, потащим его в Дербент, к полковнику Верховскому!

- Только в ад пойду я с такими проводниками, - сказал Ахмет-хан с презрительною улыбкою и в то же мгновение поднял коня на дыбы, бросил его влево, вправо и вдруг, повернув на воздухе кругом, ударил нагайкою и был таков. Нукеры не сводили глаз с хана и с гиком кинулись за ним следом, опрокинули некоторых солдат и открыли себе дорогу. Отскакав не более как шагов на сто, хан снова поехал шагом, не оглядываясь назад, не изменяясь в лице и хладнокровно поигрывая уздечкою. Толпа татар, собравшаяся около кузнеца, привлекла его внимание.

- Что у вас за споры, приятели? - спросил у ближних Ахмет-хан, сдержав коня.

Все с уважением приложили руки ко лбу при поклоне, завидев хана. Те, которые были поробче или посмирнее, очень смутились от этой встречи: того и гляди, попадешь в беду от русских, зачем не взяли врага их, или под месть хана, если ему не уважишь. Зато все головорезы, все бездельники и все, которые с досадой смотрели на владычество русское, окружили его веселою толпою. Ему в один миг рассказали в чем дело.

- И вы, как буйволы, смотрите, когда вашего брата запрягают в ярмо, - громко сказал хан окружающим, - когда вам в глаза смеются над вашими обычаями, топчут под ноги вашу веру! И вы плачете, как старые бабы, вместо того чтобы мстить, как прилично мужам! Трусы! трусы!

- Что мы сделаем! - возразили ему многие голоса. - У русских есть пушки! есть штыки!..

- А у вас разве нет ружей, нет кинжалов? Не русские страшны, а вы робки! Позор мусульманам: дагестанская сабля дрожит перед русскою нагайкою. Вы боитесь пушечного грома, а не боитесь укоров. Ферман русского пристава для вас святее главы из Курана. Сибирь пугает вас пуще ада... Так ли поступали деды ваши, так ли думали отцы?.. Они не считали врагов и не рассчитывали, выгодно или невыгодно сопротивляться насилию, а храбро бились и славно умирали. Да и чего бояться? Разве чугунные у русских бока? Разве у их пушек нет заду? Ведь скорпионов ловят за хвост!!

Речь эта возмутила толпу. Татарское самолюбие было тронуто заживо.

- Что смотреть на них? Что позволять им хозяйничать у нас, будто в своем кармане? - послышалось отовсюду. - Освободим кузнеца от работы, освободим! - закричали все и стеснили кружок около русских солдат, посреди коих Алекпер ковал капитанскую лошадь.

Смятение росло.

Довольный возбуждением мятежа, Султан-Ахмет-хан не желал, однако ж, замешиваться в ничтожную схватку и выехал из толпы, оставя там двух нукеров для поддерживания духа запальчивости между татар, а с двумя остальными быстро поскакал в утах[10] Аммалата.

- Будь победитель! - сказал Султан-Ахмет-хан Аммалат-беку, который встретил его на пороге.

Это обыкновенное на черкесском языке приветствие было произнесено им с таким значительным видом, что Аммалат, поцеловавшись с ним, спросил:

- Насмешка это или предсказание, дорогой гость мой?

- Зависит от тебя, - отвечал пришелец. - Настоящему наследнику шамхальства[11] стоит только вынуть из ножен саблю, чтобы...

- Чтобы никогда ее не вкладывать, хан? Незавидная участь: все-таки лучше владеть Буйнаками, нежели с пустым титулом прятаться в горах, как шакалу.

- Как льву, прядать с гор, Аммалат, и во дворце твоих предков опочить от славных подвигов.

- Не лучше ль не пробуждаться от сна вовсе?

- Чтобы и во сне не видать, чем должен ты владеть наяву? Русские недаром потчуют тебя маком и убаюкивают сказками, между тем как другой рвет золотые цветы[12] из твоего сада.

- Что могу я предпринять с моими силами?

- Силы - в душе, Аммалат!.. Осмелься, и все преклонится перед тобою... Слышишь ли? - промолвил Султан-Ахмет-хан, когда раздались в городе выстрелы. - Это голос победы.

Сафир-Али вбежал в комнату со встревоженным лицом.

- Буйнаки возмутились, - произнес он торопливо, - толпа буянов осыпала роту и завела перестрелку из-за камней...

- Бездельники! - вскричал Аммалат, взбрасывая на плечо ружье свое. -

---

[10] Дом по-татарски эвь; утах - значит палаты, а сарай - вообще здание. Гарам-Хане - женское отделение (от этого происходит русское слово хоромы). В смысле дворца употребляют иногда слово игарат. Русские все это смешивают в одно название - сакли, что по-черкесски значит дом.

[11] * Отец Аммалата был старший в семействе и потому настоящий наследник шамхальства; но русские, завладев Дагестаном и не надеясь на его доброхотство, отдали власть меньшему брату.

[12] Игра слов, до которой азиатцы большие охотники: кызыль-гюлларь, собственно, значит розы, но хан намекает на кызыль - червонец.

Как смели они шуметь без меня? Беги вперед, Сафир-Али, грози моим именем, убей первого ослушника.

- Я уже унимал их, - возразил Сафир-Али, - да меня никто не слушает, потому что нукеры Султан-Ахмет-хана поджигают их, говорят, что он советовал и велел бить русских.

- В самом деле мои нукеры это говорили? - спросил хан.

- Не только говорили, да и примером ободряли, - сказал Сафир-Али.

- В таком случае я очень ими доволен, - молвил Султан-Ахмет-хан, - это по-молодецки.

- Что ты сделал, хан? - вскричал с огорчением Аммалат.

- То, что бы тебе давно следовало делать.

- Как оправдаюсь я перед русскими?!

- Свинцом и железом... Пальба загорелась, судьба за тебя работает. Сабли наголо, и пойдем искать русских...

- Они здесь! - возгласил капитан, который с десятью человеками пробился сквозь нестройные толпы татар в дом владетеля.

Смущен неожиданным бунтом, в котором его могли счесть участником, Аммалат приветливо встретил разгневанного гостя.

- Приди на радость, - сказал он ему по-татарски.

- Не забочусь, на радость ли пришел я к тебе, - отвечал капитан, - но знаю и испытываю, что меня встречают в Буйнаках не по-дружески. Твои татары, Аммалат-бек, осмелились стрелять в солдат моего, твоего, общего нашего царя!

- В самом деле, это очень дурно, что они стреляли в русских... - сказал хан, презрительно разлегаясь на подушках, - когда им бы должно было убивать их.

- Вот причина всему злу, Аммалат, - сказал с гневом капитан, указывая на хана. - Без этого дерзкого мятежника ни один курок не брякнул бы в Буйнаках! Но хорош и ты, Аммалат-бек... Зовешься другом русских и принимаешь врага их как гостя, укрываешь как товарища, честишь как друга. Аммалат-бек! именем главнокомандующего требую: выдай его.

- Капитан, - отвечал Аммалат, - у нас гость - святыня. Выдача его навлекла бы на мою душу грех, на голову - позор неокупимый; уважьте мою просьбу, уважьте наши обычаи.

- Я скажу тебе в свою очередь: вспомни русские законы, вспомни долг свой; ты присягал русскому государю, а присяга велит не жалеть родного, если он преступник.

- Скорее брата выдам, чем гостя, г. капитан! Не ваше дело судить, что и как обещал я выполнять. В моей вине мне диван (суд) аллах и падишах!.. Пускай в поле бережет хана судьба, но за моим порогом, под моею кровлею я обязан быть его защитником и буду им!

- И будешь в ответе за этого изменника!

Хан безмолвно лежал во время этого спора, гордо пуская дым из трубки, но при слове изменник кровь его вспыхнула; он вскочил и с негодованием подбежал к капитану.

- Изменник я, говоришь ты? - сказал он. - Скажи лучше, что я не хотел быть изменником тем, кому обязан верностию. Русский падишах дал мне чин, сардарь ласкал меня, и я был верен, покуда от меня не требовали невозможного или унизительного. И вдруг захотели, чтоб я впустил в Аварию войска, чтобы позволил выстроить там крепости; но какого имени достоин бы я стал, если б продал кровь и пот аварцев, братьев моих! Да если бы я покусился на это, то неужели думаете вы, что мог бы это исполнить? Тысячи вольных кинжалов и неподкупных пуль устремились бы в сердце предателя, самые скалы рухнули бы на голову сына-отцепродавца. Я отказался от дружбы русских, но еще не был врагом их, и что ж было наградой за мое доброжелательство, за добрые советы? Я был лично, кровно обижен письмом вашего генерала, когда предостерегал его... Ему дорого стоила в Башлах дерзость... Реку крови пролил я за несколько капель бранчивых чернил, и эта река делит меня навечно с вами.

- Эта кровь зовет месть! - - вскричал капитан сердито. - И ты не уйдешь от нее, разбойник!

- А ты от меня, - возразил вспыльчивый хан, вонзая кинжал в живот капитана, когда тот занес руку, чтобы схватить его за ворот.

Тяжело раненный капитан, простонав, упал на ковер.

- Ты погубил меня, - произнес Аммалат, всплеснув руками, - он русский и гость мой.

- Есть обиды, которых не покрывает кровля, - возразил мрачно хан. - Кости судьбы выпали; колебаться не время; запирай ворота, скличь своих, и ударим на неприятелей.

- За час еще я не имел их... Теперь нечем их отражать... У меня нет в запасе ни пуль, ни пороху; люди в разброде...

- Народ разбежался! - в отчаянии вскричал Сафир-Али. - Русские идут в гору скорым шагом. Они уж близко!!

- Если так, то поезжай со мною, Аммалат, - молвил хан. - Я ехал в Чечню, чтобы поднять ее на линии... Что будет, Бог весть, но и в горах хлеб есть!.. Согласен ты?

- Едем!.. - решительно сказал Аммалат. - Теперь мне одно спасение - в бегстве... Не время теперь ни споров, ни укоров.

- Гей, коня, и шесть нукеров за мною!

- И я с тобой, - произнес со слезой в оке Сафир-Али, - с тобой в волю и в неволю.

- Нет, добрый мой Сафир-Али, нет! Ты останешься здесь похозяйничать, чтобы свои и чужие не растащили всего дома. Снеси от меня привет жене и проводи ее к тестю, шамхалу. Не забудь меня, - и до свиданья!

Едва успели они выскакать в одни ворота, как русские вторглись в другие.

ГЛАВА II

Вешний полдень сиял над высью Кавказа, и громкие крики мулл звали жителей Чечни к молитве. Постепенно возникали они от мечети до незримой за гребнями мечети, и одинокие звуки их, на миг пробуждая отголосок утесов, затихали в неподвижном воздухе.

Мулла Гаджи-Сулейман, набожный турок, один из ежегодно насылаемых в горы стамбульским диваном для распространения и укрепления православия, а с тем вместе и ненависти к русским, отдыхал на кровле мечети, совершив обычный призыв, омовение и молитву. Он был еще недавно принят муллою в чеченском селении Игали, и потому, погруженный в глубокомысленное созерцание своей седой бороды и кружков дыма, летящих с его трубки, порою он поглядывал с любопытным удовольствием и на горы и на ущелие, лежащее к северу, прямо под его глазами. Влево возникали стремнины хребта, отделяющего Чечню от Аварии, далее сверкали снега Кавказа. Сакли, неправильно разбросанные по обрыву, уступами сходили до полугоры, и только узкие тропинки вели к этой крепости, созданной природою и выисканной горскими хищниками для обороны воли своей, для охраны добычи. Все было тихо в селении и по горам окрестным; на дорогах и улицах ни души... Стада овец лежали в тени скал, буйволы теснились в грязном водоеме у ключа, выставляя одни морды из болота. Лишь жужжание насекомых, лишь однозвучная песня кузнечика были голосом жизни среди пустынного безмолвия гор, и Гаджи-Сулейман, залегши под куполом, вполне наслаждался тишью и бездействием природы, столь сходными с ленивою неподвижностью турецкого характера. Тихо поводил он глазами, в которых погас свой огонь и потуск свет солнца, и, наконец, взоры его встретили двух всадников, медленно взбирающихся вверх по противоположной стороне ущелья.

- Нефтали! - закричал наш мулла, обратившись к ближней сакле, у дверей которой стоял оседланный конь.

И вот стройный чеченец с подстриженною бородкою, в мохнатой шапке, закрывающей пол-лица, выбежал на улицу.

- Я вижу двух вершников, - продолжал мулла, - они объезжают селение!

12

- Верно, жиды, либо армяне, - отвечал Нефтали, - им, конечно, не хочется нанимать проводника; да они сломят себе шею на объездной тропинке. Там и дикие козы, и наши первые удальцы скачут оглядываясь.

- Нет, брат Нефтали, я два раза ходил в Мекку[13] и навидался армян и жидов во всех сторонах... Только эти всадники не тем глядят, чтобы им торговать по-жидовски, - разве на перекрестке менять железо на золото! С ними нет и вьюков. Взгляни-ка сам сверху, твои глаза вернее моих; мои отжили и отглядели свое. Бывало, за версту я мог считать пуговицы на кафтане русского солдата и винтовка моя не знала промаха по неверным, а теперь я и дареного барана вдали не распознаю.

Между тем Нефтали стоял уже подле муллы и орлиным взором своим следил проезжих.

- Полдень жарок, и путь тяжел, - промолвил Сулейман, - пригласи путников освежить себя и коней; может, не знают ли чего новенького, да и принимать странника крепко-накрепко заповедано Кураном.

- У нас в горах и раньше Курана ни один путник не выходил из деревни голоден или грустен, никогда не прощался без чурека, без благословения и без провожатого в напутье; только эти люди мне подозрительны: зачем им обегать добрых людей и по околицам, с опасностью жизни, миновать деревню нашу?

- Кажется, они земляки твои, - сказал Сулейман, осенив глаза рукою, чтобы пристальнее вглядеться. - На них чеченское платье. Может быть, они возвращаются из набега, куда и твой отец помчался с сотнею других соседов; или, может быть, едут братья мстить кровью за кровь.

- Нет, Сулейман, это не по-нашему. Утерпело ли бы сердце горское не заехать к своим похвалиться молодечеством в бою с русскими, пощеголять добычью? Это и не кровоместники и не абреки: лица их не закрыты башлыками; впрочем, одежда обманчива, и кто порука, что это не русские беглецы? Недавно из Гумбет-аула ушел казак, убив узденя хозяина, у которого жил, и завладев его конем, его оружием... Черт силен!

- На тех, у кого слаба вера, Нефтали... Однако, если я не ошибаюсь, у заднего всадника из-под шапки вьются волосы!

- Пускай я рассыплюсь прахом, если не правда! Это или русский, или еще и того хуже, шагид-татарин[14]. Постой, приятель, я расчешу тебе твои

---

[13] Гаджи, собственно, значит путешественник, но придается вроде титула тем, кои были в Мекке. Они имеют право носить белую витую чалму; шагиды редко, однако ж, ее носят.

[14] Все горцы плохие мусульмане, но держатся секты сунни; напротив, большая часть дагестанцев шагиды, как и персияне. Обе секты сии ненавидят друг друга от чистого сердца.

13

зильфляры (кудри); через полчаса я возвращусь, Сулейман, или с ними, или кто-нибудь из нас троих упитает горных беркутов.

Нефтали стремглав сбежал с лестницы, накинув на плечо ружье, прянул в седло и помчался с горы кубарем, не разбирая ни рытвин, ни камней. Только пыль взвивалась и камни катились следом за бесстрашным наездником.

- Алла акбер! - преважно сказал Сулейман и закурил трубку.

Нефтали скоро догнал всадников. Усталые кони их, покрытые пеною, кропили потом узкую, стремнистую стезю, по которой взбирались они в гору. Передний был в кольчуге, задний в черкесском платье; только персидская сабля вместо шашки висела на позументовом поясе. Левая рука его была окровавлена, перевязана платком и висела на темляке. Лиц обоих не мог он видеть. Долго ехал он сзади по скользкой тропе, висящей над пропастью, но при первой площадке заскакал вперед и поворотил коня навстречу.

- Селам алейкюм, - сказал он, преграждая путь на едва пробитую в скале стезю и выправляя оружие.

Передовой всадник поднял бурку на лицо, так что лишь одни нахмуренные брови его остались видимы.

- Алейкюм селам! - отвечал он, взводя курок ружья и укрепляясь в стременах.

- Дай Бог доброго пути, - молвил Нефтали, повторяя обыкновенный привет встречи и между тем готовясь при первом неприязненном движении застрелить незнакомца.

- Дай тебе Бог ума, чтобы не мешать путникам! - возразил нетерпеливо противник. - Чего ты хочешь от нас, кунак?

- Предлагаю покой и братскую трапезу вам, ячмень и стойло коням вашим. Порог мой искони цветет гостеприимством. Благодаренье путников множит стада и закаляет оружие доброго хозяина... Не кладите же клейма упрека на все наше селение, чтоб не сказали: "Они видели путников в полдневный жар и не освежили, не угостили их!"

- Благодарим за участие, приятель. Мы не привыкли на своре ходить в гости... да и быстрота для нас нужнее покоя.

- Вы едете навстречу погибели, не взявши провожатого.

- Провожатого! - воскликнул путник. - Да я знаю все туриные стежки на Кавказе, не только ваши конные проезды. Я бывал там, куда не ползали змеи, не взбирались тигры, не летали орлы ваши... Отсторонись, товарищ... на Божьей дороге нет твоего порога; мне некогда точить с тобою вздоры.

- Я не уступлю шагу, покуда не узнаю, кто ты и откудова.

- Дерзкий мальчишка! прочь с дороги... иль через миг твоя мать будет

14

вымаливать у чакалов и ветров твои раздробленные кости! Благодари судьбу, Нефтали, что я водил хлеб-соль с отцом твоим и не раз обок с ним пускал коня в сечу. Недостойный сын! Ты бродишь по дорогам и готов нападать на мирных путников, а тело отца твоего тлеет теперь на полях русских, и жены казаков продают на станичном базаре его оружие!!! Нефтали! отец твой убит вчерась за Тереком: узнай меня!

- Султан-Ахмет-хан! - вскричал чеченец, пораженный нечаянным, пронзающим взором хана и страшною вестию; голос его замер; он упал на гриву коня в тоске невыразимой.

- Да, я Султан-Ахмет-хан! Но врежь в память, Нефтали, что, если ты скажешь кому-нибудь: "Я видел Аварского хана", месть моя переживет поколения!

Странники проехали мимо.

Хан безмолвствовал, погруженный, как видно, в неприятные воспоминания; Аммалат-бек (это был он) - в черные думы. У обоих платье носило следы недавнего боя, усы были опалены вспышками полки, и брызги чужой крови засохли на лицах. Но гордый взор первого вызывал, казалось, на бой судьбу и природу; мрачная улыбка досады, смешанная с презрением, сжимала уста. Напротив, истома была написана на бледном лице Аммалата. Он едва поводил полузакрытыми глазами, и порою стон вырывался от боли в раненой руке его: неровный ход татарского, непривычного к горным дорогам коня еще более разбережал рану. Он первый прервал молчание.

- Почему ты отказался от предложения этих добрых людей? Заехали бы отдохнуть часочек-другой и по росе помчались бы далее.

- Ты думаешь, потому что ты чувствуешь, как юноша, любезный Аммалат. Привык ты повелевать своими татарами, как рабами, и полагаешь, что так же легко обходиться с вольными горцами! Рука судьбы отяготела над ними: мы разбиты и прогнаны, сотни храбрых горцев, твои и мои нукеры легли в битве с русскими... и показать чеченцам побежденное лицо Султан-Ахмет-хана, которое привыкли они видеть звездой победы, явиться посреди их беглецом, быть вестником своего позора, принять нищенское угощение, может быть слышать укоры за гибель мужей и сынов, увлеченных мною в дерзкий набег, - значит навсегда потерять их доверие. Пройдет время, слезы высохнут, жажда мести заменит тоску по убитым, и тогда снова увидят они Султан-Ахмета, пророка добыч и крови; тогда снова раздастся в этих горах призыв к бою, и снова поведу я летучие толпы мстителей в русские границы. Приди я теперь, и в пылу огорчения чеченцы не рассудят, что аллах дает и отнимает победу... Они могут, пожалуй, обидеть меня дерзким словом, а мои обиды неискупимы, и личная месть может заградить широкую дорогу

15

на русских. Зачем же накликать себе ссору с храбрым народом и сокрушать идола собственной славы, на который привыкли они глядеть с изумлением? Человек никогда не кажется обыкновеннее, как в бессилии, когда всякий безбоязненно может померять с ним плечо. Притом, тебе нужен искусный лекарь, а нигде не найдешь ты лучшего, как у меня. Завтра мы будем дома; потерпи до тех пор.

Аммалат-бек с признательностью приложил руку к сердцу и ко лбу: он чувствовал вполне справедливость речей хана, но слабость одолевала его с каждым часом.

Избегая селений, они провели ночь между утесами, питаясь горстью пшена, варенного с медом, без которого горцы редко отправляются в дорогу. Переправясь через Койсу, по мосту близ Аширте, они давно уже оставили за собой северный рукав ее, и Анде, и землю койсубулинцев, и голый хребет Салатау. Непроторенный путь их лежал по лесам, по крутизнам, ужасающим взор и дух; и вот стали они взбираться на последний хребет, разделяющий их с севера от Хунзаха, или Авара, - столицы ханов. Исчез и лес и кустарник на кремнистой пустыне гор, по которой кочуют лишь облака и вьюги. Чтобы достичь гребня, принуждены были наши путники ехать то вправо, то влево реями: так стремниста была круть утесов. Привычный конь хана осторожно и верно ступал с камня на камень, пытал копытом, не катятся ли они, и на хвосте сползал в обрывы; но гордый, пылкий жеребец Аммалата, питомец холмов дагестанских, горячился, прядал и оступался. Избалованный холею, он не мог выдержать двухдневного побега на зное солнца и холоду вершин, по острым скалам, едва подкрепленный скудною травою в расселинах. Тяжело храпел он, взбираясь выше и выше; пот струею бежал с нагрудника; широкие ноздри пышели огнем, и пена кипела на удилах.

- Аллах-Берекет! - воскликнул Аммалат, достигнув до вершины, с которой открылся ему вид на Аварию, но в ту же минуту изнемогший конь грянулся под ним на землю, кровь хлынула из оскаленного рта, и последний вздох его порвал седельную подпругу.

Хан поспешил помочь беку выбиться из стремян. Он со страхом заметил, что усилия сдвинули перевязку с раны Аммалатовой, и кровь пробилась снова. Молодой человек, казалось, был нечувствителен к боли: слезы его катились о павшем бегуне... Так одна капля не наполняет, но переполняет чашу.

- Ты уж не будешь носить меня как пух по ветру, - говорил он, - ни в пыльном облаке на скачке, слыша за собой досадные клики соперников и восклицания народа, ни в пламя битвы; уже не вынесешь еще однажды из-под чугунного дождя русских пушек. С тобой добыл я славу наездника; зачем же мне переживать и ее и тебя?!

16

Он склонил лицо в колена и долго, долго безмолвствовал, между тем как хан заботливо перевязывал раненую его руку. Наконец Аммалат поднял голову.

- Оставь меня, Султан-Ахмет-хан, - сказал он решительно, - оставь несчастливца собственной участи. Путь далек, а я изнемогаю. Оставшись со мной, ты даром погибнешь. Взгляни, как вьется над нами орел: он чует, что мое сердце скоро замрет в когтях его... И слава Богу. Лучше найти воздушный гроб в хищной птице, чем отдать свой прах под ногу христианина. Прощай, не медли.

- Не стыдно ли тебе, Аммалат, падать, запнувшись за соломинку?.. Велика беда, что ты ранен, что конь твой пал! Рана заживет до свадьбы, коня найдем лучше прежнего, и впереди у аллаха не одни беды приготовлены. В цвете лет и в мужестве ума грешно отчаиваться. Садись на моего коня: я поведу его под уздцы, и к ночи мы дома. Время дорого!

- Для меня уже нет времени, Султан-Ахмет-хан... Благодарю от сердца за твою братскую заботливость, но я не попользуюсь ею; тебе самому не вынести пешеходного пути после такой усталости. Повторяю: оставь меня на произвол судьбы. Здесь, на неприступных высотах, умру я волен и доволен... Да и чем может манить меня жизнь! Родители мои лежат в земле, жена лишилась зрения, дядя и тесть шахмал ползают в Тарках перед русскими; в родине, в наследии моем пируют гяуры, и теперь сам я изгнанник из дому, беглец из боя. Я не хочу и не должен жить!

- Не должен бы говорить такого вздора, любезный Аммалат, и одна только лихорадка извиняет тебя. Мы созданы для того, чтоб жить долее отцов наших; жен ты можешь найти еще три, если одна не наскучила; если не люб тебе шамхал, а любо твое кровное наследство, так для этого самого и надо тебе жить: потому что для мертвеца не нужна власть и невозможна победа. Мстить русским - святой долг: оживи хоть для него; а что мы разбиты, это не новость для воина; сегодня выпадает удача им, завтра выпадет нам. Аллах дает счастье, но человек создает себе славу не счастьем, а твердостью... Ободрись, друг Аммалат... Ты ранен и слаб, я крепок привычкою и не утомлен бегом; садись на коня, и мы еще побьем не раз русских!

Лицо Аммалата вспыхнуло...

- Да, я буду жить для мести им! - вскричал он, - для мести тайной и явной. Верь, Султан-Ахмет-хан, лишь для этого я принимаю твое великодушие!.. Отныне я твой... клянусь гробом отца: я твой! Руководи моими шагами, направляй удары моей руки, и если я, потонув в неге, забуду клятву свою, напомни мне эту минуту, эту вершину: Аммалат-бек пробудится, и кинжал его будет молния!

Хан обнял, поднимая на седло, воспламененного юношу.

17

- Теперь я узнаю в тебе чистую кровь эмиров, - сказал он, - кровь пламенную детей гор, которая, как сера, течет в жилах наших и в недре утесов и порой, вспыхивая, потрясает и рушит громады.

Поддерживая одною рукою в седле раненого, хан осторожно стал спускаться с обнаженного черепа. Случалось, камни с шумом катились из-под ног или конь скользил вниз по гладкому граниту, а потому они очень рады были, добравшись до мшистой полосы. Мало-помалу кудрявые растения начали расстилать свою зеленую пелену, то вея из трещин опахалами, то спускаясь с крутин длинными плетеницами наподобие лент и флагов. Наконец они въехали в густой лес орешников, потом дуба, черешни и еще ниже чинара и чиндара. Разнообразие, богатство растений и величавое безмолвие сенистых дубрав вселяло какое-то невольное благоговение к дикой силе природы. Порой из ночного мрака ветвей, как утро, рассветала поляна, украшенная благоуханным ковром цветов, не мятых стопою человека. Тропинка то скрывалась в чаще, то выходила на край утеса, и под ним в глубине шумел и сверкал ручей, то пенясь между каменьями, то дремля на каменном дне водоема, под тенью барбариса и шиповника. Фазаны, сверкая радужными хвостами, перелетывали в кустарниках; стада диких голубей вились над скалами то стеной, то столбом, восходящими к небу, и закат разливал на них воздушный пурпур свой, и тонкие туманы тихо подымались в ущельях; все дышало вечернею прохладою, незнакомою жильцам полей.

Уже путники наши были близки к селению Акок, лежащему за небольшой горой от Хунзаха. Невысокий гребень разделял их с этим селением, когда ружейный выстрел раздался в горах и, как зловещий знак, повторился отголоском утесов. Путники остановились в недоумении: перекаты постепенно затихли.

- Это наши охотники, - сказал Султан-Ахмет-хан, отирая пот с лица. - Они не ждут меня и не чают встретить в таком положении. Много радостных, много и горестных слез принесу я в Хунзах!

Непритворная горесть изобразилась на грозном лице Ахмет-хана: все нежные и все злобные чувства так легко играют душой азиатца!

Другой выстрел, однако ж, развлек его внимание... Удар и удар еще... Выстрелы отвечали выстрелам и, наконец, слились в жаркую перепалку.

- Там русские! - вскричал Аммалат, выхватывая из ножен саблю, и сжал каблуками коня, как будто одним прыжком хотел перепрыгнуть за гребень, но мгновенные силы его оставили, и клинок, звуча, покатился из опавшей руки. - Хан, - сказал он, ступая на землю, - спеши на помощь своим землякам: твое лицо будет для них дороже сотни воинов.

Хан не слышал слов его: он прислушивался к полету пуль, как будто желая различить русские от аварских.

- Ужели с легкостью коз заняли они и крылья у орлов Казбека! И откуда могли они пройти на наши неприступные твердыни? - говорил он, весь склонясь над седлом, со вложенною в стремя ногою. - Прощай, Аммалат! - вскричал он наконец, послышав, как загорелась сильней пальба. - Я еду погибнуть на развалинах, разрязясь, как перун, ударом!

В это время пуля, жужжа, упала к ногам его; он наклонился, поднял ее, и лицо его просияло улыбкою. Спокойно вынул он ногу из стремени и обратился к Аммалату.

- Садись верхом, - сказал он ему, - скоро ты своими глазами разгадаешь эту загадку... У русских свинцовые пули, а это медная, аварская[15], моя милая землячка. Притом же она прилетела с южной стороны, откуда никак не могут прийти русские.

Они въехали на вершину гребня, и взорам их открылись две деревни, лежащие на двух противоположных краях глубокой рытвины; и из них-то производилась перестрелка. Жители, залегши за камнями, за оградами, палили друг в друга. Между ними беспрестанно бегали женщины, с воплем и плачем, когда какой-нибудь удалец, приближась к самому краю пропасти, падал раненый. Они носили каменья и заботливо и бесстрашно под свистом пуль складывали перед ним род щита. Радостные крики раздавались на той или другой стороне, когда видели, что выносят из дела раненого противника. Печальные стоны оглашали воздух, когда падал кто-нибудь из родных или товарищей. Аммалат долго и с удивлением смотрел на битву эту, в которой было более грому, чем вреда. Наконец он обратил вопрошающий взор к хану.

- У нас это обыкновенная вещь, - отвечал тот, любуясь каждым удачным выстрелом. Такие сшибки поддерживают между нами воинственный дух и боевой навык. У вас частные ссоры кончаются несколькими ударами кинжала; у нас они становятся общим делом целых селений, и самая безделица может дать к тому повод. Я чай, и теперь дерутся за какую-нибудь украденную корову, которую не хотели отдать. У нас не стыдно воровать в чужом селении; стыдно только быть уличену в том. Полюбуйся на смелость наших женщин, пули, как мухи, жужжат, а им и горя мало! Достойные матери и жены богатырей!.. Конечно, в великий стыд вменится тому, кто ранит женщину; да ведь, за пулю нельзя поручиться. Острый глаз направляет ее, но слепая судьба несет в цель. Однако темнота льется с неба и разлучает минутных врагов. Поспешим к родным моим.

Одна привычка хана могла спасти наших путников от частых падений

---

[15] Не имея собственного свинца, аварцы большею частью стреляют медными пулями, ибо у них есть медные руды.

по крутому спуску к реке Узени. Аммалат почти ничего не видал перед собою: двойная завеса ночи и слабости задергивала его очи; голова его кружилась; будто сквозь сон взглянул он, поднявшись снова на высоту, на ворота дома ханского, на сторожевую башню. Неверной ногой ступил он на землю среди двора, среди восклицаний нукеров и челядинцев, и едва перешагнул за решетчатый порог гарама, дух его занялся, смертная бледность бросила снег свой на лицо раненого, и юный бек, истощенный кровью, утомленный путем, голодом и душевною тоскою, без чувств упал на узорные ковры.

ГЛАВА III

Аммалат пришел в память на заре.

Медленно, поодиночке сходились в ум его мысли, и те мелькали, будто в тумане, от чрезвычайного расслабления. Он вовсе не ощущал боли в теле своем, и это состояние было даже приятно ему: оно отнимало у жизни горе, у смерти - ужас, и в эту пору он услышал бы весть о выздоровлении так же беспечно, как весть о неизбежной кончине. Ему не хотелось молвить слова, пошевелить пальцем. Это полуусыпление было, однако ж, непродолжительно. В самый полдень, после посещения лекаря, когда прислужники разошлись исполнять обряды полуденной молитвы, когда стих усыпляющий говор их и только крик муллы раздавался вдали, Аммалат послышал тихие, осторожные шаги по коврам спальни. Он приподнял тяжелые веки, и сквозь сеть ресниц показалось ему, что прелестная черноокая девушка, в оранжевой сорочке, в глазетовом архалуке с двумя рядами эмалевых пуговок, с длинными косами, распущенными по плечам, тихо приблизилась к его ложу и так заботливо обвеяла его чело, так сострадательно взглянула на рану, что в нем затрепетались все жилки. Потом осторожно налила она лекарства в чашечку и... больше не мог он рассмотреть: веки его опали как свинец; он только ловил слухом шелест ее шелкового платья, будто шум крыльев улетающего ангела, и снова все стихло. И каждый раз потом, когда нетвердый еще разум его хотел разгадать ее появление, оно сливалось с неясными грезами горячки, так что первым вздохом, первым словом его, когда он очнулся, было: "Это сон!"

Но это не был сон.

Прелестная эта девушка была шестнадцатилетняя дочь Султан-Ахмет-хана. У всех горцев вообще незамужние пользуются большою свободою обращения с мужчинами, несмотря на закон Магомета. Тем более независима была любимая дочь хана. Подле ней только отдыхал он от забот и досад; подле ней только лицо его находило улыбку, а сердце - шутки. В кругу ли аварских старшин и узденей рассуждал он о делах горской политики, или давал суд правым и виноватым, между домашними ли слушал рассказы о прежних удальствах, или замышлял новые набеги, она прилетала, как ласточка, и приносила ему весну душевную. Счастье было того виноватого, на чье осуждение являлась она при отце. Взмахнутый кинжал останавливался на воздухе, и часто, взглянув на нее, хан отлагал кровавые замыслы, чтобы не разлучаться с милою дочерью. Все было ей позволено, все доступно. Запретить ей что-либо не подумал бы Ахмет-хан ни для каких обычаев, ни для каких пересудов; а подозрение в чем-нибудь, недостойном ее пола или ее сана, было так же далеко от его мыслей, как от ее сердца. Да и кто мог ей внушить нежные чувства из окружающих хана? Склонить свои мысли, унизить свои чувства до человека, низшего ее родом, было бы неслыханным позором для дочери последнего узденя; тем выше ханская дочь от самой колыбели напитывалась гордынею предков, и она, как ледяное забрало, отделяла сердце ее от всего видимого общества. Доселе ни один гость не был равен с нею родом; по крайней мере ни про одного не спросило о том сердце. Вероятно, что и беспечный, бесстрастный возраст ее был тому виною, может быть, но теперь час любви пробил, и сердце встрепенулось в груди неопытной красавицы. Она спешила заключить в объятия отца и со страхом увидала прекрасного юношу, падающего как мертвец к ногам ее... Первое ее чувство был ужас; но когда отец рассказал, как и почему Аммалат гость его, когда сельский лекарь объявил, что рана неопасна, нежное соучастие к раненому проникло все ее существо. Целую ночь напролет мечтался ей окровавленный гость, и она встретила зарю впервые не так румяная, как заря; в первый раз прибегла она к хитрости, чтобы взглянуть на приезжего, вошла в комнату его, чтобы поздороваться с отцом, и потом вкралась туда в полдень. Непостижимое, неодолимое любопытство влекло ее посмотреть на глаза Аммалата. Никогда в детстве не желала она так сильно игрушки, никогда в настоящем возрасте не манило ее так неодолимо новое, богатое платье или блестящее украшение, как страстно хотелось ей встретить глаза гостя; и, наконец, ввечеру она встретила томный, но выразительный, беспламенный, но светлый взор его. Она не могла отвести очей с черных очей Аммалата, прилепленных к ней. Казалось, они говорили: "Не скрывайся, звезда души моей!", поглощали исцеление и отраду из ее взоров. Она не знала, что с нею делается, не чувствовала, на земле ли была она или в воздухе носилась; летучие краски сменялись на лице ее. Наконец она решилась дрожащим голосом спросить его о здоровье...

Надо быть татарином, который считает за грех и обиду сказать слово чужой женщине, который ничего женского не видит, кроме покрывала и бровей, чтобы вообразить, как глубоко возмущен был пылкий бек взором и словом прелестной девушки, столь близко и столь нежно на него брошенным. Сладкий огонь пробежал по сердцу его, несмотря на слабость.

- О, мне очень хорошо теперь, - отвечал он, стараясь приподняться, - так хорошо, что я бы готов был умереть, Селтанета.

- Алла сахла-сын (Бог да сохранит тебя), - возразила она. - Живи, живи долго!.. Неужели не жаль тебе жизни?

- В сладкие минуты сладка и смерть, Селтанета. А если б я прожил еще сто лет, краше настоящей не нашел бы!

Селтанета не поняла слов гостя, но она поняла взор его, поняла выражение его голоса. Она закраснелась еще более и, сделав рукою знак, чтоб он успокоился, упорхнула из комнаты.

Между горцами есть весьма искусные лекаря, особенно для всех переломов и ран; но Аммалата исцеляло лучше всех трав и пластырей присутствие милой горянки. С приятною надеждою засыпал он, уверенный, что увидит ее во сне, и радостен просыпался, зная, что наяву с нею встретится. Силы его возвращались быстро, и с силами росла привязанность к Селтанете. Аммалат был женат, но, как водится на Востоке, для одних расчетов. Он никогда не видал до свадьбы невесты своей и после ничего не нашел в ней привлекательного, ничего такого, что бы могло пробудить его спящее сердце. Впоследствии жена его ослепла, и это обстоятельство еще более охладило связь, основанную на азиатской чувственности. Семейная неприязнь к тестю и дяде шамхалу еще более разделяла молодых супругов, до того, что они очень редко бывали вместе. Мудрено ли ж после этого, что юноша, пылкий по природе, своевластный по привычке, загорелся новою для него любовью! Быть с нею было для него самым высоким счастьем, ждать ее появления - приятнейшим занятием. Бывало, он вздрогнет, чуть заслышит ее голос; каждый звук, будто луч солнца, проникал в душу, и ощущение его походило на боль, но боль так восхитительную, что он желал бы навеки продлить ее. Мало-помалу знакомство между молодыми людьми скрепилось в дружбу... Они почти беспрестанно бывали вместе. Хан часто уезжал внутрь Аварии по делам хозяйства, по расправам, по военным распоряжениям, оставляя гостя на попечение жены своей, тихой, молчаливой женщины. Он очень видел склонность Аммалата к дочери своей и втайне тому радовался; это оживляло его честолюбивые и воинственные виды: родство с беком, имеющим право на шамхальство, предавало ему в руки тысячу поводов и средств вредить русским. Ханша, занимаясь урядом домашним, оставляла нередко по целым часам

Аммалата в покоях своих, как родного, и Селтанета, с двумя или тремя своими приближенными девушками, сидя на подушке за рукодельем, не видела, как летит время, то разговаривая с гостем, то внимая его рассказам. Бывало и то, что долго, долго сиживал Аммалат, склонясь у ног своей Селтанеты, не вымолвив слова, то глядясь в черные, поглощающие глаза ее, то любуясь с ней горными видами из окна ее, обращенного к северу, и крутыми берегами и крутыми изворотами гремучей Узени, над которою висит замок ханский. Подле этого детски невинного существа забывал Аммалат желания, которых она еще не знала, и, тая в неизвестном, непонятном для него наслаждении, он не думал ни о прошедшем, ни о будущем; он не думал ни о чем, он только мог чувствовать и беззаботно, не отнимая от чаши уст, пил блаженство каплю по капле.

Так протекло лето.

Аварцы - народ свободный. Они не знают и не терпят над собой никакой власти. Каждый аварец называет себя узденем, и если имеет есыря (пленного), то считает себя важным барином. Бедны, следственно, и храбры до чрезвычайности; меткие стрелки из винтовок, славно действуют пешком; верхом отправляются только в набеги, и то весьма немногие. Лошади их мелки, но крепки невероятно; язык дробится на множество наречий, но в основе лезгинский, ибо и сами аварцы племени лезгинского. Помнят христианскую веру, ибо не более ста двадцати лет поклонились Магоммеду, но до сих пор плохие магометане: пьют водку, пьют бузу, нередко виноградное вино, но всего чаще вино вареное, называемое у них джапа. Верность аварского слова в горах обратилась в пословицу. Дома тихи, гостеприимны, радушны, не прячут ни жен, ни дочерей; за гостя готовы умереть и мстить до конца поколений. Месть для них - святыня, разбой - слава. Впрочем, нередко принуждены бывают к тому необходимостию. Выходя по вершине Аталы и Тхезерук, через хребет Турнитау в Кахетию, за реку Алазань, для сельских работ, из очень скудной платы, они нередко остаются дня по два и по три без дела и потом, сговорившись, как голодные волки, бросаются ночью на ближние селения и, если удастся, угоняют стада, похищают женщин, захватывают пленников, но всего чаще слагают свои буйные головы в неравном бою. В русские границы впадения их затихли с тех пор, как укротили акушинцев, и Аслан-хан Кумыкский стережет через его владения лежащий выход из Аварии. Но селение Хунзах, или Авар, лежащее на восточном краю Аварии, искони составляет наследие ханов, и власть их там закон. Но имея право велеть своим нукерам изрубить кинжалами любого жителя Хунзаха, даже любого проезжего, хан не смеет наложить никакой подати, никакой пошлины на народ и должен довольствоваться доходами со стад и с полей своих, обрабатываемых каравашами (рабами) и есырями (пленниками). Не бравши, однако ж, прямых налогов, ханы не отказываются от требования повинностей, освященных более силою, чем обычаем. Взять во двор мальчика или девку, нарядить подводы на волах или буйволах для собственной перевозки или работы, послать гонца и тому подобное - суть вещи ежедневные. Жители Хунзаха живут, однако же, богаче всех своих одноземцев; дома их чисты и почти все в два яруса; мужчины стройны, женщины красивы, тем более что между ними множество грузинок, захваченных в плен. В Аварии много занимаются арабским языком, и потому слог людей грамотных очень цветен. Гарам ханский всегда полон гостями и нередко просителями, которые, по азиатскому обычаю, не смеют показать глаз без пешкеша (подарка), хотя бы то был пяток яиц. Нукеры ханские, на числе и отважности коих опирается власть его, с утра до вечера толкаются во дворах и в комнатах хана, всегда с заряженными пистолетами за поясом и с кинжалом на брюхе[16]. Любимые уздени и приезжие гости из чеченцев или из татар обыкновенно каждый день являлись поутру на поклон к хану, оттуда всей гурьбой отправлялись к ханше и нередко целый день оставались пировать в особых комнатах, угощаемые и в отсутствие хана изобильно.

Однажды приходит в беседу уздень аварский и за новость рассказывает, что невдалеке появился огромный тигр и что двое отличнейших стрелков легли жертвою его лютости. Это так напугало наших охотников, что никто не решается в третий раз отведать удачи.

- Я отведаю счастья! - вскричал Аммалат, горя нетерпением выказать удальство свое перед горцами. - Пусть только наведут меня на след зверя.

Широкоплечий аварец измерил взором с ног до головы дерзостного бека и, улыбнувшись, молвил:

- Тигр не чета дагестанскому кабану, Аммалат! Его след нередко ведет к смерти!

- Неужели ты думаешь, - возразил тот гордо, - что на этой скользкой дорожке у меня закружится голова или дрогнет рука? Не зову тебя помогать, зову посмотреть моего боя с тигром. Я надеюсь, ты поверишь тогда, что если сердце аварца твердо, как гранит его гор, то сердце дагестанца закалено, как славный булат их. Согласен?

Аварец был пойман.

Отказаться было бы постыдно, и он протянул руку, развеселил лицо...

- Охотно иду с тобою, - отвечал он. - Отлагать нечего; совершим клятву в мечети, и в путь и в бой неразлучно. Аллах судит: нам ли взять его кожу на чапрак или ему скушать нас.

Не в азиатском нраве, еще менее в азиатском обычае, прощаться с

---

[16] Азиатцы носят кинжал не на боку, а впереди.

женщинами, отправляясь даже надолго, навсегда. Это принадлежит одним родным, и разве случаем выпадает гостю. Аммалат-бек со вздохом, однако ж, взглянул на окна Селтанеты и тихими шагами пошел к мечети. Там уже ожидали его старшины селения и толпа любопытной молодежи.

По старинному аварскому обыкновению, ловцы должны были поклясться на Куране, что не выдадут друг друга ни в битве со зверем, ни в преследовании; не покинут раненого, если судьба допустит, что зверь сломает его; будут защищать друг друга, лягут рядом, не щадя жизни, и во всяком случае без шкуры зверя не воротятся назад; или тот, кто преступит завет сей, да будет сброшен со скалы, как трус, как изменник.

Товарищи после присяги обнялись, мулла надел на них оружие, и они отправились в путь при громких кликах всей толпы.

- Или оба, или ни одного! - кричали им вслед.

- Убьем или умрем! - отвечали охотники.

Минул день. Укатил другой за хребты ледяные. Старики притомили глаза, глядя с кровель на дорогу. Мальчики далеко выбегали на окрестные холмы, чтобы встретить охотников: все их нет как нет. В целом Хунзахе, едва ль не у каждого очага, кто от безделья, кто от участия, толковали об этом, но всех более горевала Селтанета. Крикнут ли на дворе, зашумит ли кто на лестнице, вся кровь у нее вспыхнет, как на огне можжевельник, и сердце запрыгает от ожидания; вскочит, бывало, бедняжка и побежит к окну или дверям и, в двадцатый раз обманутая, потупив очи, тихо пойдет за рукоделье, которое впервые показалось ей скучно и бесконечно. Наконец, за сомнением, и страх наложил свою ледяную руку на сердце красавицы. Она спрашивала у отца, у братьев, у гостей, каков зверь тигр на рану, далеко ли, близко ли ходит он к селениям? И всякий раз, рассчитав время, она, сплеснув руками, говорила сама себе: "Они погибли!" и тихо клонила голову к неровно волнуемой груди, и крупные слезы катились по ее прелестному лицу.

На третий день оказалось, что опасения всех не были напрасны. Уздень, товарищ Аммалата в ловитве, насилу привлекся один до Хунзаха. Кафтан его был изодран когтями звериными, сам он бледен как смерть и в изнеможении от голода и устали. С изумлением, с любопытством обстали его и стар и мал, и вот что рассказывал он, подкрепив себя чашкою молока и куском чурека:

- В тот же день, как вышли отсюдова, выследили мы тигра. Мы нашли его спящим между таким каменником и чащею, что аллах упаси. По жеребью досталось первому стрелять мне: я подкрался и наметил очень ловко; стрельнул... ан на беду зверь спал, закрыв морду лапою, и пуля, пробив ее, угодила в шею. Пробужден громом и болью, тигр взревел и в два прыжка прямо ринулся на меня, так что я не успел выхватить и кинжала; с размаху он сбил меня с ног, смял задними ногами, и только помню я, что в миг этого промежутка раздался крик и выстрел Аммалата и затем оглушающее, ужасное рыкание. Раздавленный, я потерял память и дыхание и, долго ли я лежал в обмороке, не ведаю.

Когда открыл я глаза, все было тихо кругом меня; мелкий дождь сеялся из густого тумана; был ли то вечер, было ли то утро? Мое ружье, подернутое ржавчиной, лежало подле; ружье Аммалата, переломленное пополам, невдалеке; там и сям обрызганы были камни кровью, только чьею кровью: тигровой ли, Аммалатовой ли, как дознаться? Выломленные кустарники лежали кругом: верно, зверь выторгнул их упорными прыжками. Я кликал, сколько было голосу, товарища; нет ответа. Посижу-посижу да еще покличу; напрасно! Ни зверя, ни птицы перелетной. Много раз пытался я идти, искать по следу Аммалата, или найти его, или умереть на его теле... хоть бы отомстить зверю за смерть удалого: силы нет. Взяло меня горе; я всплакался горько: зачем погибаю и телом и доброю славою! Решился было ждать смертного часа в пустыне, только голод одолел меня. Дай, подумал я, повещу в Хунзахе, что Аммалат пропал без вести, и хоть умру между своими. Вот я и приполз сюда, как раздавленный змей. Братья! голова моя перед вами: судите как положит аллах на сердце. Приговорите ли мне жить - буду жить, поминаючи вашу правду; приговорите умереть - и то воля ваша! - умру невинен. Аллах свидетель; я сделал что мог!

Ропот рассыпался по народу, когда выслушали пришельца. Одни правили, другие винили его, хотя и все жалели.

- Всякий себя охраняет, - говорили некоторые из обвинителей. - Кто порука, что он не бежал с поля? На нем нет раны, нет и свидетельства; а что он выдал товарища, это почти без сомнения! Не только выдал, может и нарочно предал, - толковали другие: они неладно между собою говаривали!

Ханские нукеры пошли еще далее; они подозревали, что уздень убил Аммалата из ревности. Он слишком умильно поглядывал на дочь ханскую, а ханская дочь не ему чету нашла в Аммалате.

Султан-Ахмет-хан, сведав, для чего собрался народ на улице, прискакал и сам на сходку.

- Трус! - сказал он вместе с гневом и огорчением узденю. - Ты пустил позор на имя аварское. Теперь может всякий татарин укорить нас, что мы зверям скормили гостя, не умея защитить его! По крайней мере мы сумеем за него отмстить: ты клялся на Куране по старине аварской не покидать в беде товарища и, если он падет, не ворочаться домой без шкуры зверя; ты изменил клятве, но мы не переступим завета: гибни! Даю три дня срок душе твоей, но потом, если Аммалат не найдется, тебя сбросят с утеса! Вы головами отвечаете мне за его голову! - примолвил он, обращаясь к своим нукерам, надвинул шапку на брови и поворотил к дому коня своего.

Тридцать горцев помчались из Хунзаха во все стороны проведывать хоть об останках буйнакского бека. У горцев священною обязанностью считается с честью похоронить своего родственника или товарища, и они часто, как омировские герои, кидаются в пыл битвы, чтобы выхватить из рук русских убитого собрата, и порой десятками падают на тело, которого не хотят выдать.

Несчастного узденя повлекли на конюшню ханскую - место, заменяющее обыкновенно тюрьму. Народ, рассуждая о происшедшем, угрюм, но безропотен разошелся по домам, ибо приговор ханский был согласен правде их обычаев.

Печальная весть скоро проникла до Селтанеты; и, как ни желали смягчить ее, она жестоко поразила девушку, столь много любящую. Со всем тем она против ожидания казалась спокойною: не плакала, не жаловалась, но зато и не улыбалась более, не молвила слова. Ей говорила мать, она не слышала. Искры из трубки отца прожигали ее платье, она не замечала. Холодный ветер веял на грудь ее, она не чувствовала. Все ее чувства сжались в сердце на муку его; но это сердце глубоко лежало от взоров, и ничего не отражалось на гордом лице ее. Ханская дочь боролась с шестнадцатилетнею Селтанетою; можно было предсказать, кто падет прежде.

Но эта скрытая тоска удушала Селтанету; ей хотелось убежать от людских глаз и на свободе выплакать горе.

"Боже мой! - думала она, - зачем, потеряв друга, не имею права плакать о нем! Все так и смотрят на меня, чтобы посмеяться после; так и стерегут каждую слезку, чтобы поймать ее на злословный язык свой. Чужое горе им потеха".

- Секине! - молвила она своей прислужнице, - пойдем гулять по берегу Узени!

На треть агача[17] расстояния от Хунзаха к западу есть развалины старинного христианского монастыря, уединенного памятника забытой веры туземцев. Рука времени, будто из благоговения, не коснулась самой церкви, и даже изуверство пощадило святыню предков. Она стояла цела между разрушенных келий и павшей ограды. Глава ее с остроконечною каменною кровлею уже почернела от дыхания веков; плющ заплел сеткою узкие окна, и в трещинах стен росли деревья. Внутри мягкий мох разостлал ковер свой, и в зной влажная свежесть дышала там, питаемая горным ключом, который, промыв стену, прислоненную к утесу, падал

---

[17] Агач - семь верст. Он называется конным. Пешеходный четыре версты.

27

через каменный алтарь и распрядался в серебристые, вечно звучные струны чистой воды, и потом, сочась в спаи плитного пола, вился ниже и ниже. Одинокий луч солнца, закравшись сквозь окно, мелькал и переливался сквозь зыбкую зелень по угрюмой стене, как резвый младенец на коленях столетнего деда. Туда-то направила Селтанета свою прогулку; там-то отдохнула она от взоров и вопросов, тяготивших ее. Все было так мирно, так прелестно, так счастливо около нее, и все это тем более множило печаль - первую печаль ее. Переливный свет на стене, лепетание ласточек и журчанье ключа растопило в слезы свинец, лежавший у нее на сердце, и горесть ее разлилась жалобами. Секине убежала нарвать груш, растущих в изобилии около церкви, и Селтанета тем беззаветнее предалась природе, требующей облегчения.

И вдруг, подняв голову, она вскрикнула от испуга: перед нею стоял стройный аварец, забрызганный грязью и кровью. Кожа тигра падала наземь с плеч его.

Ужели твое сердце, твои глаза, Селтанета, не узнали своего любимца? Нет, с другого взора она узнала Аммалата и, забыв все на свете, кинулась ему на шею, обвила ее руками своими и долго, долго вглядывалась в истомленное, но всегда милое лицо, и, наконец, огонь уверения, огонь восторга заблистал сквозь не обсохшие еще слезы печали. Мог ли тогда удержать пылкий Аммалат радость свою? Он прильнул, как пчела, к розовым губкам Селтанеты. Он довольно слышал за минуту для своего счастия; теперь он был наверху блаженства. Еще ни слова не вымолвили любовники о любви своей, но они уже поняли друг друга.

- И ты, ангел, любишь меня? - произнес, наконец, Аммалат, когда Селтанета, застыдясь поцелуя, уклонилась из его объятий. - Ты меня любишь?

- Сохрани, алла! - отвечала невинная девушка, спустя ресницы, но не очи. - Любить! Это страшное слово. С год тому назад, проходя по улице, я увидела, как побивали каменьями девушку; с ужасом убежала я домой, но нигде не могла спрятаться. Кровавая грешница везде стояла передо мною, и стон ее еще до сих пор отзывается в ушах моих. Когда я спросила, за что так бесчеловечно казнили эту несчастную, мне отвечали: она любила одного юношу!

- Нет, милая, не за то, что любила она, а за то, что любила не одного, за то, что изменила, быть может, обоим, ее убили!

- Что значит изменила, Аммалат? Я не понимаю этого!

- О, дай Бог, чтоб ты никогда не испытала, никогда не выучилась изменять, чтобы ты никогда не забыла меня для другого.

- Ах, Аммалат, в эти четыре дня я узнала, как тяжела для меня с тобой разлука! Бывало, долго не вижу братьев, Нуцала и Сурхая, и рада с ними свидеться, но без них не тоскую; без тебя же на свете жить не хочется!

28

- Для тебя готов я умереть, звезда моя утренняя, за тебя положу свою душу, не только жизнь, милая!

Шелест шагов прервал речи любящихся: то была прислужница Селтанеты.

Втроем они поспешили обрадовать хана, и хан был рад, был утешен непритворно.

Аммалат в коротких словах рассказал, как было с ним дело.

- Чуть завидел я павшего товарища впереди меня, я встретил зверя на лету пулею: она разбила ему челюсть. Чудовище с ужасным ревом кинулось кружиться, прыгать, метаться, несколько раз порывалось ко мне и снова, развлекаемо болью, бросалось в сторону. В это-то время, ударив его прикладом по черепу, изломал я ружье. Я долго гнался за ним, когда он пошел на уход, то на виду, то по кровавому следу; между тем день вечерел, и когда я вонзил кинжал в горло павшего тигра, темная ночь падала на землю. Волей и неволею принужден я был ночевать, имея палатами утесы, а собеседниками - волков и чакалов. Утро было дождливо и туманно; облака, задевая меня за голову, выжимали, как губки, на мне свою воду. В десяти шагах перед носом ничего нельзя было видеть. Не видя солнца, не зная места, напрасно бродил я вокруг да около... дорога убегала меня, усталость и голод томили. Застреленная из пистолета куропатка подкрепила на время силы, но все-таки не мог я найти выхода из этого каменного гроба. Только шум вод, ниспадающих с крутин, только шум крыльев пролетающих в туче орлов слышались мне вечером, а ночью дерзкие чакалы в трех шагах от меня заводили свою плачевную песню. Сегодняшним утром красно встало солнце, и сам я встал бодрее, направил бег к востоку и скоро послышал крик и выстрелы: это были твои посланцы. Утомлен жаром, зашел я напиться чистой ключевой воды в старую мечеть и там нашел Селтанету. Благодарность тебе, слава Богу!

- Слава Богу, хвала и тебе! - сказал, обнимая его, хан. - Но удальство твое чуть-чуть не стоило жизни твоей и вместе твоего товарища. Промедли ты День, он бы отправился плясать лезгинку на воздухе. Кстати явился ты. Джембулат, известный наездник Малой Кабарды, присылал звать тебя в набег на русских: вот достойное тебе поле. Вместо того чтоб дразнить судьбу, гоняясь за тиграми, лучше гонять русских. Тебе же надо выкупить свою славу, плененную в прошлом бегстве. Время не терпит; завтра чем свет тебе должно отправиться.

Как ни досадна была такая весть Аммалату, но он скрепя сердце отвечал, что едет охотно. Он очень чувствовал, что громкое имя наездника есть порука будущих успехов.

Но Селтанета поблекла, склонилась, как цветок, головою, услышав о новой, грознейшей разлуке; взор ее, остановленный на Аммалате, выражал тоску опасения, боль предчувствия беды.

- Алла! - произнесла она с горестию, - опять набеги, опять убийство! Когда-то перестанет литься кровь на угориях?

- Когда горные потоки потекут молоком и сахарный тростник заколышется на снежных вершинах, - сказал хан с усмешкою.

ГЛАВА IV

Дико-прекрасен гремучий Терек в Дарьяльском ущелии. Там, как гений, черпая силы из небес, борется он с природой. Инде светел и прям, как меч, рассекший гранитную стену, сверкает он между утесами. Инде, чернея от гнева, ревет и роется, как лютый зверь, под вековые громады: отрывает, рушит, катит вдаль их обломки. В бурную ночь, когда запоздалый всадник, завернувшись в косматую бурку, озираясь, едет по забережью, висящему над пучиною Терека, все ужасы, какие только породить может досужее воображение, ничто в сравнении с истинными, его одолевающими. С глухим шумом крутятся дождевые потоки под ногами, падают на голову со скал, нахмуренных над нею и каждый миг грозящих подавлением. Вдруг, как лава, прорывается молния, и вы с ужасом видите только черную, расторгнутую тучу над собою, а под собою зияющую бездну, утесы по сторонам, и навстречу вам с крутизны ревущий, прыщущий Терек, осыпанный огненной пеною. На один миг видите вы, как мутные, буйные волны его, словно адские духи, скачут, прядают, мечутся в бездну со стоном, пораженные мечом архангелов. Вслед им с грохотом катятся огромные камни. И вдруг, после ослепительного озарения молнией, вы опять погружены в черное море ночи; и вдруг за тем раздается выстрел грома, зыблющий основание скал, будто тысячи гор рушатся друг на друга: так вторят отголоски удару небес. Потом долгий протяжный гул, будто стон оторванных с корней дубов, или звук сокрушенных скал, или вой раздавленных в бездне великанов, сливается с шумом ветра, и ветер превращается в ураган, и дождь низвергается ливнем. И снова молния слепит вас, и снова гром, на который отвечает вдали рокот обвалов, оглушает... камни сыплются мимо и звучно падают в воду... Испуганный конь упирается, садится назад, фыркает, трепещет, грива его хлещет в глаза всадника, и всадник творит невольную молитву...

Но зато как приветливо заглядывает утро в ущелие, на дне которого бьет, и кипит, и плещет Терек! Облака, будто раздернутый полог, клубятся от ветра, и сквозь них являются и опять исчезают ледяные вершины. Точно резные из золота, лучи солнца рисуют зубчатые силуэты вершин восточных на противоположной стене гор. Скалы блестят, еще высеребренные дождевою влагою. Ключи и горные потоки пышны пеною, летят сквозь туман с крутин, и самые туманы инде катятся вниз по ущелию, подобны потоку, инде вьются улиткой с ключа, будто дымок с хижины, инде обвивают, как чалмой, одинокую, древнюю на утесе башню, а мрачный Терек прядает по каменьям и кружится, будто ищет места успокоиться.

Должно признаться, однако ж, что на Кавказе нет вод, в кои бы достойно могли глядеться горы - исполины творения. Нет на нем рек плавных, нет огромных озер, и Терек между громадами, его теснящими, кажется ручейком. Под Владикавказом, вырвавшись на долину, он, кажется, рад вольному раздолью: ходит по ней широкими кругами, разбрасывая похищенные в горах валуны. Дальше, уклоняясь к северо-западу, он все еще быстр, но менее шумен, будто усталый, после трудного подвига. Наконец, охватив крутым поворотом мыс Малой Кабарды, он, как мусульманин, набожно обращается к востоку и, мирно напояя враждующие берега, несется то по грядам камней, то по глинистым отмелям упасть за Кизляром в чашу Каспия. Тут уже он терпит на себе челны и, как работник, ворочает огромные колеса плавучих мельниц. По правому берегу его, между холмами и перелесками, рассеяны аулы кабардинцев, которых мы смешиваем в одно название черкесов, живущих за Кубанью, или чеченцев, обитающих гораздо ниже к морю. Побережные аулы сии мирны только по имени, но в самом деле они притоны разбойников, которые пользуются и выгодами русского правления, как подданные России, и барышами грабежей, производимых горцами в наших пределах. Имея всюду свободный вход, они извещают единоверцев и единомышленников о движении войск, о состоянии укреплений; скрывают их у себя, когда те сбираются в набег; делят и перекупают добычу при возврате, снабжают их солью и порохом русскими и нередко участвуют лично в тайных и явных набегах. Самое дурное, что, под видом этих мирных горцев, враждующие нам народы безбоязненно переплывают Терек человека по два, по три, по пяти и среди белого дня отправляются на разбой, никем не преследуемые, ибо одежда их ничем не отлична. Наоборот, сами мирные, пользуясь этою отговоркою, нападают, когда в силах, открыто на проезжих, или похищают скот и людей украдкою, рубят без пощады, или перепродают в плен далеко.

Правду сказать, местное положение их между двумя сильными соседями поневоле заставляет так коварствовать. Зная, что русские не поспеют из-за реки защитить их от мести горцев, налетающих как снег, они по необходимости, равно как по привычке, дружат однокровным, но в то же время лисят перед русскими, которых боятся.

Конечно, между ними есть несколько человек, истинно преданных русским, но большая часть даже и своим изменяет из награды, и то лишь

31

при верном успехе, и то лишь до тех пор, покуда видит в том свою пользу. Вообще, нравственность этих мирных самая испорченная; они потеряли все доблести независимого народа и уже переняли все пороки полуобразованности. Клятва для них игрушка, обман - похвальба, самое гостеприимство - промысел. Едва ли не каждый из них готов наняться поутру к русскому в кунаки, а ночью в проводники хищнику, чтобы ограбить нового друга.

Левый берег Терека унизан богатыми станицами линейских казаков, потомков славных запорожцев. Между ними кое-где есть крестьянские деревни. Казаки эти отличаются от горцев только небритою головою: оружие, одежда, сбруя, ухватки - все горское. Мило видеть их в деле с горцами: это не бой, а поединок, где каждый на славу хочет доказать превосходство силы, храбрости, искусства. Двое казаков не струсят четверых наездников, - в равном числе всегда победители. Почти все они говорят по-татарски, водят с горцами дружбу, даже родство по похищенным взаимно женам, но в поле враги неумолимые. Как ни запрещено переезжать на горную сторону Терека, но удальцы отправляются туда вплавь, на охоту разного рода. В свою очередь горские хищники бродятся за Терек ночью или переплывают его на бурдюках (мехах), залегают в камыши иль под навес берега, потом перелесками пробираются к дороге, чтобы увлечь в плен беспечного путника или захватить женщин на гребле сена. Случается, что самые отчаянные проводят дня по два в виноградниках при деревне, выжидая удобного случая напасть врасплох, и оттого линейский казак не ступит на порог без кинжала, не выедет в поле без ружья за спиной: он косит и пашет вооруженный.

В последнее время большими толпами горцы стали нападать только на крестьянские деревни, ибо в станицах отпор становился им очень дорого. Для угонки табунов они смело и глубоко впадают в границы наши, но в таком случае редко обходится без битвы. Самые лихие уздени стараются попасть в подобные наезды, чтобы снискать себе имя, которое ценят они выше всякой добычи.

Осенью, в 1819 году, кабардинцы и чеченцы, ободренные отсутствием главнокомандующего, собрались в числе полуторы тысячи человек сделать нападение на какую-нибудь деревню за Тереком, ограбить ее, увезти пленников, угнать табун.

Предводителем был кабардинский князек Джембулат. Аммалат-бек, приехавший к нему с письмом от Султан-Ахмет-хана, был принят с радостью. Правду сказать, ему не дали никакого отряда, но это оттого, что у них нет никакого строя, ни порядка в войске; борзый конь и собственная запальчивость указывают каждому место в битве. Сначала сдумают, как завязать дело, как завлечь неприятеля, но потом нет ни повиновения, ни повеления, и случай доканчивает сражение. Обославшись с соседними узденями и наездниками, Джембулат назначил сборное место, и вдруг, по условному знаку, во всех ущелиях раздался крик: "Гарай! гарай (тревога)!", и в один час слетелись со всех сторон наездники чеченские и кабардинские. Во избежание измены никто не знал, кроме вождей, где будет ночлег, где переправа. Разделясь на небольшие кучки, пошли они по едва видным тропам в мирный аул, где должно было скрыться до ночи. В сумерках все отряды уже сошлись туда. Разумеется, мирные встретили своих земляков с распростертыми объятиями, но Джембулат, не доверяя этому, оцепил селение часовыми и объявил жителям, что если кто покусится уйти к русским, будет изрублен в куски. Большая часть узденей разошлась по саклям кунаков или родственников, но сам Джембулат с Амма-латом и лучшими наездниками остался на чистом воздухе, подле разведенного огня, покуда освежались усталые их кони. Джембулат, простершись на бурке, опершись рукою об руку, раздумывал распорядок набега; но далека была мысль Аммалата от поля битвы; она орленком носилась над горами Аварии, и тяжко-тяжко ныло сердце разлукою. Звук металлических струн горской балалайки (комус), сопровождаемый протяжным напевом, извлек его из задумчивости: то кабардинец пел песню старинную.

> На Казбек слетелись тучи,
> Словно горные орлы...
> Им навстречу, на скалы
> Узденей отряд летучий,
> Выше, выше, круче, круче,
> Скачет, русскими разбит:
> След их кровию кипит!
>
> На хвостах полки погони;
> Занесен и штык и меч;
> Смертью сеется картечь...
> Нет спасенья в силе, в броне.
> "Бегу, бегу, кони, кони!"
> Пали вы, - а далека
> Крепость горного леска[18].

---

[18] Редко случались примеры, чтобы мы стрелками своими могли выжить горцев из лесу, и потому лес считают они лучшею крепостью. Вся песня переведена почти слово в слово.

33

Сердце нашим русским мета...
На колени пал мулла -
И молитва как стрела
До пророка Магомета,
В море света, в небо света,
Полетела, понеслась:
"Иль-алла, не выдай нас".

Нет спасенья ниоткуда!
Вдруг, по манию небес,
Зашумел далекий лес:
Веет, плещет, катит грудой
Ниже, ближе, чудо, чудо!..
Мусульмане спасены
Средь лесистой крутизны!

- Так бывало в старину, - сказал с улыбкою Джембулат, - когда наши старики больше верили молитве, а Бог чаще их слушал; но теперь, друзья, лучшая надежда - своя храбрость. Наши чудеса в ножнах шушки (сабли), и нам точно должно показать их, чтобы не осрамиться. Послушай, Аммалат, - промолвил он, крутя ус свой, - не скрою от тебя, что дело может быть жаркое. Я сейчас проведал, что полковник Коцарев собрал отряд свой, но где он, но сколько у него войска, этого никто не знает.

- Чем больше будет русских, тем лучше, - отвечал Аммалат спокойно, - тем менее будет промахов.

- Зато труднее добыча!

- По мне хоть бы век ее не было: я хочу мести, ищу славы.

- Хороша лишь та слава, которая несет золотые яйца, а то, с пустыми тороками воротясь домой, стыдно жене глаза показывать. Близка зима: надобно запастись хозяйством на русский счет, чтобы угощать друзей и приятелей. Выбирай себе место, Аммалат-бек: хочешь, ступай в передовые, заскакать стадо; хочешь, останься со мной назади. Я с абреками шаг за шаг буду удерживать погоню!

- Разумеется, я буду там, где больше опасности. Но что такое абреки, Джембулат?

- Это нелегко тебе растолковать. Вот видишь, многие из самых удалых наездников иногда дают зарок года на два, на три, на сколько вздумается, не участвовать ни в играх, ни в веселиях, не жалеть своей жизни в набегах, не щадить врагов в битве, не спущать ни малейшей обиды ни другу, ни брату родному, не знать завету на чужое, не боясь преследований или мести; одним словом, быть неприятелем каждого, чужим в семье своей, которого каждый может, если сможет, убить. В ауле они опасные соседи, потому что, встречаясь с ними, надо всегда держать курок на взводе. Зато в деле на них первая надежда[19].

- Для какой же выгоды, для какой причины берут на себя уздени такую обузу?

- Одни просто из молодечества, другие от бедности, третьи с какого-нибудь горя. Вон этот, например, высокий кабардинец поклялся пять лет быть абреком, после того, как любовница его умерла от оспы. С тех пор лучше водить дружбу с тиграми, чем с ним. Он уж три раза ранен в оплату за кровь, а все неймется.

- Чудный обычай! Как же воротится абрек в мирную жизнь после такой жизни?

- Что тут мудреного: старое, как с гуся вода. Соседы будут радехоньки, что срок ему кончился разбойничать; а он, скинув с себя абречество, будто змеиную шкуру, станет смирнее овна. У нас одни кровоместники помнят вчерашнее. Однако ночь стемнела; туман стелется над Тереком: пора за дело.

Джембулат свистнул, и свист его повторился во всех концах стана: вмиг собралась вся шайка. К ней присоединились многие уздени из окрестных мирных деревень. Потолковав с ними, где лучше переправиться, отряд в тишине двинулся к берегу. Аммалат-бек не мог надивиться молчаливости не только всадников, но и самих коней: ни один из них не ржал, не храпел и, будто остерегаясь, ставил копыто на землю. Отряд несся неслышным облаком; скоро добрались до берега Терека, который излучиною образовал в том месте мыс, и от него к противоположному берегу тянулась каменистая коса. Вода в то время была невысока и брод возможен; несмотря на это, часть отряда потянулась выше, для переправы вплавь, чтобы оттянуть казаков от главной переправы и прикрыть ее, ежели бы дали отпор. Те, которые надеялись на коней своих, прыгали прямо с берега. Другие подвязывали под передние лопатки по паре небольших мехов, надутых как пузыри. Быстрина сносила и разносила их, и каждый выходил на сушу, где находил удобное место, чтобы вскарабкаться коню. Непроницаемая завеса тумана скрывала все движение.

Надобно знать, что по всей горской прибрежной линии тянется маячная и сторожевая цепь. По всем курганам и возвышенностям стоят конные пикеты. Проезжая мимо днем, вы видите на каждом холме высокий шест с бочонком наверху: он полон смолой и соломою и готов

---

[19] Это настоящие берсеркеры древних норманнов, которые, приходя в неистовство, рубили даже товарищей. Примеры такой безумной храбрости нередки между азиатцами.

вспыхнуть при первой тревоге. При этом шесте обыкновенно привязана казацкая лошадь, и подле нее лежит часовой. В ночь часовые удваиваются. Но, несмотря на такую предосторожность, черкесы, под буркой мрака и тумана, нередко малыми шайками протекают сквозь цепь, будто вода сквозь сито. Точно то же случилось и теперь; зная совершенно местность, белады (проводники) из мирных вели каждую партию и тихомолком миновали курганы. В двух только местах хищники, чтобы прервать линию маяков, могущих изменить им, решились снять часовых. На один пост отправился сам Джембулат, а нашему беку велел ползком выбраться на берег, обогнуть пикет сзади, сосчитать сто и потом ударить несколько раз в огниво. Сказано - сделано. Чуть подняв голову с забережья, весьма крутого, Джембулат высмотрел казака, дремлющего над фитилем, держа в поводу лошадь. Послышав шорох, часовой встрепенулся и устремил беспокойные взоры на реку. Боясь, чтобы тот не заметил его, Джембулат метнул вверх шапку и припал за кряж.

- Проклятая утица! - сказал донец. - Им и ночью масленица: плещутся да летают, словно ведьмы киевские.

Но в это время искры, мелькнувшие в другой стороне, привлекли его внимание.

"Неужто волки? - подумал он. - Бывает, они крепко сверкают глазами".

Но искры посыпались снова, и он обомлел, вспомнив рассказы, что чеченцы дают такие сигналы, управляя ходом своих товарищей. Этот миг изумления и раздумья был мигом его погибели; кинжал, ринутый сильною рукою, свистнул, и пронзенный казак без стона упал на землю. Товарищ его был изрублен сонный, а вырванный шест с бочонком кинули в воду.

Быстро соединился весь отряд по данному знаку и разом устремился на деревню, на которую заранее предположено было напасть. Набег совершен был очень удачно, то есть вовсе неожиданно. Все крестьяне, которые успели вооружиться, были перебиты после отчаянного сопротивления; другие спрятались или разбежались. Кроме добычи, множество пленных и пленниц были наградой отваги. Кабардинцы вторгались в домы, уносили что поценнее или что второпях попадало под руку, но не жгли домов, не топтали умышленно нив, не ломали виноградников. "Зачем трогать дар Божий и труд человека", - говорили они, и это правило горского разбойника, не ужасающегося никаким злодейством, есть доблесть, которою бы могли гордиться народы самые образованные, если бы они ее имели. В час все было кончено для жителей, но не для грабителей: тревога распространилась уже по всей линии. Как утренние звезды, засверкали сквозь туман маяки, и призыв к оружию раздавался во всех сторонах.

Между тем несколько человек опытных наездников обскакали

большой табун, далеко в степи ходивший. Пастух был захвачен сразу. С криком и выстрелами бросились они потом на коней с полевой стороны; кони шарахнулись, взбросили гривы и хвосты на ветер и стремглав кинулись вслед за черкесом, которого на лихом скакуне нарочно оставили на речной стороне, чтобы он был водаком испуганного стада. Как добрый кормчий, зная и в туманах наизусть все опасности этого степного моря, черкес летел впереди прядающих коней, вился между постами и, наконец, избрав самое крутое место берега, спрыгнул в Терек со всего расскака. Весь табун за ним следом: только прыскала шумная пена от падения.

Занялась заря, расступились туманы и открыли картину вместе пышную и ужасную. Главная толпа наездников влачила с собою пленных, кого при стремени, кого за седлом, со связанными руками. Плач и стон и вопль отчаяния заглушались угрозами и неистовым криком победной радости. Отягощенные добычей, замедляемые в ходу стадами рогатого скота, они медленно подвигались к Тереку. Князья и лучшие наездники в кольчугах и шлемах, блистающих, переливающихся как вода, увивались около поезда, словно молнии из сизой тучи. Вдали со всех сторон скакали линейские казаки, залегали за дубы, за кустарники и скоро завязали перепалку с высланными против них удальцами. Там и сям сверкали, гремели выстрелы; порой падал черкес с коня. Между этим передовые успели переплавить часть стада, когда пыльное облако и топот коней возвестили, что на них несется гроза. Сот шесть горцев, предводимых Джембулатом и Аммалатом, оборотили коней, чтоб отразить нападение и дать время своим убраться за реку. Без всякого порядка, с гиком и криком пустились они навстречу казакам, но ни одно ружье не было вынуто из нагалища за спиною, ни одна шашка не сверкала в руках: черкес до последнего мгновения не обнажает оружия. И точно, доскакав лишь на двадцать шагов, они выхватили ружья свои, выстрелили на всем скаку, забросили ружья за левую руку и ударили в шашки. Но линейские казаки, ответив им залпом, понеслись прочь, и, разгоряченные преследованием, горцы дались в обман, столь часто самими употребляемый. Казаки навели их на скрытых в опушке егерей храброго 43-го полка. Будто из земли выросли небольшие кареи, штыки склонились, и беглый огонь посыпался наперекрест. Напрасно, спешась, хотели они занять лески и с тыла ударить на наших, подоспевшая артиллерия решила дело. Опытный полковник Коцарев, гроза чеченцев, человек, которого они равно боялись храбрости и уважали праводушие, бескорыстие, распоряжал действиями войск, и успех не мог быть сомнителен. Пушки развеяли толпы хищников, и картечь прыснула в бегущих. Поражение было ужасно. Две пушки заскакали на мыс, невдали от которого черкесы кидались вплавь с берега, и пронизывали вдоль всю реку. С ревом прыгала картечь по вспененным волнам, и за каждым выстрелом несколько лошадей обращались вверх ногами, утопляя своих всадников. Жалко было видеть, как раненые цеплялись за хвосты и узды чужих коней, погружали их и не спасали себя; как бились усталые у крутого берега, желая выползть, обрывались, и несытая пучина уносила, поглощала их. Трупы убитых неслись между полуживыми, и кровавые полосы змеями вились по белой пене, дым катился по Тереку, и вдали снеговые вершины Кавказа, нахмуренные туманами, грозно замыкали поле боя.

Джембулат и Аммалат-бек дрались как отчаянные: двадцать раз опрокинуты и двадцать раз нападая, утомлены, но не побеждены, с сотнею удальцов переплыли они за реку, спешились, сбатовали коней[20] и завели жаркую перестрелку с другого берега, чтобы прикрыть остальных спутников. Занятые этим, они поздно заметили, что выше их плавятся за реку линейские казаки наперерез им. С радостным криком перескакивали, окружали их русские. Гибель была неизбежна.

- Ну, Джембулат! - сказал бек кабардинцу, - судьба наша кончилась! Делай сам как хочешь, но я не отдамся в плен живой. Лучше умереть от пули, чем от позорной веревки.

- Не подумаешь ли ты, - возразил Джембулат, - что мои руки сделаны для цепей? Сохрани меня алла от такого поношения! Русские могут полонить мое тело, но душу - никогда, никак. Братцы, товарищи! - крикнул он к остальным, - нам изменило счастье, но булат не изменит: продадим дорого жизнь свою гяурам! Не тот победитель, за кем поле: тот, за кем слава, а слава тому, кто ценит смерть выше плену!

- Умрем! Умрем! только славно умрем! - закричали все, вонзая кинжалы в ребро коней своих, чтобы они не достались врагам в добычу, и потом, сдвинув из них завал, залегли за него, приготовляясь встретить нападающих свинцом и булатом.

Зная, какое упорное сопротивление встретят, казаки остановились, сбираясь, готовясь на удар. Ядра с противоположного берега иногда ложились в круг бесстрашных горцев; порой разрывало между них гранату, осыпая их землей и осколками, но они не смущались, не прятались и, по обычаю, запели грозно-унылым голосом смертные песни, отвечая по очереди куплетом на куплет.

---

[20] Русской коннице не худо бы перенять горский образ батовать (связывать при спешивании) коней. Мы батуем, продевая повод в повод, но для этого нужно много сторожей, и лошади имеют слишком много места беситься. Черкесы, напротив, ворочают чрез одну лошадь головой к хвосту, продевают повод сквозь пахви соседней и потом уже петляют в узду третьей. От этого кони не могут шевельнуться, так что можно их оставлять без надзора.

СМЕРТНЫЕ ПЕСНИ

ХОР
Слава нам, смерть врагу,
Алла-га, алла-гу!!

ПОЛУХОР
Плачьте, красавицы, в горном ауле,
Правьте поминки по нас:
Вслед за последнею меткою пулей
Мы покидаем Кавказ.

Здесь не цевница к ночному покою,
Нас убаюкает гром;
Очи не милая черной косою -
Ворон закроет крылом!
Дети, забудьте отцовский обычай:
Он не потешит вас русской добычей!

ВТОРОЙ ПОЛУХОР
Девы, не плачьте; ваши сестрицы,
Гурии, светлой толпой,
К смелым склоняя солнца-зеницы,
В рай увлекут за собой.

Братья, вы нас поминайте за чашей:
Вольная смерть нам бесславия краше!

ПЕРВЫЙ ПОЛУХОР
Шумен, но краток вешний ключ!
Светел, но где он - зарницы луч?
Мать моя, звезда души,
Спать ложись, огонь туши!
Не томи напрасно ока,
У порога не сиди,
Издалека, издалека
Сына ужинать не жди.
Не ищи его, родная,
По скалам и по долам:
Спит он... ложе - пыль степная,
Меч и сердце пополам!

ВТОРОЙ ПОЛУХОР

Не плачь, о мать! твоей любовью
Мне билось сердце высоко,
И в нем кипело львиной кровью
Родимой груди молоко;
И никогда нагорной воле
Удалый сын не изменял:
Он в грозной битве, в чуждом поле,
Постигнут Азраилом, пал.
Но кровь моя на радость краю
Нетленным цветом будет цвесть,
Я детям славу завещаю,
А братьям - гибельную месть!

ХОР

О братья! творите молитву;
С кинжалами ринемся в битву!
Ломай их о русскую грудь...
По трупам бесстрашного путь!
Слава нам, смерть врагу,
Алла-га, алла-гу!

Поражены каким-то невольным благоговением, егеря и казаки безмолвно внимали страшным звукам сих песен, но, наконец, громкое ура раздалось с обеих сторон[21].

Черкесы вскочили с воплем, выстрелили в последний раз из ружей и, разбивая их о камни, кинулись на русских с кинжалами. Абреки, чтоб не разорваться в натиске, связались друг с другом поясками и так бросились в сечу. Она была беспощадна; все пало под штыками русских.

- Вперед, за мной, Аммалат-бек! - вскричал неистовый Джембулат, кидаясь в последнюю для него схватку. - Вперед! Для нас смерть - свобода.

Но Аммалат уже не слышал призыва: удар сзади прикладом по голове поверг его на земь, усеянную убитыми, залитую кровью.

---

[21] Ур, ура - значит бей по-татарски. Нет сомнения, что этот крик вошел у нас в употребление со времени владычества монголов, а не со времени Петра, будто бы занявшего hurra у англичан.

ГЛАВА V

Письмо полковника верховского к его невесте

Из Дербента в Смоленск
1819 года в октябре.

Два месяца - легко сказать! - два века ползло до меня, бесценная Мария, письмо твое! В это время луна дважды совершила свое путешествие около земли. Не поверишь, милая, как грустно мне жить без настоящего, даже в самой переписке. За воротами встречаешь казака, с трепетом сердца ломаешь печать, с восхищением целуешь строки, написанные милою ручкою, внушенные чистым сердцем твоим, с жадною радостью пожираешь очами письмо... В то время я счастлив, я вне себя. Но едва закрою письмо, беспокойные мысли уж тут как тут. Все это прекрасно, думается, но все это было, а я хочу знать, что есть. Здорова ль, любит ли она меня теперь по-прежнему?.. О, скоро ль, скоро ль придет блаженное время, когда ни время, ни пространство не будет разлучать нас! когда выражения любви нашей не будут простывать на почте иль, наоборот, когда не станут пылать письма любовию, может быть теперь уже остывшею!! Прости, прости меня, бесценная! Все такие черные думы - припадки разлуки. Сердце близ сердца - жених всему верит, в удалении - во всем сомневается.

Ты велишь мне, то есть ты желаешь, чтобы я описывал жизнь свою день за днем, час за часом... О, какая бы грустная, скучная летопись была, если б я на то решился! Ты очень хорошо знаешь, злая женщина, что я не живу без тебя; зачем же морить меня дважды и один раз несносною разлукою? Мое бытие - след цепи на бесплодном песке. Одна служба, утомляя, если не развлекая меня, пособляет коротать время. Брошен в климат, убийственный для здоровья, в общество, удушающее душу, я не нахожу в товарищах людей, которые бы могли понять мои мысли, не нахожу в азиатцах, кто бы разделил мои чувства. Все окружающее меня так дико или так ограниченно, что берет тоска и досада. Скорей добудешь огня, ударяя лед о камень, чем занимательность из здешнего быта. Но мне святыня - твое желание, и я хоть в перечне представлю прозябение последней моей недели; она еще более разнообразна, чем другие.

Помнится, я уже писал, что мы возвращаемся с главнокомандующим из похода в Акушу. Мы свое справили: Ших-Али-хан бежал в Персию; мы сожгли множество деревень; спалили сена, хлеб, покушали мятежнических баранов, и, наконец, когда снег согнал непокорных с вершин недоступных, они поклонились головою, дали заложников, и вот мы поднялись в Бурную крепость. Оттуда отряд должен был разойтись по

41

зимним стоянкам, в том числе и мой полк в свою штаб-квартиру Дербент. Назавтра главнокомандующий хотел распрощаться с нами, отправляясь в другой поход на линию, и потому народу собралось к обожаемому начальнику более обыкновенного. Алексей Петрович вышел к нам из палатки, к чаю. Кто не знает его лица, по портрету? Но тот вовсе не знает Ермолова, кто станет судить о нем по мертвому портрету. Мне кажется, ни одно лицо не одарено такою беглостию выражения, как его! Глядя на эти черты, вылитые в исполинскую форму старины, невольно переносишься ко временам римского величия; про него недаром сказал поэт:

> Беги, чеченец, - блещет меч
> Карателя Кубани;
> Его дыханье - град картечь,
> Глагол - перуны брани!
> Окрест угрюмого чела
> Толпятся роки боя...
> Взглянул - и гибель протекла
> За манием героя!

Надобно видеть его хладнокровие в час битвы. Надо любоваться им в день приемов, то осыпающего восточными цветами азиатцев, то смущающего их козни замечанием (напрасно прячут они свои коварные замыслы в самые сокровенные складки сердца: его глаз преследует, разрывает их, как червей, и за двадцать лет вперед угадывает их мысли и дела), то дружески открыто приветствующего храбрых офицеров своих, то с величавой осанкою пробегающего ряды гражданских чиновников, приехавших в Грузию на ловлю чинов или барышей. Забавно глядеть, как все, у которых нечиста совесть, мнутся, краснеют, бледнеют, когда он вперит в них пронзительный, медленный взор свой, - вы, кажется, видите, как перед глазами у виноватого проходят взяточные рубли, а в памяти - все его бездельничества; видите, какие картины ареста, следствия, суда, осуждения и наказания рисует им воображение, забегая в будущее. Зато как он умеет отличить достоинство одним взором, одною улыбкою, наградить отвагу словом, которое идет прямо от сердца и прямо к сердцу, - ну, право, дай Бог век жить и служить с таким начальником!

Но если любопытно видеть его на службе, как приятно быть с ним запросто в беседе, куда каждый из людей, отличных чином, храбростию или умом, имеет свободный доступ; там нет чинов, нет завета: всяк говори и делай что хочешь, потому что только те, которые думают и делают как должно, составляют общество. Алексей Петрович шутит со всеми, как товарищ, учит, как отец: он не боится, что его увидят вблизи.

По обыкновению, во время чаю один из адъютантов его читал в этот раз вслух записки наполеоновского похода в Италию - эту поэму военного искусства, как называет ее главнокомандующий. Дивились, рассуждали, спорили. Замечания Алексея Петровича были светозарны, поразительны истиною. Потом пошли гимнастические игры: беганье, прыганье через огонь, пытанье силы разными образами. Вид и вечер были прелестнейшие: лагерь раскинут был обок Тарков. Над ними висит крепость Бурная, за которую склонялось солнце; под скалою дом шамхала, потом по крутому склону город, объемлющий лагерь, и к востоку необозримая степь Каспийского моря. Татарские беки, черкесские князья, казаки с разных рек необъятной Руси, аманаты с разных гор мелькали между офицерами. Мундиры, чухи, кольчуги перемешаны были живописно; песельники, музыка гремели посреди стана, и солдаты, гордо заломив шапки набекрень, толпами гуляли вдали. Все пленяло пестротою, изумляло разнообразием, радовало свежестью, силою боевой жизни.

Капитан Бекович похвалился, что он отсечет кинж[22] голову буйволу, и сейчас привели две пары этих нескладных животных. Держали заклады, спорили, сомневались; капитан улыбался, взмахнул левою рукою огромный кинжал - и рогатая голова покатилась к ногам удивленных зрителей. Но за удивлением родилось желание сделать то же: давай рубить - все напрасно. В свите Алексея Петровича было много силачей и удальцов из русских и азиатцев, - но для этого нужна была не одна сила.

- Дети вы дети, - сказал главнокомандующий и встал, велел принести свою саблю, свой меч, не ударяющий дважды, как говаривал он. Притащили огромную тяжелую саблю, и Алексей Петрович, как ни был уверен в силе своей, но, подобен Улиссу в "Одиссее", намазывающему елеем лук свой, которого никто не мог натянуть, сперва попытал лезвие, раза три махнул саблей в воздухе и потом уже приступил к делу. Закладчики не успели ударить по рукам, как голова буйвола вонзилась рогами в землю. Удар был так быстр и верен, что туловище несколько минут стояло на ногах и потом тихо, тихо рухнуло. Крик изумления вырвался у всех. Алексей Петрович хладнокровно посмотрел, не иззубрилась ли сабля, стоящая несколько тысяч, и подарил ее в знак памяти капитану Бековичу.

Мы еще жужжали между собою, когда к главнокомандующему явился офицер линейских казаков с донесением от полковника Коцарева, который оставался на линии.

Прочитав рапорт, Алексей Петрович разгладил чело.

---

[22] Очень забавно неверие европейцев к тому, что кинжалом можно отрубить голову; стоит пожить неделю в Азии для убеждения в противном. Кинжал в опытной руке стоит и топора, и штыка, и сабли.

- Коцарев славно пощипал горцев, - сказал он нам. - Бездельники эти сделали набег за Терек, далеко прорвались за линию, пограбили одну деревню, но не только потеряли обратно полон, но все легли жертвою безрассудного молодечества.

Расспросив подробно есаула, как было дело, он велел привести пленников, которых нашли ранеными и оживили. Пятерых привели перед главнокомандующего.

Туча налетела на его чело, когда он их увидел; брови сошлись, очи сверкнули.

- Мерзавцы! - сказал он узденям. - Вы три раза присягали не разбойничать и три раза нарушали присягу. Чего недостает вам? Лугов ли? Стад ли? Защиты ли того и другого? Так нет, вы хотите брать с русских награды за имя мирных и добычу, наводя черкесов на наши деревни, разбойничая с ними вместе! Повесить их! - сказал он грозно. - Повесить на собственных воровских арканах. Пусть только бросят жеребий: четвертому воля, - велеть ему рассказать своим товарищам, что я приду научить их держать слово и замирить по-своему.

Узденей вывели.

Остался один татарский бек, и мы лишь тогда обратили на него внимание. Это был молодой человек, лет двадцати трех, красоты необыкновенной, строен, как Аполлон Бельведерский. Он слегка поклонился главнокомандующему, когда тот подошел к нему, приподнял шапку и снова принял свою гордую, хладнокровную осанку; на лице его была написана непоколебимая покорность к судьбе своей.

Главнокомандующий смотрел ему в очи грозными своими очами, но тот не изменился в лице, не опустил ресниц.

- Аммалат-бек, - сказал, наконец, ему Алексей Петрович, - помнишь ли ты, что ты русский подданный? Что над тобой стоят русские законы?

- Мне нельзя было забыть этого, - отвечал бек, - если б в них я нашел защиту прав моих, теперь бы не стоял перед вами виновником.

- Неблагодарный мальчик! - возразил главнокомандующий. - Отец твой, ты сам враждовал против русских. Будь это при персидском владении, семьи твоей не осталось бы праха, но наш государь был так великодушен, что вместо казни даровал тебе владение. И чем заплатил ты за милость? Тайным ропотом и явным возмущением! Этого мало: ты принял и скрыл у себя заклятого врага России, ты позволил ему при своих глазах предательски изрубить русского офицера! Со всем тем, если б ты принес покорную голову, я бы простил тебе за твою молодость, для обычаев ваших. Но ты бежал в горы и вместе с Султан-Ахмет-ханом злодействовал в границах русских, был разбит и снова сделал набег с Джембулатом. Ты должен знать, какая судьба ждет тебя.

- Знаю, - отвечал Аммалат-бек хладнокровно. - Меня расстреляют.

- Нет, пуля - слишком благородная смерть для разбойника, - произнес разгневанный генерал. - Арбу вверх оглоблями и узду на шею - вот тебе достойная награда.

- Все равно как ни умереть, только бы умереть скоро, - возразил Аммалат, - я прошу одной милости, не терзать меня судом, это тройная смерть.

- Ты стоишь сотни смертей, дерзкий! Но я обещаю тебе, так и быть, что завтра же тебя не станет. Нарядить военный суд, - сказал главнокомандующий, обращаясь к начальнику своего штаба. - Дело явное, улики налицо, и потому кончить все в одно заседание к моему отъезду!

Он махнул рукой, и осужденного вывели.

Участь прекрасного юноши тронула всех. Все шептались о нем, все его жалели, тем более что не было средств его спасти. Каждый очень хорошо знал и необходимость наказания за двукратную измену и неизменную волю Алексея Петровича в делах такой гласности, а потому никто не осмеливался просить за несчастного. Главнокомандующий был необыкновенно угрюм во весь остаток вечера; гости разошлись рано. Я решился замолвить за него слово, - авось, думаю, выпрошу какое-нибудь облегчение. Я отдернул полу внутренней палатки и потихоньку вошел к Алексею Петровичу. Он сидел один, подпершись обеими руками о стол, на котором лежало не дописанное им прямо набело донесение к государю. Алексей Петрович знал меня еще свитским офицером; мы знакомы с ним с Кульмского поля. Здесь он был всегда ко мне очень хорош, и потому посещение мое не могло для него быть новостию. Значительно улыбнувшись, он сказал:

- Вижу, вижу, Евстафий Иванович, ты крадешься под мое сердце! Обыкновенно ты входишь ко мне как на батарею, а теперь чуть ступаешь на цыпочках, - это недаром: я уверен, что с просьбой за Аммалата!

- Вы угадали, - отвечал я Алексею Петровичу, не зная, с чего начать.

- Садись же и потолкуем о том, - произнес он; потом, помолчав минуты две, дружески сказал мне: - Я знаю, что про меня идет слава, будто жизнь людей для меня игрушка, кровь их - вода. Самые жестокие завоеватели скрывали под личиной милосердия кровожадность свою. Они боялись ненавистной молвы, совершая ненавистные дела; но я - я умышленно создал себе такую славу, нарочно облек себя ужасом. Хочу и должен, чтобы имя мое стерегло страхом границы наши крепче цепей и крепостей, чтобы слово мое было для азиатцев верней, неизбежнее смерти. Европейца можно убедить, усовестить, тронуть кротостию, привязать прощением, закабалить благодеяниями; но все это для азиатца несомненный знак слабости, и с ними я, прямо из человеколюбия, бываю жесток неумолимо. Одна казнь сохранит сотни русских от гибели и тысячи мусульман от измены. Евстафий Иванович! Многие могут не верить словам моим, потому что всякий скрывает природную злость и личную месть под отговорками в необходимости, всякий с чувствительною ужимкою говорит: "право, я бы сердечно хотел простить, но рассудите сами: могу ли я? Что ж после этого законы? Где общая польза?"

Я никогда не говорю этого; на глазах моих не видят слезинки, когда я подписываю смертные приговоры, но сердце у меня обливается кровию!

Алексей Петрович был тронут; в волнении он прошелся несколько раз по палатке, потом сел и продолжал:

- Никогда со всем тем не была столь тяжка для меня обязанность наказывать, как сегодня. Кто, подобно мне, потерся между азиатцами, тот, конечно, перестал верить Лафатеру и прекрасному лицу верит не более как рекомендательному письму; но взгляд, но поступь и осанка этого Аммалата произвели на меня необыкновенное впечатление: мне стало жаль его.

- Великодушное сердце - лучший вдохновитель разума, - сказал я.

- Сердце должностного человека, любезный друг, должно быть навытяжку перед умом. Конечно, я могу простить Аммалата, но я должен казнить его. Дагестан еще кипит врагами русских, несмотря на поклоны и уверения в преданности; самые Тарки готовы подняться при первом ветре с гор; надобно пресечь эти ковы казнию и показать татарам, что никакая порода не спасет преступника, что все равны перед лицом русского закона. Прости же я Аммалата, как раз все родственники наказанных прежде станут славить, что Ермолов побоялся шамхала.

Я заметил, что уважение к обширному родству его будет иметь доброе влияние на край. Особенно шамхал...

- Шамхал - азиатец, - прервал меня Алексей Петрович, - он будет радехонек, что этот претендент на шамхальство отправится в Елисейские. Впрочем, я столь же мало забочусь угадывать или угождать желаниям его родственников...

Видя, что главнокомандующий поколебался, я стал его упрашивать убедительнее.

- Заставьте меня служить за троих, - говорил я, - не отпускайте этот год в отпуск, только помилуйте этого юношу. Он молод, и Россия может найти в нем верного слугу. Великодушие никогда не падает напрасно.

Алексей Петрович качал головою.

- Я уже сделал много неблагодарных, - сказал он, - впрочем, так и быть: я его прощаю, - и не вполовину: это не моя манера. Спасибо тебе, что ты помог мне решиться быть добрым, чтобы не сказать слабым. Только помни мое слово: ты хочешь взять его к себе, - не доверяйся же ему, не отогревай змеи на сердце.

Я был так рад успехом, что, поблагодаря наскоро главнокомандующего, побежал в палатку, в которой содержался Аммалат-бек. Трое часовых окружали ее, в средине горел фонарь. Вхожу, пленник лежит на бурке; на лице сверкают слезы. Он не слышал моего прихода: так глубоко погружен был в думу, - кому весело расстаться с жизнию! Я был счастлив, что мог обрадовать его в такую горькую минуту.

- Аммалат! - сказал я. - Аллах велик, а сардар милостив. - он дарует тебе жизнь!

Восхищенный осужденник вскочил, хотел было говорить, но дух занялся в груди его, и вдруг за тем тень сомнения покрыла его лицо.

- Жизнь! - произнес он. - Я понимаю это великодушие. Истомить человека в душной тюрьме без света и воздуха или заслать его в вечную зиму, в нерассветающую ночь; погрести его заживо в утробе земли и в самой могиле мучить каторгою, отнять у него не только волю действовать, не только удобства жить, но даже средства говорить с родными о печальной судьбе своей; запрещать ему не только жалобу, но даже ропот на ветер, - и это называете вы жизнию, и этою-то бесконечною пыткою хвалитесь как неслыханным великодушием! Скажите генералу, что я не хочу такой жизни, что я презираю такую жизнь.

- Ты ошибаешься, Аммалат, - возразил я, - ты прощен вполне; останешься тем же, чем был прежде, господин своим поместьям и поступкам, - вот твоя сабля. Главнокомандующий уверен, что ты отныне будешь обнажать ее только за русских. Предлагаю тебе одно условие: поживи со мной, покуда перепадет молва о твоем похождении. Ты будешь у меня как друг, как брат родной.

Это изумило азиатца. Слезы брызнули у него из глаз.

- Русские меня победили! - вскричал он. - Простите, полковник, что я думал худо обо всех вас. С этой поры я верный слуга русскому царю, верный друг русским, душой и саблею. Сабля моя, сабля! - промолвил он, разглядывая драгоценный клинок свой, - пускай эти слезы смоют с тебя русскую кровь и татарскую нефть![23] Когда и чем могу заслужить я за жизнь, за волю!

Я уверен, милая Мария, ты сохранишь для меня за это дело один из самых сладостных поцелуев своих. Всегда, всегда поступая, чувствуя великодушно, я утешал себя мыслию: Мария меня похвалит за это! Но когда ж это будет, бесценная? Судьба нам мачеха. Твой траур длится, а мне главнокомандующий решительно отказал в отпуске, и я не сержусь, хоть очень досадую. Полк мой расстроен как только можно вообразить; к тому же мне поручены постройки новых казарм и поселение женатых рот.

---

[23] Для черноты и предохранения от ржавчины клинки коптят и мажут нефтью.

Уезжай я на месяц, и все пойдет вверх дном. Остаюсь; но что стоит эта жертва моему сердцу!

Вот уже мы три дня в Дербенте. Аммалат живет со мною. Молчит, грустит, дичится, но страх занимателен, несмотря на это. Он хорошо говорит по-русски; я заставил его учиться грамоте. Понятливости необычайной; со временем я надеюсь сделать из него премилого татарина.

(Окончание письма не касается нашего предмета.)

Отрывок из другого письма полковника верховского к его невесте, полгода спустя

Из Дербента в Смоленск

...Любимец твой Аммалат, милая Мария, скоро совсем обрусеет. Татарские беки первою степенью образования считают обыкновенно беззазорное употребление вина и свинины: я, напротив, начал перевоспитывать душу Аммалата. Выказываю, доказываю ему, что есть дурного в их обычаях, что хорошего в наших; толкую истины всеместные и всевечные. Читаю с ним, приохочиваю к письму и с радостию вижу, что он пристрастился к чтению и к сочинению. Говорю пристрастился, потому что каждое его желание, прихоть, воля есть страсть пылкая, нетерпеливая. Трудно вообразить, еще труднее понять европейцу вспыльчивость необузданных или, лучше сказать, разнузданных страстей азиатца, у которого с самого младенчества одна воля была границею желаний. Наши страсти - домашние животные или хоть и дикие звери, но ручные, смирные, выученные плясать по веревке приличий, с кольцом в носу, с обстриженными когтями; на Востоке они вольны, как тигры и львы. Любопытно взглянуть на лицо Аммалата, каким заревом загорается оно при первом противоречии, каким огнем загораются очи при каждом споре; но зато, едва почувствует он свою ошибку, он краснеет, бледнеет, готов плакать. "Я виноват, - говорит он, - прости меня, тахсырумдан гичь (уничтожь вину), забудь, что я был виноват и что ты простил меня!" Он имеет предоброе сердце, но сердце, готовое вспыхнуть и от солнечного луча и от адской искры. Природа на зубок подарила ему все, чтобы быть человеком в нравственном и физическом смысле, но предрассудки народные и небрежность воспитания сделали все, чтоб изурочить, изувечить эти дары природы. Ум его - чудное смешение всяких несообразностей, мыслей самых нелепых и понятий самых здравых. Иногда он чрезвычайно быстро схватывает предметы отвлеченные, когда их просто излагают ему, и нередко упорно противится самым близким,

48

самым очевидным истинам, оттого, что первые для него вовсе новы, а другие заслонены уже от него прежними верованиями и впечатлениями.

Начинаю верить, что гораздо легче строить вновь, чем перестраивать старое.

Но отчего грустен и рассеян Аммалат наш? Он делает большие успехи во всем, что не требует последовательного размышления, постепенного развития; но когда дело коснется до далеких выводов, ум его походит на короткое ружье, которое бьет метко и сильно, только недалеко. Но полно, ум ли его виноват в том? Не поглощено ли его внимание чем-нибудь другим?.. Для двадцать третьего года возраста легко можно сказать, что такое это другое. Иногда он, кажется, внимательно слушает мои рассказы, - спрошу ответа, а он будто с облаков падает; иногда застаю, что слезы градом катятся у него по лицу, говорю ему, не видит и не слышит. В прошлую ночь, наконец, он метался в беспокойном сне, и слово Селтанет, Селтанет (власть, власть)! вырывалось часто из уст его. Ужели властолюбие может так мучить юное сердце? Нет, нет, иная страсть волнует душу, возмущает ум Аммалата... Мне ли сомневаться в признаках божественной болезни - любви! Он влюблен; он страстно влюблен: но в кого? О, я узнаю это!.. Дружба любопытна, как женщина.

ГЛАВА VI

Выдержки из записок аммалат-бека

(перевод с татарского)

...Спал ли я до сих пор или теперь во сне мечтаю?.. Так этот-то новый мир называется мыслию!.. Прекрасный мир! Ты долго был для меня мутен и слитен, как Млечный Путь, который, говорят, составлен из тысячи тысяч сверкающих звезд! Мне кажется, я всхожу на гору познания из мрака и тумана... Каждый шаг открывает мне зренье шире и далее... Грудь моя дышит свободнее, я гляжу в очи солнцу... гляжу вниз - облака шумят под ногами!.. досадные облака! С земли вы мешаете видеть небо, с неба - разглядывать землю!

Дивлюсь, как самые простые вопросы: отчего и как не западали мне в голову прежде? Весь Божий свет, со всем, что в нем есть худого и хорошего, виден был в душе моей, будто в море; только я знал о том столько же, как море или зеркало. На памяти, правда, сохранялось многое, но к чему мне служило это? Понимает ли сокол, для чего ему надевают на глаза шапочку? Понимает ли конь, для чего куют его? Понимал ли я, почему в одном месте необходимы горы, а в другом степи, там вечные снега, а там океаны песков? Для чего, нужны бури и трепетания земли? И ты, всего чуднейший человек! Мне и на мысль не вспадало, чтобы следить тебя от колыбели твоей, повешенной на кочевом вьюке, до города пышного, какого я не видал, но каким, по слухам, восхищен!.. Сознаюсь, что я пленен уже одною оболочкою книги, не постигая смысла таинственных букв... Но Верховский не только манит меня к познанию, но дает и средства присвоить их. С ним, как с матерью молодая ласточка, пытаю новые крылья... Даль и вышина еще дивят меня, но не ужасают. Придет пора, и я облечу поднебесье!..

...Однако счастливей ли я с тех пор, как Верховский и его книги учат меня мыслить? Бывало, борзый конь, дорогая сабля, меткое ружье радовали меня, как ребенка... Теперь, познав преимущества ума над телом, для меня смешна, чуть не жалка прежняя моя похвальба стрельбой и скачкою. Стоит ли посвящать себя ремеслу, в котором последний широкоплечий нукер может победить меня?.. Стоит ли полагать славу и счастье в удальстве, которого может лишить первая рана, первый неловкий скачок? У меня вырвали эту гремушку; но чем заменили ее?.. Новыми нуждами, новыми желаниями, коих не может ни утомить, ни утолить сам алла. Я считал себя важным человеком; я убедился теперь в своем ничтожестве. Прежде за памятью моего деда или прадеда начиналась для меня ночь прошлого, со своими сказками и грезами преданий... Кавказ запирал свет мой, но я спокойно спал в этой ночи. Я полагал: быть известным в Дагестане - вершина знаменитости, - и что же? История населила прежнюю пустыню мою народами, крушившими друг друга со славою, героями, изумлявшими народы доблестию, до которой никогда нам не удастся возвыситься. И где они? Полузабыты, стлели во прахе веков. И что ж? Описание земель показало мне, что татары занимают уголок света, что они жалкие дикари в сравнении с европейскими народами и что о целом составе их, не только об их наездниках, никто не думает, не знает, да и знать не хочет! Стоит ли же труда быть светляком между червями? Стоило ли напрягать ум, чтобы убедиться в такой горькой истине?

Что мне пользы в познании сил природы, когда я не могу переменить души своей, повелевать своему сердцу! Меня учат заграждать море, а я не могу удержать слезы!.. Отвожу молнию от кровли, а не могу стряхнуть кручины!! Не довольно ли я был несчастлив одними чувствами, чтобы накликать мыслей, как ястребов! Много ли выигрывает больной, узнав, что болезнь его неисцелима!.. Мучения безнадежной любви моей стали тонее, острее, разнообразнее с тех пор, как прояснел мой разум.

Нет, я несправедлив. Чтение сокращает мне долгие, как зимняя ночь, часы разлуки. Приучив меня ловить на бумагу перелетные мысли,

Верховский дал мне отраду сердечную. Когда-нибудь свижусь я с Селтанетою и покажу ей эти страницы, на которых имя ее чаще, нежели имя аллы в Куране... "Вот летопись моего сердца... - скажу я ей. - Погляди сюда: в такой-то день я то-то о тебе думал, в такую-то ночь я вот как видел тебя во сне! По этим листкам, как по четкам алмазным, ты можешь счесть мои воздыхания, мои по тебе слезы. О милая, милая! ты не раз улыбнешься моим причудливым мечтам; они дадут надолго пищу разговорам нашим!.. Но возмогу ли я вспоминать прошлое, подле тебя, очаровательница?.. Нет, нет... все исчезнет тогда предо мною и вокруг меня, кроме настоящего блаженства: быть с тобою! О, как жарка и светла будет душа моя! Растопленное солнце потечет во мне, я сам буду плавать в небе, как солнце! Забвение подле тебя сладостнее самой высокой мудрости!"

Читаю рассказы о любви, о прелестях женщин, об изменах мужчин, и ни одна из них не приблизится к моей Селтанете красотою души и тела, ни на одного из них не похож сам я. Завидую любезности, уму любовников книжных, но зато как вяла, как холодна любовь их! Это луч месяца, играющий по льду! Откуда набрались европейцы фарсийского пустословия, этого пения базарных соловьев, этих цветов, варенных в сахаре? Не могу верить, чтобы люди могли пылко любить и плодовито причитать о любви своей, словно наемная плакальщица по умерших. Расточитель раскидывает сокровище на ветер горстями; любитель хранит, лелеет его, зарывает в сердце кладом!

Я молод - и спрашиваю: что такое дружба? Имею друга в Верховском, друга нежного, искреннего, предупредительного, - и не есмь друг! Чувствую, упрекаю себя, что не ответствую ему как должно, как он заслуживает; но в моей ли это воле?.. В душе нет места никому, кроме Селтанеты; в сердце нет иного чувства, кроме любви.

...Нет, не могу читать, не могу понимать, что толкует мне полковник!.. Я обманывал себя, воображая, что мне доступна лестница наук... Я утомлен на первых ступенях, теряю терпение на первом затруднении, путаю нити, вместо того чтобы развивать их, дергаю, рву, - и добыча моя ограничивается немногими обрывками. Обнадеживание полковника принял я за собственные успехи... Но кто, но что мешает этим успехам?.. То, что составляет счастие и несчастие моей жизни: любовь. Во всем, везде вижу и слышу Селтанету, и часто одну только Селтанету. Устранить ее от мысли моей почел бы я святотатством; да если б и захотел, то не мог бы исполнить этой решимости. Могу ли я видеть без света? Могу ли дышать без воздуха? А Селтанета мой свет, мой воздух, жизнь моя, душа моя!

...Рука моя дрожит, сердце рыщет в груди... Если б я писал кровью моею, она бы сожгла бумагу. Селтанета! Образ твой преследует меня во сне и наяву! Воображение твоих прелестей опаснее для меня их близости!

Дума, что я никогда не буду владеть ими, касаться их, может быть видеть их, бросает меня в страстную тоску: я вместе таю и неистовствую!.. Припоминаю себе каждую милую черту твоего лица, каждое положение твоего стройного стана... и эту ножку - печать любви, и эту грудь - гранату блаженства!.. Память о твоем голосе заставляет дрожать душу, как струну, готовую порваться от высокого звука... И поцелуй твой! поцелуй, в котором я выпил твою душу!.. Он сыплет розы и уголья на одинокое ложе мое... Я сгораю; жаркие уста томятся жаждою лобзания; рука хочет обвить стан твой, коснуться твоего колена!.. О, приди... прилети... чтобы я умер от наслаждения, как теперь умираю от скуки!..

Полковник Верховский, желая всеми способами рассеять печаль Аммалата, вздумал потешить его охотою на кабанов, любимым занятием дагестанских беков.

На зов съехалось их человек двадцать, каждый со своими нукерами, каждый желая попытать счастья, погарцевать на поле, похвалиться удальством.

Седой декабрь осыпал уже верхи окрестных гор порошею. По улицам Дербента кое-где лежал ледяной череп, но сверх его густыми волнами каталась грязь по зубристой мостовой. Лениво плескало море в затопленные башни сходящих в воду стен. Сквозь туман свистели крыльями стада стрепетов и дудаков; вереницы гусей с жалобным криком мелькали над валами, - все было мрачно и угрюмо; даже глупо-несносный рев ослов, навьюченных хворостом на продажу, походил на плач по красной погоде. Присмиревшие татары сидели на базарах, завертывая носы свои в шубы.

Но такая-то погода и мила охотникам.

Едва городские муллы прокричали молитву, полковник с несколькими из своих офицеров, с городскими беками и с Аммалатом, ехал, или лучше сказать, плыл, верхом по грязи.

Поворотив к северу, все они выехали за город в главные ворота (Кырхлар-Капи), убитые железными пластами. Дорога, ведущая к Таркам, бедна видами: кое-где вправо и влево гряды марены, потом обширные кладбища и только к морю редкие виноградники. Зато виды сего предместия гораздо величавее южных. Влево, на скалах, виднелись Кефары, казармы Куринского полка, а по обеим сторонам дороги лежали в живописном беспорядке огромные камни, скаченные, сброшенные и оторванные силой вод с высот нагорных.

Лес, осыпанный инеем, густел по мере приближения к Велликенту, и на каждой версте свита Верховского возрастала прибывающими беглярами и агаларами.

Облава была закинута влево, и скоро послышали крик гаяльщиков, собранных с окрестных деревень. Охотники растянули цепь, кто на коне, кто спешась; скоро показались и кабаны.

Тенистые леса Дагестана, изобилующие дубами, искони служат притоном многочисленным стадам вепрей, и хотя татары, как мусульмане, считают грехом прикоснуться к нечистому животному, не только есть его мясо, но истреблять их почитают они делом достойным, по крайней мере они учатся на них стрелянью и с тем вместе показывают свое удальство, ибо преследование вепрей сопряжено с большими опасностями, требует искусства и твердости духа.

Растянутая цепь ловцов занимала большое пространство. Самые бесстрашные стрелки выбирали места самые уединенные, чтобы ни с кем не делить славы удачи и для того, что на безлюдье вернее бежит зверь.

Полковник Верховский, надеясь на свои исполинские силы и меткий глаз, забрался далеко в чащу и остановился на полянке, на которой сходилось много кабаньих следов. Один-одинехонек, прислонясь к суку обрушенного дуба, нажидал он добычи. То вправо, то влево от него раздавались выстрелы; порой мелькал вдали кабан за деревьями; наконец послышался треск валежника, и скоро потом показался необыкновенной величины вепрь, который несся через поляну, как из пушки пущенное ядро.

Полковник приложился; пуля свистнула, и раненый вепрь вдруг остановился, как будто от изумления; но это было на миг; он с остервенением кинулся на выстрел; с оскаленных клыков его дымилась пена, глаза горели кровью, и он с визгом близился к неприятелю. Но Верховский не смутился, нажидая его ближе; в другой раз брякнул курок... осечка! Отсыревший порох не вспыхнул. Что оставалось делать охотнику? У него не было даже кинжала на поясе. Бегство было бы напрасно; вблизи, как нарочно, ни одного толстого дерева; только один сухой сук возвышался от лежащего подле него дуба, и Верховский бросился на него как единственное средство спасти себя от гибели. Едва успел он взобраться аршина на полтора от земли, рассвирепелый кабан ударил в сук клыком своим; затрещал сук от удара и от тяжести, на нем висящей... Напрасно Верховский порывался вскарабкаться выше по обледенелой коре: руки его скользили, он сползал, а зверь не отходил от дерева, грыз его, поражал его своими острыми клыками, четвертью ниже ног охотника... С каждым мгновением ожидал Верховский, что он падет в жертву, и голос его умирал в пустой окружности напрасно...

Нет, не напрасно!

Конский топот раздался вблизи, и Аммалат-бек прискакал как исступленный, с поднятою шашкою. Завидя нового врага, вепрь обратился ему навстречу, но прыжок коня в сторону решил бой; удар Аммалата поверг его на землю.

Избавленный Верховский спешил обнять своего друга, но тот в запальчивости еще рубил, терзал убитого зверя.

- Я не принимаю незаслуженной благодарности! - отвечал он наконец, уклоняясь от объятий полковника. - Этот самый кабан, в глазах моих, растерзал одного табасаранского бека, моего приятеля, когда он, промахнувшись по нем, занес ногу в стремя. Я загорелся гневом, увидя кровь товарища, и пустился в погоню за кабаном. Чаща помешала мне насесть на него по следу; я было совсем потерял его, и вот Бог привел меня достичь это проклятое животное, когда оно готово было поразить еще благороднейшую жертву - вас, моего благодетеля.

- Теперь мы квиты, любезный Аммалат! Не поминай про старое. Сегодня же отомстим мы зубами этому клыкастому врагу за страх свой. Я надеюсь, ты не откажешься прикушать запрещенного мясца, Аммалат?

- И даже запить его шампанским, полковник. Не во гнев Магомету, я лучше люблю закаливать душу в тгене вина, чем в правоверной водице.

Облава обратилась в другую сторону: вдали слышались гай и крик и бубны гонящих татар; в другой стороне по временам раздавались выстрелы. Полковнику подвели коня, и он, любуясь надвое рассеченным кабаном, потрепал по плечу Аммалата, примолвив: "Молодецкий удар!"

- В нем разразилась месть моя, - возразил тот, - а месть азиатца тяжка!

- Ты видел, ты испытал, Аммалат, - сказал ласково полковник, - как мстят за зло русские, то есть христиане, будь же это не в упрек, а в урок тебе!

И оба поскакали к цепи.

Аммалат-бек был чрезвычайно рассеян: он то не отвечал, то невпопад отвечал на вопросы Верховского, подле которого ехал, поглядывая во все стороны... Тот, думая, что он, как горячий охотник, занят поисками, оставил его и поехал далее. Наконец, Аммалат увидел, кого ждал так нетерпеливо: к нему навстречу несся эмджек его, Сафир-Али, весь забрызган грязью, на дымящейся лошади. С восклицаниями алейкюм селам, оба они спрыгнули с коней и сжали друг друга в объятиях.

- Итак, ты был там, ты видел ее, ты говорил с нею?! - вскричал Аммалат, снимая с себя кафтан и задыхаясь от торопливости. - По лицу вижу, что ты привез добрые вести, и вот тебе моя новая чуха за это[24]. Живы ли, здоровы ли, любят ли меня по-прежнему?

- Дай образумиться, - возразил Сафир-Али. - Дай хоть дух перевести. Ты насыпал столько расспросов и сам я везу столько поручений, что они столпились, как бабы у дверей мечети, и растеряли свои башмаки. Во-первых, по твоему желанью, а по моему летанью, я был в Хунзахе.

---

[24] У татар непременное обыкновение отдавать вестнику чего-нибудь приятного свою верхнюю, с плеча, одежду.

Пробрался так тихо, что не спугнул ни одного дрозда с дороги. Султан-Ахмет-хан здоров и дома. Он расспрашивал о тебе, преважно качал головою и спросил, не нужно ли тебе веретена рассучивать дербентский шелк. Ханша посылает чох селаммум (много приветствий) и столько же сладких пирожков. Я выбросил их на первом привале: все изломались, проклятые. Сурхай-хан, Нуцал-хан...

- Черт их побери одним разом!.. Что же Селтанета?

- Ага, наконец дотронулся до сердечной мозоли. Селтанета, милый мой, хороша, как небо с звездами; только на этом небе я видел зарницу лишь тогда, как о тебе разговаривал. Она чуть не кинулась мне на шею, когда наедине я открыл ей причину моего приезда. Я насказал ей верблюжий вьюк от тебя приветствий, уверил, что ты с любви к ней чуть жив, бедняга... а она так и заливается слезами!

- Милая, добрая душа!! Что же велела мне сказать она?

- Спроси лучше, чего не велела! Говорит, что, с тех пор как ты уехал, она и во сне не радовалась, что зимний снег выпал на ее сердце и одно только свидание с милым, как вешнее солнце, может растопить его... Впрочем, если б мне дождаться конца ее наказов, а тебе - моих пересказов, то мы оба приехали бы в Дербент с седыми бородами. Со всем тем, она чуть не выгнала меня, торопя: ей хотелось, чтобы ты ни минуты не сомневался в ее любви!

- Бесценная девушка!.. Не знаешь ты, да и сам я не умею высказать, какое блаженство мне быть с тобою, какое мученье быть в разлуке, не видеть тебя.

- То-то и есть, Аммалат; она крепко скучает, что не может наглядеться на ненаглядного; говорит: "Неужели он не может приехать хоть на денек, хоть на часок, хоть на минуточку?"

- Взглянуть на нее и потом умереть готов бы я!

- Эй, жить захочется, когда на нее взглянешь! Присмирела она против прежнего, а все еще такой живчик, что взглянет - так кровь заиграет.

- Рассказал ли ты ей, почему нельзя мне выполнить ее воли и своего страстного желания?

- Насказал таких небылиц, что ты бы подумал, будто я стихотворец персидского шаха. Расплакалась Селтанета, словно горный ключ после дождя. Рюмит, да и все тут.

- Зачем же приводить ее в отчаяние! Нельзя теперь - не значит еще: навек невозможно. Знаешь женское сердце, Сафир-Али: конец надежде - для них конец любви!

- Сеешь слова на ветер, джаным (душа моя). Надежда у влюбленных - бесконечный клубок. С холодной кровью и глазам не верится, а полюбишь - так и чудесам станешь веровать. Я думаю, Селтанета надеялась бы, что ты из гроба прискачешь к ней, не то что из Дербента.

- Чем лучше гроба для меня этот Дербент? Не тем ли, что сердце чувствует нетление и не может избежать его? Здесь один труп мой: душа далеко, далеко!

- Кажется, и ум у тебя нередко изволит гулять невесть где, любезный Аммалат! Чем тебе не житье у Верховского! Волен и доволен: любим как брат меньшой, лелеем словно невеста. Пусть так: мила твоя Селтанета; да ведь и Верховских немного. Разве нельзя принести в жертву дружбе хоть частичку любви?

- Разве я этого не делаю, Сафир-Али? Но, если б ты знал, чего мне это стоит: все равно если б я рвал на клочки сердце свое. Дружба - прекрасное дело, но она не заменит любви.

- По крайней мере она может утешить ее, может быть, помочь ей. Говорил ли ты об этом с полковником?

- Никак не решусь. Слова замирают на губах, когда вздумаю завести речь о любви своей. Он так рассудителен, что мне совестно скучать ему своим безумием; он так добр, что я не смею употребить во зло его терпения. Правду молвить, он своею откровенностию вызывает, ободряет мою. Вообрази себе, что он влюблен от самого младенчества в женщину, с которою вырос, и, верно бы, женился на ней, если б по ошибке его не поставили в списке убитых во время войны с фиренгами. Невеста его поплакала, и, разумеется, ее выдали замуж. Вот он летит на родину и находит свою милую женою другого. Что же бы ты думал, что бы я сделал в таком случае? Вонзил кинжал в грудь похитителя сокровища... увез бы ее на край света, чтобы хоть час, хоть миг повладеть ею... или хоть в мести насладиться за отнятое счастие!

Ничего не бывало. Он узнал, что соперник его предобрый и предостойный человек. Он имел хладнокровие подружиться с ним, имел терпенье быть часто с прежнею невестою и ни словом, ни делом не изменить новому другу со старою подругою!

- Редкий человек, если это не сказка, - молвил Сафир-Али с чувством, бросив повода, - твердый друг!

- Зато какой ледяной любовник! Этого мало. Чтоб избавить от толков обоих супругов, он уехал сюда на службу. Недавно, к счастию ли, к несчастию ли его, умер его приятель-соперник. И что ж? Ты думаешь, он бросился скакать в Россию? Нет, служба удержала его. Главнокомандующий сказал ему несколько слов, уверил, что он необходим здесь еще на год, и он остался, питая любовь свою бумагою. Может ли такой человек, со всей своею добротою, понять страсть мою!.. Притом, между нами столько разницы в летах, в понятиях! Он убивает меня своим недоступным достоинством; и все это холодит мою дружбу, вяжет искренность.

- Ты большой чудак, Аммалат: за то не любишь Верховского, что он всех более достоин любви и откровенности.

- Кто сказал тебе, что я не люблю его?.. Мне не любить его, моего воспитателя, моего благодетеля? Да и могу ли кого-нибудь не любить с тех пор, как люблю Селтанету? Я люблю весь свет, всех людей!

- Не помногу же достанется на брата, - сказал Сафир-Али.

- Стало бы ее не только напоить, но утопить весь мир! - возразил, улыбаясь, Аммалат.

- Ага! Вот что значит видеть красавиц без покрывала и потом ничего не видеть, кроме покрывал и бровей. Видно, тебе, как урмийскому соловью[25], надобна для песен клетка.

Так разговаривая, друзья скрылись в чаще леса.

ГЛАВА VII

Отрывок из письма полковника верховского к его невесте

Дербент, апрель.

Прилети ко мне, сердце моего сердца, милая Мария! Полюбуйся на прелестную вешнюю ночь Дагестана. Тих лежит подо мною Дербент, подобен черной полосе лавы, упавшей с Кавказа и в море застылой. Ветерок навевает мне благоухание цветущих миндальных деревьев, соловьи перекликаются в ущелье, сзади крепости; все дышит жизнию и любовью, и стыдливая природа, полная сим чувством, как невеста, задернулась дымкой туманов. И как дивно разлилось их море над морем Каспийским! Нижнее колышется, как вороненая кольчуга, верхнее ходит серебряной зыбью, озаренное полною луною, которая катится по небу, словно золотая чаша, а звезды блещут кругом нее, как разбрызганные капли. Каждый миг отражение лучей луны в парах ночи изменяет картины, упреждая самое воображение, то изумляя чудесностию, то поражая новостию. Иногда кажется, будто видишь скалы дикого берега и об них в пену разбитый прибой... Валы катятся в битву, буруны крутятся, всплески летят высоко; но безмолвно, медленно опадает волнение, и серебряные пальмы возникают из лона потопа, ветер движет их стебли, играет их долгими листьями. - и вот они распахнулись парусами корабля,

---

[25] Урмийская долина есть сад печальной, каменистой Персии. Весною это царство роз, осенью - винограда.

скользящего по воздушному океану! Видишь, как он качается: брызги дождят на грудь его, волны скользят вдоль ребер, и где он?., где сам я?..

Не поверишь, бесценная, какое сладостно-грустное чувство наводит на меня шум и вид моря. С ним неразлучна во мне мысль о вечности, о бесконечности, о любви нашей. Видно, сама она безгранична, как вечность. Чувствую, душа моя будто разливается и объемлет мир, подобно океану, светлыми волнами любви; она во мне и окрест меня, она единственное, великое, бессмертное во мне чувство. Искра его греет и озаряет меня в зиму горестей, в ночи сомнений. Тогда я так беззаветно люблю, так тепло верю и верую!!! Ты улыбаешься моей мечтательности, друг и подруга души моей! Ты изумляешься этому туманному наречию!.. Не вини меня. Дух мой, как жилец иного света, не может противостоять призывному мерцанию месячного луча... отрясает могильный прах, разыгрывается и, как луч месяца, обрисовывает все предметы тускло, неопределенно. Впрочем, ты знаешь, что к одной тебе пишу я все, что ни вспадет на стекло моего волшебного фонаря-сердца, уверенный, что сердцем, а не привязчивым умом будешь ты разгадывать сказанное. Притом, в августе месяце счастливый жених твой будет лично пояснять все темные места в своих письмах. Не могу вздумать без восхищения о минуте встречи нашей!.. Я считаю песчинки часов, разлучающие нас, считаю версты, между нами лежащие. Итак, в половине июня ты будешь на Кавказских водах? Итак, лишь одна ледяная цепь Кавказа останется между двумя пылкими сердцами... Как близко и как еще неизмеримо далеко будем мы друг от друга! О, сколько бы лет жизни отдал я, чтобы приблизить час свидания! Души наши обручены так давно... для чего ж разлучены доселе?..

Аммалат мой скрытен и недоверчив. Я не виню. Я знаю, как трудно переломить привычки, всосанные с матерним молоком и с воздухом родины. Варварский деспотизм Персии, столь долго владевший Адербиджаном, воспитал в кавказских татарах самые низкие страсти, ввел в честь самые презрительные происки. Да могло ли быть иначе в правлении, основанном на размене крупного деспотизма на мелкий, где и самая справедливость суда поражает украдкою, где хищение есть преимущество власти?.. Делай со мною, что хочешь, но позволь мне делать с нижними, что я хочу, - вот азиатское управление, честолюбие и нравственность. От этого каждый, находясь между двумя врагами, привыкал прятать свои мысли, как свои деньги. От этого каждый старался лукавить перед сильным, чтобы добыть через него силу, и перед богатым, чтобы выжать из него взятку угнетением или доносом. От этого здешний татарин не скажет слова, не ступит шага даром, не подарив огурца без

58

надежды получить за него отдарка. Грубый до дерзости с каждым, кто не облечен властию, он плашмя перед чином, перед полным карманом. Горстями сыплет лесть, отдает вам дом, детей, душу свою, для того чтоб словами уклонить от себя дело, и если делает услугу, то верно по расчету. В делах денежных (это самая слабая сторона татар) червонец есть камень преткновения: трудно вообразить, до какой степени падки они до выгод! Армяне тысячу раз ниже их в характере, но едва ли они уступят им в продажности, в корыстолюбии... Et c'est tout dire[26]. Мудрено ли же, что, с младенчества видя такие примеры, Аммалат хотя и сохранил в себе свойственное благородной крови отвращение ко всему низкому, но принял скрытность как необходимое оборонительное оружие противу явных злодеев своих и тайных недоброхотов? Священные узы родства почти не существуют для азиатца. У них сын - раб своего отца, брат - его соперник. Нет доверия к ближнему, потому что нет верности ни в ком. Ревность к женам и подозрение в подысках задушают братство и дружество. Ребенок, воспитанный матерью-невольницею, не знающий ласки отца и потом задушенный арабскою грамотою, скрывается в самом себе даже и от товарищей; с первых ногтей заботится только о себе. С первым пухом на бороде для него закрыты все двери и все сердца: мужья смотрят на него искоса, женщины бегут, как от зверя, и первые, самые невинные движения его сердца, первый голос человечества, первое стремление природы - суть уже преступления перед изуверским магометанством. Он не смеет открыть их родному, доверить приятелю... Он должен даже плакать тайно от других.

Все это говорю я, милая Мария, в извинение Аммалату: полтора года живет он у меня и до сих пор не открылся мне, кого любит, хотя очень мог видеть, что не из пустого любопытства, а из душевного участия хотел я вызнать тайны его сердца. Наконец он рассказал мне все, и вот как это случилось.

Вчерась я выехал с Аммалатом прогуляться за город. Мы поднялись по ущелию в гору, на запад; далее и далее, выше и выше, мы незаметно очутились подле деревни Кемек, рядом с которою видна уже стена, защищавшая некогда Персию от набегов кочевых народов закавказских степей, часто громивших ее границы. Дербентская летопись (Дербент-наме) приписывает, но неверно ее незапамятную постройку какому-то Исфендиару; вот начало молвы, передавшей сей труд Искендару, то есть Александру Великому, никогда в этих краях не бывавшему. Царь Нуширван отрыл, возобновил ее, поселил при ней стражу. Не раз

---

[26] И этим все сказано (фр).

впоследствии была она поправляема и снова падала в прах, зарастала, как теперь, вековыми деревьями. Осталось поверье, будто стена эта от Каспия шла до Черного моря[27], пересекая весь Кавказ, имея крайними железными воротами Дербент, а средними Дарьял; но это более чем сомнительно вообще, хотя несомненно в частном. Следы ее, видимые далеко в горах, прерываются только обрывами и ущелиями до Военной дороги, но оттуда к Черному морю, кажется, по Мингрелии нет никаких признаков продолжения.

Я с любопытством рассматривал эту огромную стену, укрепленную частыми башнями, дивясь величию древних даже в самых безумных прихотях деспотизма, величию, до которого достигнуть не дерзают и мыслию, не только исполнением, нынешние женоподобные властители Востока. Чудеса Вавилона, Меридово озеро, пирамиды фараонов, бесконечная ограда Китая и эта стена, проведенная в местах диких, безлюдных, по высям хребтов, по безднам ущелий, - свидетели железной, исполинской воли и необъятной власти прежних царей. Ни время, ни землетрясения не могли совершенно разрушить трудов тленного человека, и пята тысячелетий не совсем раздавила, не совсем втоптала в землю останки древности незапамятной. Места эти возбуждали во мне еще благоговейные думы... Я бродил по следам великого

Петра, я воображал его, основателя, преобразователя юного царства, на сих развалинах дряхлеющих царств Азии, из среды коих вырвал он Русь и мочной десницею вкатил в Европу. Какой огонь сверкал тогда в орлином взоре его, брошенном с выси Кавказа! Какие гениальные думы звездились в уме, какие святые чувства вздымали геройскую грудь! Великая судьба отечества развивалась перед его очами, вместе с горизонтом; в зеркале Каспия зрелась ему картина будущего благоденствия России, им посеянного, окропленного кровавым его потом. Не пустые завоевания, но победа над варварством, но благо человечества

---

[27] Я убежден, что Кавказские ворота древних, Железные ворота русских историков, находились не в Дербенте, а в Дарьяле (Дал-юл - узкая дорога, теснина). Что восточные историки называли иногда Дербент Темир-капи, это не доказательство: они и двадцать других городов величали тем же именем; а ныне, вопреки рассказам иных вторящих одно и то же путешественников, в целой Азии никто не знает Дербента под названием Железных ворот. Плиний описывает Дарьял очень подробно. Прокоп называет оный Каспийскими воротами, но, видимо, разумеет Дарьял, а не Дербент. И, наконец, хан половецкий, разбитый Мономахом, ушел в Абазинскую землю за Железные ворота, следственно, за Дарьял, а не Дербент, ибо через сей последний нет средства пробраться в Абхазию. Грузинские летописи приписывают построение Дарьяльского замка Мирвану, царю своему; Прокоп отдает эту честь Александру, сыну Филиппа!!!

были его целью. Дербент, Бака, Астрабат - вот звенья цепи, которою хотел он опутать Кавказ и связать торговлю Индии с русскою. Полубог севера! Ты, которого создала природа, чтобы польстить гордости человека и привести в отчаяние недоступным величием! Твоя тень возникла передо мной, огромна и лучезарна, и водопад веков, казалось, рассыпался в пену у твоих стоп[28]. Задумчив и безмолвен ехал я далее.

Кавказская стена одета с севера тесаными плитами, чисто и крепко на извести сложенными. Многие зубцы еще целы, но слабые семена, западшие в трещины, в спаи, раздирают камни корнями деревьев, из них произросших, и в союзе с дождями низвергают долу громады, и по развалинам всходят, будто на приступ, раины, дубы, гранаты. Орел невозмутимо вьет гнездо в башне, когда-то полной воинами, и на очаге, внутри ее, холодном уже несколько веков, лежат свежие кости диких коз, натасканные туда чакалами. Инде исчезал вовсе след развалин, и потом отрывки стены возникали снова из-под травы и леса. Так проехав версты три вдоль, достигли мы до ворот и проехали на южную сторону, сквозь свод, подернутый мохом и заросший кустарником. Не успели мы сделать двадцать шагов, как вдруг, за огромною и высокою башнею, наткнулись на шестерых вооруженных горцев, по всем приметам принадлежащих к разбойничьим шайкам вольных табасаранцев. Они лежали в тени, близ пасущихся коней своих. Я обомлел. Я тогда только раздумал, как безрассудно поступил, заехав так далеко от Дербента без конвоя. Скакать назад было невозможно по кустам и каменьям; драться с шестерыми удальцами было бы отчаянно; со всем тем я схватился за седельный пистолет; но Аммалат-бек, увидев, в чем дело, опередил меня, сказав тихо: "Не беритесь за оружие, или мы погибли".

Разбойники, заметив нас, вскочили и выправили ружья; только один широкоплечий, видный, с самым зверским лицом лезгин остался лежащим на земле; он хладнокровно приподнял голову, посмотрел на нас и махнул своим рукою. В одну минуту мы очутились в кругу их, между тем как узкая тропа вперед заграждена осталась атаманом.

- Прошу долой с коней, милые гости, - произнес он, улыбаясь; но видно было, что вторым приглашением будет пуля. Я мешкал, но Аммалат-бек проворно соскочил с коня и прямо пошел к атаману.

---

[28] Татары с уважением вспоминают Петра. Угловая комната, в которой жил он в ханском доме в крепости Дербента, сохранялась, как она была при нем. Русские все переделали: не пощадили даже окна, из которого любовался он морем. Петр оставил здесь майора Туркула, родом венгерца, который усовершил виноделие; теперь нет в Дербенте даже порядочного уксусу!!!

- Здорово, - сказал он ему, - здорово, сорвиголова! Не чаял я тебя видеть; я думал, из тебя уже давно черти лапшу сделали.

- Скоро ездишь, Аммалат-бек, - отвечал тот. - Я надеюсь еще выкормить здешних орлов телами русских и вашей братьи татар, у которых киса больше, чем сердце.

- Ну что, какова ловля, Шемардан? - спросил небрежно Аммалат-бек.

- Было плохо. Русские сторожки, и разве с лезвия случалось угнать полковой табун или продать в горы человек двух солдат. С мареной и шелком громоздко возиться, а персидских тканей стали мало возить на арбах. Приходилось и сегодня порыскать и повыть даром по-волчьи, да, спасибо, аллах смилостивился: в руки дал богатого бека и русского полковника!

У меня замерло сердце, когда я услышал эти слова.

- Не продавай сокола в небе, - возразил Аммалат, - продавай, когда посадишь его на перчатку.

Разбойник сел, схватился за курок ружья и устремил на нас проницательные взоры.

- Послушай, Аммалат, - сказал он. - Неужели вы думаете убежать от меня? Неужто дерзнете защищаться?

- Будь покоен, - возразил Аммалат. - Что мы за глупцы - идти двум на шестерых? Любо нам золото, однако душа дороже. Попались, так нечего делать; лишь бы ты не заломил беспутной цены за выкуп. У меня, сам ты знаешь, ни отца, ни матери, а у полковника и подавно ни роду, ни племени.

- Нет отца, так есть наследство от отца. Ведь мне с тобою не роднею считаться. Впрочем, я человек совестливый: нет червонцев, так я возьму и баранами; а про полковника ты не пой мне песен: я знаю, что за него отдадут все солдаты последнюю пуговицу с мундира. Уж коли за Швецова[29] дали выкупу десять тысяч рубликов, за этого дадут и больше. Впрочем, увидим, увидим! Коли будете смирны... Я ведь не джеуд (жид) какой, не людоед, первиадер (всевышний) прости.

- Ну, то-то же, приятель, корми да пои нас хорошенько, так присягу даю и честью моей заверяю, мы не задумаем ни бить тебя, ни бежать от тебя.

- Верю, верю! Люблю, что без шуму дело сладили. Какой ты молодец стал, Аммалат: конь не конь, ружье не ружье, загляденье, да и только! Покажи-ка, друг, кинжал свой? Верно, кубачинская насечка на ножнах?

- Нет, кизлярская, - отвечал Аммалат. покойно растягивая поясок

---

[29] За Швецова - полковник Швецов был выкуплен офицерами Кавказского корпуса.

кинжала. - Да клинок-то посмотри: диво! Гвоздь пополам, словно свечу. На этой стороне имя мастера; на, хоть сам читай: Али-уста Казанищский.

И между тем он повертывал обнаженным клинком перед глазами жадного лезгина, который хотел показать, что знает грамоте, и со вниманием разбирал связную надпись...

Но вдруг кинжал сверкнул как молния: Аммалат, улуча миг, рубнул Шемардана по голове со всего размаху, и удар был столь жесток, что кинжал остановился в зубах нижней челюсти. Труп рухнул на траву. Не сводя глаз с Аммалата, я последовал его примеру и положил из пистолета ближнего ко мне разбойника, державшего за узду моего коня. Это было знаком к бегству остальных бездельников, как будто со смертью атамана расторгся узел своры, на которую были они привязаны.

Между тем как Аммалат, по азиатскому обычаю, снимал с убитых оружие и связывал вместе повода оставленных коней, я выговаривал ему за его притворство и клятвы перед разбойником. Он с удивлением поднял голову:

- Чудный вы человек, полковник, - возразил он мне. - Этот злодей наделал исподтишка русским тьму вреда, то пожигая стоги сена, то уводя в плен одиноких солдат-дровосеков! Знаете ли, что он бы замучил, истирнал нас, для того чтобы мы пожалобнее писали к своим и тем более дали выкупу.

- Все это так, Аммалат, - сказал я, - но лгать, но клясться не должно ни в шутке, ни в беде. Разве не могли мы прямо кинуться на разбойников и начать тем, чем кончили?

- Нет, полковник, не могли. Если б я не заговорил атамана, нас бы при первом движении пронзили пулями. Притом, я знаю эту сволочь весьма хорошо: они храбры только в глазах атамана, и с него надобно было начать расправу.

Я качал головою. Азиатское коварство хотя и спасло меня, но не могло мне понравиться. Какую веру могу я иметь к людям, привыкшим играть честью и душою?

Мы собрались было садиться на коней, когда услышали стон раненного мною горца. Он очнулся, приподнялся и жалобно умолял нас не покидать его на съеденье зверям лесным. Мы оба кинулись помогать несчастному, и каково было удивление Аммалата, когда он узнал в нем одного из нукеров Султан-Ахмет-хана Аварского. На вопрос, как он попал в шайку разбойников, он отвечал:

- Шайтан соблазнил меня. Хан послал меня в соседнюю деревню Кемек, с письмом к славному гакиму[30] Ибрагиму, за какой-то травой, что, говорят, всякую болесть как рукой снимает. На беду повстречал меня на

---

[30] Доктор.

дороге Шемардан! Пристал: поедем да поедем со мной наездничать, из Кубы едет армянин с деньгами. Не утерпело сердце молодецкое... Ох, алла, гиль алла! Вынул он из меня душу.

- Тебя послали за лекарством, говоришь ты? - спросил Аммалат. - Да кто же у вас болен?

- Наша ханум Селтанета при смерти; вот и писанье к лекарю про болезнь ее.

При этом слове он отдал Аммалату серебряную трубочку, в которую вложена была свитая бумажка.

Аммалат побледнел как смерть; руки его дрожали, очи скрылись под бровями, когда пробегал он записку... Прерывающимся голосом повторял он несвязные слова:

- Не ест, не спит уже три ночи... бредит! Жизнь ее в опасности, спасите! Боже правды! А я здесь веселюсь, праздничаю, в то время как душа души моей готова покинуть землю и оставить меня тлеющим трупом! О, да падут на голову мою все ее болезни[31], да лягу я в гроб, если этим искупится ее здоровье! Милая, прелестная девушка! Ты вянешь, роза Аварии, и на тебя простерла судьба свои железные когти! Полковник! - вскричал он наконец, схватив меня за руку. - Исполните мою единственную священную просьбу: позвольте мне хоть еще однажды взглянуть на нее...

- На кого, друг мой?

- На мою бесценную Селтанету, на дочь хана Аварского, которую люблю более, чем жизнь, чем душу свою... Она больна, она умирает, может быть уже умерла теперь, когда я теряю слова даром! И не я принял в сердце последний взор, последний вздох ее, не я отер ледяную слезу кончины. О, зачем угли разрушенного солнца не падут на мою голову, зачем не погребет меня земля в своих развалинах?

Он упал на грудь мою и, задушенный тоскою, рыдал без слез, не могши промолвить слова.

Не время было упрекать его в недоверчивости, еще менее представлять причины, по которым ему бы неприлично было ехать ко врагу русских. Есть обстоятельства, пред которыми рассыпаются в прах все приличия, и я чувствовал, что Аммалат находился в подобных. На свой страх решился я отпустить его. Кто обязывает от чистого сердца и скоро, тот обязывает дважды, - моя любимая пословица и твердое правило. Я сжал в объятиях тоскующего татарина, и слезы наши смешались.

- Друг Аммалат! - сказал я, - спеши, куда зовет тебя сердце. Дай Бог,

---

[31] Это самое нежное выражение татарских песен и самый обязательный привет женщине.

чтобы ты привез туда выздоровление, а оттуда покой душевный... Счастливый путь!

- Прощайте, благодетель мой! - произнес он, тронутый. - И, может быть, навек. Я не ворочусь к жизни, если алла отнимет у меня Селтанету. Бог да хранит вас!

Мы завезли раненого аварца к гакиму Ибрагиму, взяли у него по рецепту ханскому травы целительной, и через час Аммалат-бек с четырьмя нукерами выехал уже из Дербента.

Итак, загадка разгадалась: он любит. Это плохо, а еще того хуже, что он любим взаимно. Я вижу, милая, я слышу твое изумление. "Может ли то быть несчастием для другого, чего ждешь ты для себя как благополучия?.." - спрашиваешь ты. Одно зернышко терпения, ангел души моей! Хан, отец Селтанеты, - непримиримый враг России, тем более что, будучи взыскан царскими милостями, он изменил оным; следственно, брак возможен только в таком случае, если Аммалат изменит русским или хан смирится перед ними и будет прощен; обе вещи малосбыточные. Я сам испытал горе, безнадежное в любви; я много пролил слез на уединенное изголовье мое и сколько раз жаждал могильной тени, чтобы простудить в ней бедное сердце! Могу ли же не жалеть юноши, которого люблю бескорыстно, который любит безнадежно! Но это не намостит мосту к счастью, и потому думаю, что если б он не имел несчастья быть любимым взаимно, он бы понемногу забыл ее.

"Однако, - говоришь ты (и мне кажется, я слышу твой серебристый голос, любуюсь твоей ангельскою улыбкою), - однако обстоятельства могут перемениться для них, как они переменились для нас. Неужели одно несчастие имеет привилегию быть вечным на свете?" Не спорю, милая, но со вздохом признаюсь: сомневаюсь... даже боюсь и за них и за нас. Судьба улыбается нам, надежда поет сладкие песни, но судьба - море, надежда - сирена морская; опасна тишина первого, гибельны обеты второй. Все, кажется, споспешествует нашему соединению, но вместе ли мы? Не понимаю, отчего, милая Мария, холод вникает в грудь вместе с самыми жаркими мечтами о будущем блаженстве и мысль о свидании потеряла свою определенность!.. Но это все минет, все обратится в наслаждение, когда я прижму твою ручку кустам своим, твое сердце к своему сердцу!! Ярче сверкает радуга на черном поле туч, и самые счастливейшие мгновения суть междометия горести.

ГЛАВА VIII

Аммалат загнал двух коней и бросил на дороге нукеров своих; зато к концу другого дня был уже невдалеке от Хунзаха. С каждым шагом росло его нетерпение, и с каждым мигом увеличивался страх не застать в живых свою милую. Он затрепетал, когда показались ему из утесов верхи башен ханского дома... В глазах померкло. "Жизнь или смерть встречу я там!" - молвил он в самом себе и скрепя сердце удвоил бег коня.

Он настиг всадника, вооруженного с головы до ног, другой всадник ехал из Хунзаха ему навстречу, и едва завидели и разглядели они друг друга, пустили коней вскачь, съехались, соскочили на землю и вдруг, обнажив сабли, с ожесточением кинулись друг на друга, не вымолвя ни одного слова, как будто бы удары были обычным дорожным приветствием.

Аммалат-бек, которому они заградили узкую тропинку между скал, с изумлением смотрел на бой двух противников; он был короток. Попутный всадник упал на камни, обливая их кровью из разверстого черепа; победитель, хладнокровно отирая полосу, обратил слово к Аммалату.

- Кстати приход твой! Я рад, что судьба привела тебя в свидетели нашего поединка. Бог, а не я, убил обидчика, и теперь родные его не скажут, что я умертвил врага украдкою из-за камня, не подымут на мою голову мести крови.

- За что встала ссора у тебя с ним? - спросил Аммалат. - За что заключил ты ее такой ужасною местью?

- Этот харамзада, - отвечал всадник, - не поладил со мной за подел грабленых баранов, в досаде мы всех их перерезали: не доставайся же никому... И он дерзнул выбранить жену мою. Пускай бы он лучше опозорил гроб отца и доброе имя матери, нежели тронул славу жены! Я было кинулся на него с кинжалом, да нас рознили; мы стакнулись при первой встрече рубиться, и вот аллах рассудил нас. Бек, верно, едет в Хунзах, верно, в гости к хану? - примолвил всадник.

Аммалат, заставляя своего коня перепрыгнуть через труп, лежащий поперек дороги, отвечал утвердительно.

- Не в пору едешь, бек, очень не в пору!

Вся кровь кинулась в голову Аммалата.

- Разве в доме хана случилось какое несчастье? - спросил он, удерживая коня, которого за миг прежде ударил плетью, чтобы скорей домчаться до Хунзаха.

- Не то чтобы несчастье: у него крепко была больна дочь Селтанета, и теперь...

- Умерла? - вскричал Аммалат, бледнея.

- Может быть и умерла; по крайней мере умирает. Когда я проезжал мимо ханских ворот, на дворе поднялась такая беготня и плач и вой женщин, будто русские берут Хунзах приступом... Заезжай, сделай милость...

Но Аммалат уже не слышал ничего более; он стремглав ускакал от удивленного узденя, только пыль катилась дымом с дороги, словно зажженной искрами, сыплющимися из-под копыт. Быстро прогремел он по извилистым улицам, взлетел на гору, спрыгнул с коня середи двора ханского и, задыхаясь, пробежал по переходам до комнаты Селтанеты, опрокидывая, расталкивая нукеров и прислужниц, и, наконец, не приметив ни хана, ни жены его, прорвался до самого ложа больной и почти без памяти упал при нем на колени.

Внезапный, шумный приход Аммалата возмутил печальное общество присутствующих.

Селтанета, в которой кончина пересиливала уже бытие, будто проснулась из томительного забытья горячки; щеки ее горели обманчивым румянцем, как осенний лист перед паденьем, в туманных глазах догорали последние искры души; уже несколько часов была она в совершенном изнеможении; безгласна, неподвижна, отчаянна. Ропот неудовольствия в окружающих и громкие восклицания исступленного Аммалата, казалось, воротили отлетающий дух больной... Она вспрянула... Глаза ее заблистали...

- Ты ли это, ты ли?! - вскричала она, простирая к нему руки. - Аллах берекет!.. Теперь я довольна! Я счастлива, - промолвила она, опускаясь на подушки.

Улыбка сомкнула уста ее, ресницы упали, и она снова погрузилась в прежнее беспамятство.

Отчаянный Аммалат не внимал ни вопросам хана, ни выговорам ханши; никто, ничто не отвлекало его внимания от Селтанеты, не исторгало из скорби глубокой. Его насилу могли вывести из комнаты больной. Прильнув к ее порогу, он рыдал неутешно, то умоляя небо спасти Селтанету, то обвиняя, укоряя его в ее болезни. Трогательна и страшна была тоска пылкого азиатца.

Между тем появление Аммалата произвело на больную спасительное влияние. То, чего не могли или не умели сделать горные врачи, произошло от случая. Надобно было пробудить онемевшую жизненную деятельность сильным колебанием, - без этого она погибла бы, не от болезни, уже затихшей, но от изнеможения, как лампа, гаснущая не от ветра, но от недостатка воздуха. Наконец молодость взяла, верх; после перелома жизнь опять разыгралась в сердце умиравшей. После долгого, кроткого сна она пробудилась с обыкновенными силами, с свежими чувствами.

- Мне так легко, матушка, - сказала она ханше, весело озираясь, - будто я вся из воздуха. Ах, как сладостно отдохнуть от болезни; кажется, и стены мне улыбаются. Да, я была очень больна, долго больна; я много вытерпела; теперь, слава аллаху, я только слаба, это пройдет скоро; я чувствую, что здоровье, как жемчуг, катится у меня по жилам. Все прошлое представляется мне в каком-то мутном сне. Мне виделось, будто я погружаюсь в холодное море и сгораю жаждою; вдали носились, будто во мраке и в тумане, две звездочки; тьма густела и густела; я погрязала ниже и ниже. И вдруг показалось мне, что кто-то назвал меня по имени и могучею рукою выдернул из леденеющего, безбрежного моря... Лицо Аммалата мелькнуло передо мной, словно наяву, звездочки выхнули молниею, и она змеей ударила мне в сердце; больше не помню...

На другой день Аммалату позволили видеть выздоравливающую.

Султан-Ахмет-хан, видя, что от него не добиться путного ответа, покуда сомнение не стихнет в душе, кипучей страстью, склонился на его неотступные просьбы.

- Пускай все радуются, когда я радуюсь, - сказал он и ввел гостя в комнату дочери.

Селтанету предупредили, но со всем тем волнение в ней было чрезвычайно, когда очи ее встретились с очами Аммалата, столь много любимого, столь долго и напрасно ожидаемого. Оба любовника не могли вымолвить слова, но пламенная речь взоров изъяснила длинную повесть, начертанную жгучими письменами на скрижалях сердца. На бледных щеках друг друга прочитали они следы тяжких дум и слез разлуки, следы бессонницы и кручины, страхов и ревности. Пленительна цветущая краса любимой женщины; но ее бледность, ее болезненная томность - очаровательны, восхитительны, победны! Какое чугунное сердце не растает от полного слез взора ее, который без упрека, нежно говорит вам: "Я счастлива, я страдала от тебя и для тебя!"

Слезы брызнули из глаз Аммалата, но, вспомнив наконец, что он тут не один, он оправился, поднял голову, но голос отказывался вылиться словом, и он насилу мог сказать:

- Мы очень давно не видались, Селтанета!

- И едва не расстались навечно, - отвечала Селтанета.

- Навечно? - произнес Аммалат полуукорительным голосом. - И ты могла думать это, верить этому? Разве нет иной жизни, жизни, в которой неведомо горе, ни разлука с родными и с милыми? Если бы я потерял талисман своего счастья, с каким бы презрением сбросил я с себя ржавые, тяжкие латы бытия! Для чего бы мне тогда сражаться с роком?

- Жаль, что я не умерла, коли так, - возразила Селтанета шутя, - ты так заманчиво описываешь замогильную сторону, что хочется поскорее перепрыгнуть в нее.

- О нет, живи, живи долго, для счастья, для... - любви хотел примолвить Аммалат, но покраснел и умолкнул.

Мало-помалу розы здоровья опять раскинулись на щеках довольной присутствием милого девушки. Все опять пошло обычной чередою.

Хан не уставал расспрашивать Аммалата про битвы и походы и устройство войск русских; ханша скучала ему опросами о платьях и обычаях женщин их и не могла пропустить без воззвания к аллаху ни одного раза, слыша, что они ходят без туманов. Зато с Селтанетой находил он разговоры и рассказы прямо по сердцу. Малейшая безделка, друг до друга касающаяся, не была опущена без подробного описания, повторения и восклицания. Любовь, как Мидас, претворяет все, до чего ни коснется, в золото и ах! часто гибнет, как Мидас, не находя ничего вещественного для пищи.

Но с крепнущими силами, с расцветающим здоровьем Селтанеты на чело Аммалата чаще и чаще стали набегать тени печали. Иногда вдруг среди оживленного разговора он останавливался незапно, склонял голову, и прекрасные глаза его подергивались слезною пеленою, и тяжкие вздохи, казалось, расторгали грудь; то вдруг он вскакивал, очи сверкали гневом, он с злобной улыбкою хватался за рукоять кинжала и после того, будто пораженный невидимою рукою, впадал в глубокую задумчивость, из которой не могли извлечь его даже ласки обожаемой Селтанеты.

Однажды, в такую минуту, любовники были глаз на глаз. С участьем склонясь на его плечо, Селтанета молвила:

- Азиз[32], ты грустишь, ты скучаешь со мной?

- Ах, не клевещи на того, кто любит тебя более неба, - отвечал Аммалат, - но я испытал ад разлуки и могу ли без тоски вздумать о ней. Легче, во сто раз легче мне расстаться с жизнию, чем с тобою, черноокая!

- Ты думаешь об этом... стало быть, желаешь этого.

- Не отравляй моей раны сомнением, Селтанета. До сих пор ты знала только цвести, подобно розе, порхать, подобно бабочке; до сих пор твоя воля была единственною твоею обязанностью. Но я мужчина, я друг; судьба сковала на меня цепь неразрешимую, цепь благодарности за добро; она влечет меня к Дербенту.

- Долг! Обязанность! Благодарность! - произнесла Селтанета, печально качая головою. - Сколько золотошвейных слов изобрел ты, чтобы ими, как шалью, прикрыть свою неохоту остаться здесь. Разве не прежде ты отдал душу свою любви, нежели дружбе?.. Ты не имел права отдавать чужое! О, забудь своего Верховского, забудь русских друзей и дербентских красавиц!.. Забудь войну и славу, добытую убийствами. Я ненавижу с тех пор кровь, как увидела тебя, ею облитого. Не могу без содрогания

---

[32] Милый.

вздумать, что каждая капля ее стоит неосушимых слез сестре, или матери, или милой невесте. Чего недостает тебе, чтобы жить мирно, покойно в горах наших? Сюда никто не придет возмутить оружием счастия душевного. Кровля наша не каплет, плов у нас не купленного пшена, у отца моего много коней и оружия, много казны драгоценной; у меня в душе много любви к тебе. Не правда ли, милый, ты не едешь, ты останешься с нами?

- Нет, Селтанета, я не могу, я не должен здесь остаться! С тобою одной провести жизнь, для тебя кончить ее - вот моя первая мольба, мое последнее желанье: но исполнение обоих зависит от отца твоего. Священный союз связывает меня с русскими, и, покуда хан не примирится с ними, явный брак с тобою мне невозможен... и не от русских, но от хана...

- Ты знаешь отца моего, - грустно сказала Селтанета, - с некоторого времени ненависть к неверным усилилась в нем до того, что он не пожалеет принести ей в жертву и дочь и друга. Особенно он сердит на полковника за то, что убил его любимого нукера, посланного за лекарством к гакиму Ибрагиму.

- Я уже не раз заводил речь с Ахмет-ханом о моих надеждах, и всегдашним ответом его было: поклянись быть врагом русских, и тогда я выслушаю тебя.

- Стало быть, надобно сказать прости надежде?

- Зачем же надежде, Селтанета! Зачем не сказать только прости, Авария!

Селтанета устремила на него свои выразительные очи.

- Я не понимаю тебя, - произнесла она.

- Полюби меня выше всего на свете: выше отца и матери и милой родины, и тогда ты поймешь меня. Селтанета! жить без тебя я не могу, а жить с тобою не дают мне... Если ты любишь меня, бежим отсюда!..

- Бежать, дочери ханской бежать, как пленнице, как преступнице!.. Это ужасно!.. Это неслыханно!

- Не говори мне этого... Если необыкновенна жертва, то необыкновенна и любовь моя. Вели мне отдать тысячу раз жизнь свою, и я кину ее с усмешкою, будто медную пулу[33]; брошу в ад душу свою за тебя, не только жизнь. Ты напоминаешь мне, что ты дочь хана; вспомни, что и мой дед носил, что мой дядя носит корону шамхальскую!.. Но не по этому сану, а по этому сердцу я чувствую, что достоин тебя, и если есть позор

---

[33] Пул - вообще деньги. Карапул - наша денежка, или полушка, которая произошла вовсе не от пол-ушка, а от татарского пул. Да и слово рубль происходит, по мнению моему, не от рубки, а от арабского слова руп (четверть) и перешло к нам от кочевых азиатцев древности. Ногат значит точка.

быть счастливым вопреки злобы людей и прихотей рока, то он весь падет на мою, не на твою голову.

- Но ты забыл месть отца моего!

- Придет пора, и он сам забудет ее. Видя, что дело свершено, он отбросит неумолимость; сердце его не камень; да если б было и камень, то слезы повинные пробьют его, наши ласки его тронут!.. Счастье приголубит тогда нас крылами, и мы с гордостью скажем: "Мы сами поймали его".

- Милый мой! я мало живу на свете, а что-то в сердце говорит, что неправдой не изловить счастья!.. Подождем, посмотрим, что аллах даст. Может, и без этого средства совершится союз наш.

- Селтанета! аллах дал мне эту мысль... Вот его воля!.. Умоляю тебя: сжалься надо мною... Бежим, если ты не хочешь, чтобы час брака пробил над моею могилою. Я дал честное слово возвратиться в Дербент и должен сдержать его, сдержать скоро; но уехать без надежды увидать тебя и с опасением узнать тебя женою другого - это ужасно, это нестерпимо! Не из любви, так из сожаления раздели судьбу мою, не лишай меня рая, не доводи меня до безумства. Ты не знаешь, до какой степени может увлечь обманутая страсть: я могу забыть и гостеприимство и родство, разорвав все связи человеческие, попрать ногами святыню, смешать кровь мою с драгоценною мне кровью, заставить злодеев содрогаться от ужаса при моем имени и ангелов плакать от моих дел... Селтанета! спаси меня от чужих проклятий, от своего презрения, спаси меня от самого меня!.. Нукеры мои бесстрашны, кони - ветер, ночь темна; бежим в благодатную Россию, покуда перейдет гроза. В последний раз умоляю тебя; жизнь и смерть, слава и душа моя в одном слове твоем: да или нет?

Обуреваемая то страхом девическим и уважением к обычаям предков, то любовью и красноречием любовника, неопытная Селтанета, как легкая пробка, летала по мятежным бурунам противоположных страстей. Наконец она встала, с гордым, решительным видом отерла слезы, сверкавшие на ресницах, как янтарная смола на иглах лиственницы, и сказала:

- Аммалат! не обольщай меня: огонь любви не ослепит, дым ее не задушит во мне совести; я всегда буду знать, что хорошо и что худо, и очень ведаю, как стыдно, как неблагодарно покинуть дом отеческий, огорчить любимых, любящих меня родителей; знаю, и теперь измерь же цену моей жертвы: я бегу с тобою... я твоя! Не язык твой убедил, а сердце твое победило меня. Аллах судил мне встретить и полюбить тебя, - пусть же будут связаны сердца наши вечно и крепко, хотя бы терновым венком! Теперь все кончено: твоя судьба - моя судьба!

Если бы небо обняло Аммалата необъятными своими крыльями, прижав к сердцу мира, солнцу, и тогда бы восторг его был не сильнее, как в эту божественную минуту. Он излился в нестройных словах и восклицаниях благодарности. Когда стихли первые порывы, любовники условились во всех подробностях побега. Селтанета согласилась спуститься на простынях из спальни своей на крутой берег Узени. Аммалат выедет вечером из Хунзаха со своими нукерами, будто на дальнюю соколиную охоту, и окольными путями воротится к ханскому дому, когда ночь падет на землю; он на руки свои примет милую спутницу. Потом они тихомолком доберутся до коней, и тогда враги прочь с дороги!

Поцелуй запечатлел обеты, и счастливцы расстались со страхом и надеждою в сердцах.

Аммалат-бек, изготовя к побегу и бою удалых нукеров своих, с нетерпением смотрел на солнце, которое, будто ревнуя, не хотело сойти с теплого неба в холодные кавказские ледники. Как жених, жаждал он ночи и, как докучного гостя, провожал он глазами светило дня. Сколь медленно шло, ползло оно к закату! Еще целый век пути оставался между желаньем и счастьем.

Безрассудный юноша! Что порука тебе за удачу? Кто уверит тебя, что твои шаги не сочтены, твои слова не пойманы на лету? Может быть, с солнцем, которое ты бранишь, закатится твоя надежда!

Часу в четвертом за полдень, в обычное время мусульманского обеда, Султан-Ахмет-хан был обыкновенно дик и мрачен. Глаза его недоверчиво блистали из-под нахмуренных бровей; долго останавливал он их то на дочери, то на молодом госте своем; иногда черты лица его принимали насмешливое выражение, но оно исчезало в румянце гнева; вопросы его были колки, разговор отрывист, - и все это пробуждало в душе Селтанеты раскаяние, в сердце Аммалата - опасенье. Зато ханша-мать, словно предчувствуя разлуку с милой дочерью, была так ласкова и предупредительна, что эта незаслуженная нежность исторгала слезы у доброй Селтанеты, и взор, брошенный украдкою Аммалату, был ему пронзительным укором.

Едва совершили после обеда обычное умовенье рук, хан вызвал на широкий двор Аммалата; там ждали их оседланные кони и толпа нукеров сидела уже верхом.

- Поедем попытать удали новых моих соколов, - сказал хан Аммалату, - вечер славный, зной опал, и мы успеем еще до сумерек заполевать птичку-другую!

С соколом на руке безмолвно ехал хан рядом с беком; влево, по крутой скале, лепился аварец, забрасывал железные когти, на шесте прикрепленные, в трещины, и потом, на гвозде опершись, подымался выше и выше. На поясе у него привязана была шапка с семенами пшеницы; длинная винтовка висела за плечами. Хан остановился, указал на него Аммалату и значительно сказал:

- Посмотри на этого старика, Аммалат-бек. Он в опасности жизни ищет стопы земли на голом утесе, чтобы посеять на ней горсть пшеницы. С кровавым потом он жнет ее и часто кровью своею платит за охрану стада от людей и зверей. Бедна его родина; но спроси, за что любит он эту родину, зачем не променяет ее на ваши тучные нивы, на ваши роскошные паствы? Он скажет: "Здесь я делаю что хочу, здесь я никому не кланяюсь; эти снега, эти гольцы берегут мою волю", И эту-то волю хотят отнять у него русские, как отняли у вас, и этим-то русским стал ты рабом, Аммалат!

- Хан! ты знаешь, что не русская храбрость, а русское великодушие победило меня: не раб я, а товарищ их.

- Тем во сто раз хуже и постыднее для тебя! Наследник шам-халов ищет серебряного темляка, хвалится тем, что он застольник полковника!

- Умерь слова свои, Султан-Ахмет! Верховскому обязан я более чем жизнию: союз дружбы связал нас.

- Может ли существовать какая-нибудь священная связь с гяурами? Вредить им, истреблять их, когда можно, обманывать, когда нельзя, суть заповеди Курана и долг всякого правоверного.

- Хан! перестанем играть костями Магомета и грозить тем другому, чему сами не верим. Ты не мулла, я не факир... Я имею свои понятия о долге честного человека.

- В самом деле, Аммалат-бек? Не худо, однако ж, если б ты чаще держал это на сердце, чем на языке. В последний раз позволь спросить тебя: хочешь ли послушать советов друга, которого меняешь ты на гяура? Хочешь ли остаться с нами навсегда?

- Жизнь бы свою отдал я за счастье, которое предлагаешь ты мне так щедро, но я дал обет воротиться и сдержу его.

- Это решительно?

- Непременно.

- Итак, чем скорее, тем лучше. Я узнал тебя, ты меня знаешь издавна; обиняки и лесть между нами некстати. Не скрою, что я всегда желал видеть тебя зятем своим; я радовался, что тебе полюбилась Селтанета. Плен твой на время удалил мои замыслы; твое долгое отсутствие, слухи о твоем превращении огорчали меня. Наконец ты явился к нам и все нашел по-прежнему; но ты не привез к нам прежнего сердца. Я надеялся, ты опять нападешь на прежний путь, и обманулся, горько обманулся! Жаль, но делать нечего: я не хочу иметь зятем слугу русских...

- Ахмет-хан! я однажды...

- Дай мне кончить. Твой шумный приезд, твое исступление у порога больной Селтанеты открыли всем и твою привязанность и наши взаимные намерения. Во всех горах прославили тебя женихом моей дочери... но теперь, когда разорван союз, пора рассеять и слухи. Для доброй славы моего семейства, для спокойствия моей дочери тебе должно оставить нас, и теперь же. Это необходимо, это неизменно, Аммалат! мы расстанемся добрыми друзьями; но здесь увидимся только родными, не иначе. Да обратит алла твое сердце и приведет к нам нераздельным другом... До тех пор прости!

С этим словом хан поворотил коня и поскакал во весь опор, вправо к своему поезду.

Если б на сонного Аммалата упал гром небесный, и тогда он не был бы так изумлен, испуган, как этим неожиданным объяснением. Уже давно и пыль легла на след хана, но Аммалат все еще стоял неподвижен на том же холме, чернея в зареве заката.

ГЛАВА IX

Для укрощения мятежных дагестанцев полковник Верховский с полком своим стоял в селении Кяфир-Кумык лагерем. Палатка Аммалат-бека разбита была рядом с его палаткою, и в ней Сафир-Али, развалившись небрежно на ковре, потягивал донское, несмотря на запрещение пророка. Аммалат-бек, худой, бледный, задумчивый, лежал, склонив голову на валек, и курил трубку. Уже три месяца прошли с той поры, как он. изгнанник рая, скитался с отрядом в виду гор, куда летело его сердце и не смела ступить нога. Тоска источила его, досада пролила желчь на его прежде радушный нрав. Он принес жертву своей привязанности к русским и, казалось, упрекал в ней каждого русского. Неудовольствие пробивалось в каждом его слове, в каждом взгляде.

- Прекрасная вещь - вино! - приговаривал Сафир-Али, преисправно осушая стаканы. - Верно, Магомету попались на аравитском солнце прокислые подонки, когда он запретил виноградный сок правоверным. Ну право, эти капли так сладки, будто сами ангелы с радости наплакали своих слез в бутылки. Эй, выпей еще хоть стаканчик, Аммалат-бек. Сердце твое всплывет на вине легче пузырька. Знаешь, что пел про него Гафиз?..

- А ты знаешь? Не докучай, добро, Сафир-Али, мне своим вздором, ни даже под именем Саади и Гафиза.

- Эка беда! Ну да хоть бы этот вздор был мой доморощенный, он не серьга, в ухе не повиснет. Небось когда заведешь сказку про свою царицу Селтанету, я гляжу тебе в рот, как тому искуснику, который ел огонь и мотал из-за щек бесконечные ленты. Тебя заставляет говорить чепуху любовь, а меня донское; вот мы и квиты!.. Ну-тка, за здравие русских!

- Что полюбились тебе эти русские?

- Скажи лучше, отчего разлюбил ты их?

- Оттого, что разглядел поближе. Право, ничем не лучше наших татар. Так же падки на выгоды, так же охочи пересуживать, и не для того, чтобы исправить ближнего, а чтобы извинить себя; а про лень их и говорить нечего. Долго они властвуют здесь, а что сделали доброго, какие постановили твердые законы, какие ввели полезные обычаи, чему нас выучили, что устроили они порядочного! Верховский открыл мне глаза на недостатки моих одноземцев, но с этим вместе я увидел и недостатки русских, которые тем больше непростительны, что они знают полезное, выросли на добрых примерах и здесь, будто забыв свое назначение, свою деятельную природу, понемногу утопают в животном ничтожестве.

- Надеюсь, ты не включаешь в это число Верховского?

- Не только его, и других наберем в особый круг; зато многих ли их?

- Ангелы и в небе на перечете, Аммалат-бек, а Верховскому, право, хоть молиться можно за его правду, за его доброту. Есть ли хоть один татарин, который бы сказал про него худо?.. Есть ли солдат, что не отдаст за него души?.. Абдул-Гамид! еще вина! Ну-тка, за здоровье Верховского!

- Избавь! Я не стану теперь пить ни за самого Магомета!

- Если у тебя сердце не так черно, как глаза Селтанеты, ты неотменно выпьешь за Верховского, хоть бы это было при краснобородых яхунтах[34] дербентских шагидов, хотя бы все имамы и шихи[35] не только облизывались, но огрызались на тебя за такое святотатство.

- Не выпью, говорю я тебе.

- Послушай, Аммалат! Я готов за тебя напоить допьяна черта своей кровью, а ты не хочешь для меня выпить вина!

- То есть в этот раз не стану пить; а не стану потому, что не хочу, а не хочу потому, что кровь и без вина бродит во мне, как молодая буза.

- Пустые отговорки! Не в первый раз мы пьем, не впервые у нас кровь кипит... Скажи лучше прямо: ты сердит на полковника?

- Очень сердит!

- Можно ли узнать за что?

- За многое. Давно уже стал подливать он каплю по капле яду в мед дружбы своей... Теперь эти капли переполнили и пролили чашу. Терпеть не могу таких полутеплых друзей! Щедр он на советы, не скуп и на поучение, то есть на все, что не стоит ему никакого труда, никакого риска.

- Понимаю, понимаю. Верно, он не пустил тебя в Аварию?

- Если бы ты носил в груди мое сердце, ты бы понял, каково было мне услышать такой отказ. Как давно манил он меня этим и вдруг отринул

---

[34] Тарковцы секты сунни. Яхунт - старший мулла.

[35] Имам - святой; ших - пророк.

самые нежные просьбы, разбил в пыль, как хрустальный кальян, самые лестные ожидания... Ахмет-хан, верно, смягчился, когда присылал сказать, что желает видеть меня, и я не могу спешить к нему, лететь к Селтанете!

- Поставь-ка, брат, себя на его месте и потом скажи, не так ли же бы поступил ты сам?

- Нет, не так. Я бы просто сказал с самого начала: "Аммалат! не жди от меня никакой помощи!" Я и теперь не прошу от него помощи, прошу только, чтобы он не мешал мне, так нет: он, заграждая от меня солнце всех радостей, уверяет, что делает это из участия, что это впереди принесет мне счастие!. Не значит ли это отравлять в сонном питье?

- Нет, друг. Если оно и в самом деле так, то сонное питье дают тебе, как человеку, у которого хотят что-нибудь вырезывать для исцеления. Ты думаешь об одной любви своей, Верховскому же надобно хранить без пятна и твою и свою честь, а вы оба окружены недоброхотами. Поверь, что так или иначе, только он вылечит тебя.

- Кто просит его лечить меня? Эта божественная болезнь, любовь, - моя единственная отрада! И лишить меня ее - все равно что вырвать из меня сердце за то, что оно не умеет биться по барабану...

В это время вошел в ставку незнакомый татарин, подозрительно осмотрелся кругом и с низким наклонением головы поставил перед Аммалатом туфли свои. По азиатскому обычаю это значило, что он просит тайного разговора. Аммалат понял его, кивнул головою, и оба вышли на воздух. Ночь была темна, огни погасли, и цепь часовых раскинута далеко впереди.

- Здесь мы одни, - сказал Аммалат-бек татарину. - Кто ты и что тебе надобно?

- Мое имя Самит. Я дербентский житель, секты сунни, и теперь служу в отряде, в числе мусульманских всадников. Порученье мое важнее для тебя, чем для меня... Орел любит горы!

Аммалат вздрогнул и недоверчиво взглянул на посланца: то была условная поговорка, которой ключ написал ему Султан-Ахмет заранее.

- Как не любить гор! - отвечал он. - В горах много ягнят для орла, много серебра для человека. - И булата для витязей (игидов). Аммалат схватил посланца за руку.

- Здоров ли Султан-Ахмет-хан? - спросил он торопливо. - Какие вести принес ты от него? Давно ли видел его семью?..

- Не отвечать, а спросить я прислан. Хочешь ли ты за мною следовать?

- Куда? Зачем?

- Ты знаешь, кто прислал меня, - этого довольно; если не веришь ему, не верь и мне, - в том твоя воля и моя выгода. Чем лезть в петлю ночью, я и завтра успею известить хана, что Аммалат не смеет выехать из лагеря!

Татарин попал в цель. Щекотливый Аммалат вспыхнул.

- Сафир-Али! - вскричал он громко.

Сафир-Али встрепенулся и выбежал из палатки.

- Вели подвесть себе и мне хоть неоседланных коней и с тем вместе сказать полковнику, что я поехал осмотреть поле за цепью: не крадется ли какой бездельник под часового. Ружье и шашку, да мигом!

Коней подвели. Татарин вскочил на своего, привязанного неподалеку, и все трое понеслись к цепи. Сказали пароль и отзыв и мимо секретов понеслись влево по берегу быстрой Узени.

Сафир-Али, который очень неохотно расстался с бутылкою, ворчал на темноту, на кусты и овраги и очень сердито покрякивал подле Аммалата, но, видя, что никто не начинает разговора, решился сам завести его.

- Прах на голову этого проводника, - сказал он. - Черт знает, куда ведет и куда заведет он нас. Пожалуй, еще продаст лезгинам ради богатого выкупа... Не верю я этим косым.

- Я и прямоглазым мало верю, - отвечал Аммалат. - Но этот косой прислан от друга. Он не изменит нам.

- А чуть задумает что-нибудь похожее, так при первом движении я распластаю его, как дыню. - Эй, приятель, - закричал Сафир-Али проводнику, - ради самого царя джинниев (духов), ты, кажется, сговорился с терновником оборвать с чухи моей галуны. Неужто не нашел ты попросторнее дороги? Я, право, не фазан и не лисица.

Проводник остановился.

- Правду сказать, я слишком далеко завел такого неженку, как ты, - возразил он. - Оставайся здесь постеречь коней, покуда мы с Аммалат-беком сходим куда следует.

- Неужели ты пойдешь в лес без меня с этой разбойничьей харею? - шепнул Сафир-Али Аммалату.

- То есть ты боишься остаться здесь без меня? - возразил Аммалат, слезая с коня и отдавая ему повод. - Не поскучай, милый. Я оставлю тебя в прелюбезной беседе волков и чакалов. Слышишь, как они распевают?

- Дай Бог, чтобы мне не пришлось выручать твои кости от этих певчих, - сказал Сафир-Али.

Они расстались.

Самит повел Аммалата между кустами над рекою и, прошедши с полверсты между каменьями, начал спускаться книзу. С большою опасностью лезли они по обрыву, хватаясь за корни шиповника, и, наконец, после трудного пути, спустились до узкого жерла небольшой пещеры, вровень с водою. Она была вымыта потоком, когда-то быстрым, но теперь иссякшим. Известковые, трубчатые капельники и селитряные кристаллы сверкали от огня, разложенного посредине. В глуби лежал

Султан-Ахмет-хан на бурке и, казалось, нетерпеливо ожидал, чтобы Аммалат огляделся в густом дыме, клубившемся в пещере. Ружье со взведенным курком лежало у него на коленях; космы его шапки играли на ветре, который дул из расселины. Он приподнялся приветливо, когда Аммалат-бек кинулся к нему с приветом.

- Я рад тебя видеть, - сказал он, сжимая руку гостя, - рад и не скрываю чувства, которого не должно бы мне хранить. Впрочем, я не для пустого свидания ступил ногою в кляпцы и потревожил тебя. Садись, Аммалат, и посудим о важном деле.

- Для меня, Султан-Ахмет-хан?

- Для нас обоих. С отцом твоим водил я хлеб-соль; было время, когда и тебя считал я своим другом...

- Только считал?..

- Нет, ты и был им и навсегда бы остался им, если б между нами не прошел лукавец Верховский.

- Хан, ты не знаешь его.

- Не только я, скоро ты сам его узнаешь!.. Но начнем с того, что касается до Селтанеты. Аммалат, тебе известно, ей нельзя век сидеть в девках. Это был бы зазор моему дому, и я откровенно скажу тебе, что за нее уже сватаются.

Сердце будто оторвалось в Аммалате; долго не мог он собраться с духом. Наконец, оправясь, он дрожащим голосом спросил:

- Кто этот смельчак жених?

- Второй сын шамхала, Абдул-Мусселим. После тебя, по высокой крови своей, он больше других горских князей имеет права на Селтанету.

- После меня? после меня? - вскричал вспыльчивый бек, закипая гневом. - Разве меня хоронили? Разве и память моя погибла между друзьями?

- Ни память, ни сама дружба не умерла, по крайней мере в моем сердце. Но будь справедлив, Аммалат, столько же, как я откровенен. Забудь, что ты судья в своем деле, и реши: что должно нам делать? Ты не хочешь расстаться с русскими, а я не могу с ними помириться.

- О, только пожелай этого, только скажи слово, и все забыто, все прощено тебе. В этом ручаюсь я тебе своей головою и честью Верховского, который не раз мне обещал свое ходатайство. Для собственного блага, для спокойствия аварцев, для счастия твоей дочери и моего блаженства умоляю тебя: склонись к примирению, и все будет забыто, все прежнее возвращено тебе!

- Как смело ручаешься ты, доверчивый юноша, за чужую пощаду, за чужую жизнь!.. Уверен ли ты в своей собственной жизни, в собственной свободе?

- Кому нужна моя бедная жизнь? Кому дорога воля, которой не ценю я сам?

- Кому? Дитя, дитя! Неужели ты думаешь, что у шамхала не вертится под головой подушка, когда в голову забирается дума, что ты, настоящий наследник шамхальства Тарковского, в милости у русского правительства.

- Я никогда не надеялся на его приязнь и никогда не побоюсь его вражды.

- Не бойся, но и не презирай ее. Знаешь ли, что гонец, посланный к Ермолову, минутою опоздал приехать и упросить его: не давать пощады, казнить тебя, как изменника. Он и прежде готов бывал убить тебя поцелуем, если б мог, а теперь, когда ты отослал к нему слепую дочь его, он не скрывает к тебе своей ненависти.

- Кто посмеет тронуть меня под защитой Верховского?

- Послушай, Аммалат, я скажу тебе побасенку: баран ушел на поварню от волков, и радовался своему счастью, и хвалился ласками приспешников. Через три дня он был в котле. Аммалат, это твоя история! Пора открыть тебе глаза. Человек, которого считал ты своим первым другом, первый предал тебя. Ты окружен, опутан изменою. Главное желание мое свидеться с тобою было долгом предупредить тебя. Сватая Селтанету, мне дали от шамхала почувствовать, что через него я вернее могу примириться с русскими, нежели через безвластного Аммалата, что тебя скоро удалят так или сяк, безвозвратно, следственно, нечего бояться твоего совместничества. Я подозревал еще более и узнал более, чем подозревал. Сегодня перехватил я шамхальского нукера, которому поручены были переговоры с Верховским, и пыткою выведал от него, что шамхал дает пять тысяч червонцев, чтобы извести тебя... Верховский колеблется и хочет послать только в Сибирь навечно. Дело еще не решено, но завтра отряд идет по домам, и они согласились съехаться в твоем доме, в Буйнаках, торговаться о крови или кровавом поте твоем: будут составлять ложные доносы и обвинения, будут отравлять тебя за твоим же хлебом и ковать в чугунные цепи, суля золотые горы.

Жалко было видеть Аммалата во время этой ужасной речи. Каждое слово, как раскаленное железо, вторгалось в сердце его. Все, что доселе таилось в нем утешительного, благородного, высокого, вспыхнуло вдруг и превратилось в пепел. Все, во что он веровал так охотно и так долго, рушилось, распадалось в пожаре негодования. Несколько раз порывался он говорить, но слова умирали в каком-то болезненном стоне, и, наконец, дикий зверь, которого укротил Верховский, которого держал в усыплении Аммалат, сорвался с цепи: поток проклятий и угроз пролился из уст разъяренного бека.

- Месть, месть! - восклицал он. - Неумолимая месть, и горе лицемерам!

- Вот первое достойное тебя слово, - сказал хан, скрывая радость удачи. - Довольно ползал ты змеем, подставляя голову под пяту русских; пора взвиться орлом под облака, чтобы сверху блюсти врага, недосягаем его стрелами. Отражай измену изменою, смерть смертию.

- Так, смерть и гибель шамхалу, хищнику моей свободы; гибель Абдул-Мусселиму, который дерзнул простереть руку на мое сокровище!

- Шамхал? Сын его. семья его? Стоят ли они первых подвигов? Их всех мало любят тарковцы, и если мы пойдем на шамхала войною, нам все его семейство выдадут в руки. Нет, Аммалат, ты должен сперва нанести удар подле себя, сверзить своего главного врага: ты должен убить Верховского.

- Верховского! - произнес Аммалат, отступая. - Да!.. Он враг мой, но он был моим другом, он избавил меня от позорной смерти!

- И вновь продал на позорную жизнь!.. Хорош друг! Притом же ты сам избавил его от кабаньих клыков, достойной смерти свиноеду! Первый долг заплачен; остается отплатить за второй - за участь, которую он готовит тебе так коварно...

- Чувствую... это должно... Но что скажут добрые люди? Что будет вопиять совесть моя?

- Мужу ли трепетать перед бабьими сказками и плаксивым ребенком - совестью, когда идет дело о чести и мести? Я вижу, Аммалат, что без меня ты ни на что не решишься, не решишься даже жениться на Селтанете. Слушай: если ты хочешь быть достойным зятем моим, первое условие - смерть Верховского. Его голова будет - калым за невесту, которую ты любишь, которая любит тебя. Не одна месть, но и сама здравая расчетливость требует смерти полковника. Без него весь Дагестан останется без головы и оцепенеет на несколько дней от ужаса. В это время налетим мы на рассеявшихся по квартирам русских. Я сажусь на коня с двадцатью тысячами аварцев и акушинцев, и мы падем с горы на Тарки, словно снежная туча. Тогда Аммалат - шамхал дагестанский обнимет меня как друга, как тестя. Вот мои замыслы, вот судьба твоя! Выбирай любое: или вечную ссылку, или смелый удар, который сулит тебе силу и счастье. Думай, решайся; но знай, что в следующий раз мы встретимся или родными, или врагами непримиримыми!

Хан исчез.

Долго стоял Аммалат, обуреваемый, пожираемый новыми, ужасными чувствами. Наконец Самит напомнил ему, что время возвратиться в лагерь. Не зная сам как и где, взобрался он вслед за своим таинственным провожатым на берег, нашел коня и, не отвечая ни слова на тысячи вопросов Сафир-Али, примчался в свою палатку. Там все муки душевного ада ожидали его. Тяжка первая ночь бедствия, но еще ужаснее первая ночь кровавых дум злодейства.

ГЛАВА X

- Замолчишь ли ты, змееныш? - говорила татарка старуха внуку своему, который, проснувшись перед светом, плакал от безделья. - Умолкни, говорю, или я выгоню тебя на улицу.

Старуха эта была мамка Аммалата. Сакля, в которой жила она, стояла вблизи палат бекских и подарена ей была ее воспитанником. Она состояла из двух чистенько выбеленных комнаток. Пол в обеих устлан циновками (гасиль); в частых нишах, без окон, стояли сундуки, обитые жестью, и на них наложены перины, одеяла и вся рухлядь. По карнизам, на половине высоты стены, расставлены были фаянсовые чашки для плову, с жестяными на них, в виде шлемов, колпаками, и повешены ребром на проволоке тарелочки, в коих просверленные скважины доказывали, что они служат не для употребления, а для красы. Лицо старухи покрыто было морщинами и выражало какую-то злую досаду, обыкновенное следствие одинокой, безрадостной жизни всех мусульманок. Как достойная представительница своих ровесниц и землячек, она ни на одну минуту не переставала ворчать про себя и вслух бранить внука из-под стеганого своего одеяла.

- Кесь[36]! - вскричала, наконец, она еще сердитее, - кесь! Или я отдам тебя гоулям[37]! Слышишь, как они царапаются по кровле и стучатся за тобой в двери?

Ночь была ненастна, и крупный дождь по плоской кровле, составляющей вместе потолок, и стон ветра в трубе вторили ее хриплому голосу. Мальчик притих и, выпуча глаза, со страхом прислушивался. В самом деле послышалось, будто кто-то стучит в двери. Старуха перепугалась в свою очередь. Всегдашняя ее собеседница, лохматая собака подняла спросонья морду и залаяла прежалобным голосом.

Но между тем удары в дверь усилились, и незнакомый голос проревел за нею:

- Ачь капины, ахырын ахырыси[38]!

Старуха побледнела.

- Аллах бисмаллах!.. - произнесла она, то обращаясь к небу, то грозя собаке, то унимая плачущего ребенка. - Цыц, проклятая! Молчи, говорю я тебе, харамзада[39]! Кто там? Какой добрый человек пойдет ни свет ни заря в дом к бедной старухе! Если ты шайтан, ступай к соседке Кичкине: ей

---

[36] Молчи.

[37] Чертям.

[38] отвори дверь, на конец концов.

[39] бездельник, сын позора.

давно пора в ад показать дорогу! Если чоуш[40], что, правду сказать, немножко похуже шайтана, так убирайся прочь. Зятя нет дома, он в нукерах при Аммалат-беке, да меня же бек давным-давно освободил от постоя, а на угощенье приезжих дармоедов не жди от меня ни яйца, не то чтобы утенка. Разве я даром выкормила грудью Аммалата?

- Да отворишь ли ты, чертово веретено? - с нетерпением вскричал голос. - Или я из этой двери не оставлю тебе на гроб дощечки!

Хилые затворы затрещали на петлях своих.

- Милости просим, милости просим! - сказала старуха, дрожащей рукой отстегивая накладку.

Дверь распахнулась, и вошел человек среднего роста, прекрасной, но угрюмой наружности.

Он был в черкесском платье: с башлыка его и белой бурки струилась вода; он без всяких обиняков сбросил ее на перину и начал развязывать лопасти башлыка, которые закрывали ему лицо до половины. Фатьма, вздув в это время свечу, стояла перед ним со страхом и трепетом; усатая собака, прижав хвостик, съежилась в углу, а мальчик с испугу залез в камелек, который для красы никогда не был топлен.

- Ну, Фатьма, спесива стала, - сказал незнакомец, - не узнаешь ныне старых знакомцев...

Фатьма вгляделась в черты пришельца, и у ней отлегло от сердца: она узнала Султан-Ахмет-хана, который от Кяфир-Кумыка примчался в одну ночь в Буйнаки.

- Пусть песок засыплет глаза, которые не узнали своего старого господина! - произнесла она, почтительно сложив руки на груди. - Правду молвить, потухли они в слезах по своей родине, по Аварии. Прости, хан, старухе.

- Что твои за лета, Фатьма! Я тебя помню маленькою девочкою в Хунзахе, когда сам я насилу мог доставать воронят из гнезда.

- Чужая сторона хоть кого старит, хан! В родимых горах я бы до сих пор была свежа как яблочко, а здесь так словно снежный ком, с горы упавший на долину. Прошу сюда, хан, здесь покойнее. Да чем мне потчевать дорогого гостя? Не угодно ли чего душе ханской?

- Душе ханской угодно, чтоб ты его попотчевала своей доброй волею.

- Я в твоей воле, хан. Говори, приказывай.

- Слушай, Фатьма, мне некогда терять ни слов, ни часов. Вот зачем я приехал сюда. Сослужи мне службу языком, так будет чем потешить твои старые зубы. Я подарю тебе десять баранов и одену в шелк с головы до башмаков.

---

[40] десятник.

82

- Десять баранов, и платье, шелковое платье! О, милостивый ага! О, добрый мой хан! Не видывала я здесь таких господ с тех пор, как увезли меня эти проклятые татары и выдали за немилого... Все готова сделать, хан, хоть ухо режь.

- Резать незачем, надобно только востро держать его. Вот в чем дело: к вам сегодня приедет Аммалат с полковником, приедет и шамхал Тарковский. Полковник этот приколдовал к себе молодого твоего бека и, научив есть свинину, хочет окрестить его христианином, от чего да сохранит его Магомет.

Старуха оплевывалась, возводя очи к небу.

- Чтобы спасти Аммалата, надо поссорить его с полковником. Для этого ты приди к нему, кинься в ноги, расплачься, как на похоронах, ведь слез тебе не занимать ходить к соседкам; разбожись, как дербентский лавочник, вспомня, что каждую клятву твою повезет дюжий баран, и, наконец, скажи ему, что ты подслушала разговор полковника с шамхалом, что шамхал жаловался за отсылку дочери, что он ненавидит его из боязни, чтобы он не завладел шамхальством, что он умолял полковника позволить убить его из засады или отравить в кушанье, а тот соглашался только заслать его в Сибирь за тридевять гор. Одним словом, выдумай и распиши все покраснее. Ты искони славилась сказками; не съешь же теперь грязи и пуще всего упирайся на то, что полковник, едучи в отпуск, возьмет его с собою в Георгиевск, чтобы разлучить с родными и преданными нукерами и оттоле скованного отправить к черту.

Султан-Ахмет прибавил к сему все нужные подробности для придания этой сказке самой правдоподобной наружности и раза два учил старуху, как ловче ввернуть их в речь.

- Ну, помни же все хорошенько. Фатьма, - сказал он, надевая бурку. - Не забудь и того, с кем имеешь дело.

- Валла, билла! Пусть будет мне пепел вместо соли, пусть нищенский чурек закроет мне глаза, пусть...

- Не корми шайтанов своими клятвами, а услужи мне речами. Я знаю, что Аммалат верит тебе крепко, и если ты для пользы же его хорошо сладишь дело, он уедет ко мне и тебя привезет туда же. Заживешь под моим крылышком припеваючи. Но повторяю тебе: если ты нечаянно или нарочно изменишь мне или помешаешь своею болтовнею, то я из твоего старого мяса напеку шайтанам кебаба[41].

- Будь покоен, хан: им нечего делать ни за меня, ни со мною. Я буду хранить тайну, как могила, а на Аммалата надену сорочку свою[42].

- Ну то-то же, старуха. Вот тебе золотая печать на губы; постарайся!

---

[41] Кусочки жареного мяса на вертеле (шашлык).

[42] То есть передаст ему свои чувства; татарское выражение.

- Башуста, гёз-уста![43] - вскричала старуха, с жадностью схватив червонец и целуя руки хана за этот подарок.

Султан-Ахмет-хан с презрением взглянул на это ползающее существо, выходя из сакли.

- Гадина, - проворчал он, - за барана, за кусок парчи готова бы ты продать и тело дочери, и душу сына, и счастие воспитанника.

Он не подумал, какое имя заслуживал он сам, опутывая друга коварством и нанимая для низкой клеветы, для злодейских намерений подобных существ.

Отрывок из письма полковника верховского к его невесте

Лагерь близ селения Кяфир-Кумык
Август.

...Аммалат любит, но как любит!! Никогда, и в самом пылу моей юности, не доходила любовь моя до такого исступления. Я горел, как кадило, зажженное лучом солнца, он пышет, как запаленный молниею корабль на бурном море. С тобою, Мария, мы не раз читали Шекспирова "Отелло", и только неистовый Отелло может дать идею о тропической страсти Аммалата. Он часто и долго любит говорить о своей Селтанете, и я сам люблю внимать его огнедышащему красноречию. Порой это мутный водопад, извергнутый глубокою пещерою; порой это пламенный ключ нефти бакинской. Какие звезды сыплют тогда его очи, какой зарницею играют щеки, как он прекрасен бывает тогда! В нем нет ничего идеального, но зато земное величаво, пленительно. Увлеченный, тронутый сам, я принимаю на грудь свою изнемогшего от восторга юношу, и он долго, медленными вздохами дышит и потом, склонив очи, опустив голову, будто стыдясь глядеть на свет, не только на меня, сжимает мне руку и неверною стопою уходит прочь, а после того целый день не выманишь от него слова.

Со времени возврата своего из Хунзаха он стал еще мрачнее прежнего; особенно в последние дни. Он так старательно кроет самое высокое, самое благородное чувство, сближающее человека с божеством, как будто оно позорная слабость или ужасное преступление. Он убедительно просился съездить еще раз в Хунзах повздыхать на свою красавицу, и я отказал ему, отказал для его же пользы. Я уже давно писал к Алексею Петровичу о моем баловне, и он велел привезти его с собой на воды, где он будет сам. Он хочет дать ему поручения к Султан-Ахмет-хану, которые принесут несомненные выгоды и России и Аммалату... О, как счастлив буду я его

---

[43] Охотно, позвольте! Слово в слово значит: на мою голову, на мои очи!

счастьем! Мне, мне будет обязан он блаженством жизни, не только пустою жизнию. Я заставлю его стать перед тобой на колени и сказать: боготвори ее! Если бы сердце мое не было проникнуто любовью к Марии, ты не овладел бы Селтанетой.

Вчера получил я летучку от главнокомандующего; великодушный человек! Он дает крылья счастливым вестям. Все кончено, милая, бесценная. Я еду к тебе на воды! Только доведу полк до Дербента - и в седло. Не буду знать устали днем, ни дремы ночью, покуда не отдохну в твоих объятиях. О, кто мне даст крылья на перелет! Кто даст сил вынести мое, наше благополучие!.. Я в сладком страхе сжимал грудь, чтобы не выпорхнуло сердце. Долго не мог я уснуть: воображение рисовало мне встречу в тысяче видов, и в промежутках мелькали самые вздорные, но приятные заботы о свадебных безделках, подарках, уборах; ты будешь в моем любимом зеленом цвете... не правда ли, душа моя?.. Мечты мешали мне заснуть, как сильное благоухание роз. Зато тем сладостнее, тем светлее был сон мой. Я видел тебя в сиянии зари, и раз за разом иначе, и каждый раз прелестнее, чем сперва. Сновидения вились цветочною вязью.... иль нет, между ними не было никакой связи; то были чудные образы, выпадающие в калейдоскопе, столь же пестрые, столь же неуловимые. Со всем тем я проснулся сегодня грустен; пробуждение отняло у младенческой души моей любимую игрушку. Я зашел в палатку к Аммалату... Он еще спал, лицо его было бледно и сердито. Пускай сердится на меня; я предвкушаю уже благодарность бурного юноши. Я, как судьба, втайне создаю ему наслаждение...

Сегодня я прощался с здешними горами, надолго, желал бы навсегда. Я очень рад, что покидаю Азию, эту колыбель рода человеческого, в которой ум доселе остался в пеленках. Изумительна неподвижность азиатского быта в течение стольких веков. Об Азию расшиблись все попытки улучшения и образования; она решительно принадлежит не времени, а месту. Индийский брамин, китайский мандарин, персидский бек, горский уздень неизменны, те же, что были за две тысячи лет. Печальная истина! Они изображают собою однообразную, хотя и пеструю, живую, но бездушную природу. Мечи и бичи покорителей не оставили на них, как на воде, никаких рубцов; книги и примеры миссионеров не произвели ни малейшего влияния. Иногда меняли они еще пороки, но никогда не приобрели чужих познаний или доблестей. Я покидаю землю плода, чтобы перенестись в землю труда, этого великого изобретателя всего полезного, одушевителя всего великого, этого будильника души человеческой, заснувшей здесь негою, на персях прелестницы природы. И в самом деле, как прелестна здесь природа! Вскакав на высокую гору влево от Кяфир-Кумыка, я любовался на рассветающие вершины Кавказа. Глядел и не нагляделся на них! Что за дивная прелесть облекает их венцом своим! Еще тонкая завеса, сотканная из света и сумрака, лежит над нижними холмами, но далекие льды уже теплились в небе, и небо, словно ласковая мать, припав к ним необъятным лоном, поило их млеком облаков, заботливо повивая туманною пеленою, освежая ветром тиховейным! О, как бы летом и полетели туда душа моя, туда, где священный холод простерся границею между земным и небесным! Сердце просит и жаждет вздохнуть воздухом небожителей. Хочется побродить по снегам, на которых не печатлел человек кровавых стоп своих, коих не омрачала никогда тень орла, до коих не долетали перуны и на вечно юном темени которых время - след вечности - не оставило следов своих!

Время? Мне пришла в голову странная мысль. Сколько дробных названий изобрел щепетильный человек для деления бесконечно малого отрезка времени от бесконечно великого круга вечности. Годы, месяцы, дни, часы, минуты... У Бога нет ничего этого, нет даже ни вчера, ни завтра; у него все это слилось в одно вечное ныне!.. Увидим ли мы когда-нибудь этот океан, в котором тонем доселе? Но вопрос: к чему послужит это человеку? Неужели для удовлетворения пустого любопытства? Нет, познания истины, то есть всеразумной благости жаждет душа человека мыслящего. Она хочет полною чашею черпать из источника света, который падает на нее изредка мелкими росинками!..

И я буду черпать ее... Тайный страх смерти тает как снег перед лучом такой надежды!.. Я буду черпать из него... Чистая любовь моя к ближнему тому залогом; свинцовые путы заблуждений распадутся от немногих слез раскаяния, и повергну сердце свое, как жертву очистительную, перед судом, для меня не страшным!

Чудная вещь, моя милая! Едва взгляну я на горы, на море, на небо... какое-то грустное и вместе невыразимо сладостное чувство гнетет и расширяет сердце. Мысль о тебе сливается с ним, и, будто во сне, убегает от меня твой образ. Предвкушение ли это земного блаженства, которое знал я лишь по имени, или предчувствие... веч..?

О, бесценная, добрая, ангельская душа! Один взор твой - и я исцелен от мечтательности! Как счастлив я, что могу теперь с уверенностью сказать: до свиданья.

ГЛАВА XI

Яд клеветы пожигал внутренность Аммалата.

По наущению хана, кормилица его Фатьма со всеми признаками преданности и бескорыстной искренности передала ему условленную заранее сказку в тот же самый вечер, как он с Верховским приехал в Буйнаки, где встретил их шамхал, из учтивости и уважения к полковнику. Отравленная стрела вонзилась глубоко... Теперь сомнение было бы отрадою Аммалату, но убеждение, казалось, озарило все прежние дружественные и родственные связи его светом ярким, хотя и погребальным. В порыве ярости он хотел в ту же минуту утолить месть свою в крови обоих изменников, но уважение к святыне гостеприимства преодолело кровожадность. Он отложил на время убийство... Но мог ли забыть о нем? Каждый миг отсрочки, как разожженная медь, капал на его сердце. Воспоминания, доказательства, ревность, любовь вырывали оное друг у друга, и это положение было для него так ново, так странно, так страшно, что он впадал в безумие, тем более тяжкое, что должен был скрывать внутреннюю борьбу от своего прежнего друга. Так протекли целые сутки. Отряд остановился лагерем близ селения Бугдень, в котором ворота, построенные в ущелии, служащем дорогою в Акушу, замыкают оную по произволу жителей бугденских. Вот что писал Аммалат, желая хоть чем-нибудь облегчить тоску души, готовящейся на черное злодеяние...

Полночь

...Зачем бросил ты, Султан-Ахмет-хан, молнию в грудь мою? Братская дружба и братопредательство, братоубийство... Какие ужасные крайности! И между ними только один шаг, одно мгновение!..

Я не могу спать, не могу думать о другом, я прикован к этой мысли, как преступник к колоде своей. Кровавое море ходит, плещет, бушует кругом меня, и над ним сверкают только молнии вместо звезд!.. Душа моя подобна теперь голой скале, на которую слетаются одни хищные птицы и злые духи делить добычу или готовить гибель. Верховский, Верховский! что сделал я тебе? За что хочешь ты сорвать с неба звезду моей свободы? Не за то ль, что я так нежно любил тебя!! И почему ты подкрадываешься, как вор, клевещешь, коварствуешь, лицемеришь? Сказал бы просто: "Мне нужна жизнь твоя", и я бы отдал ее безропотно... лег жертвою, как сын Ибрагима (Авраама); я бы простил тебя, если б ты посягал только на жизнь мою, но продать мою свободу, похитить у меня, заживо погребенного, Селтанету! Злодей! И ты еще дышишь!..

Но повременно, как опаленный голубь среди пожарного дыма, является мне образ твой, Селтанета!.. Отчего ж я не радостен, мечтая о тебе, как, бывало, прежде?.. Нас хотят разлучить, милая' отдать тебя другому, женить меня на могильной плите... но я приду до тебя по кровавому ковру, я исполню страшный завет, чтобы овладеть тобою. Не одних подруг зови на свадебный пир наш; зови коршунов и воронов... Всех угощу я досыта! Я заплачу богатое вено[44]... В изголовье невесты положу я сердце, которое недавно еще ценил я дороже тронной подушки персидского падишаха[45].

...Чудная судьба!.. Невинная девушка, ты будешь виною неслыханного злодейства. Добрейшее создание, за тебя друзья станут терзать друг друга с зверскою лютостию. Для тебя?.. За тебя?.. В самом ли деле за одну тебя?.. С лютостию?. С одной ли лютостию? Верховский говорил, что убить неприятеля украдкою, врасплох - подло, низко; но если я не могу иначе сделать этого?.. Но можно ли ему верить? Хитрец хотел заранее опутать не только руку, но даже и совесть мою!.. Напрасно.

...Я зарядил теперь винтовку мою... Какой славный витой ствол... что за чудесная насечка! Она досталась мне от отца, отцу - от прадеда. Мне рассказывали про множество знаменитых из нее выстрелов, и ни один, ни один не был пущен украдкою... всегда в бою, всегда в глазах целого войска бросала она смерть; а теперь?.. Но обида, но измена, но ты, Селтанета!.. О, рука моя не дрогнет нанести удар тому, которого имя и написать она трепещет. Один заряд, один удар - и все кончено!

Заряд?.. Как он легок... Но как тяжко, может быть, станет каждое зернышко пороху на весах аллы!.. Как далеко, как невообразимо далеко забросит этот заряд душу человека!.. О, да будет проклят тот, кто изобрел тебя, серая пыль, предающая героя во власть последнего труса, поражающего издали врага, который бы одним взором обезоружил поднятую на него руку! Так, этот удар расторгнет все прежние связи мои, но он проложит мне дорогу к новым. В прохладе Кавказа, на груди Селтанеты освежится вновь мое увялое сердце. Как ласточка, я совью себе гнездо на чужбине, как для ласточки, весна будет моим отечеством, я сброшу с себя все печали, как старые перья...

...Но линяют ли угрызения совести?.. Последний лезгин, завидя в бою того, с кем делил хлеб-соль, отворачивает коня в сторону и стреляет мимо, а я пронжу сердце, на котором отдыхал как брат родной! Конечно, он обманывал меня своей дружбою, но разве оттого менее был я счастлив? О, если бы этими слезами я мог выплакать гнев мой, залить ими жажду мщения, купить на них Селтанету

Что же медлит заря! Пускай выходит она... Я, не краснея, взгляну на солнце, не бледнея, в очи Верховскому. Сердце мое закалено против сострадания... измена зовет измену... Я решился... Скорей, скорей!

Так беспорядочно, бессвязно писал Аммалат, чтобы обмануть время и развлечь душу; так старался он обмануть самого себя, подстрекая себя

---

[44] Калым.
[45] Подушка сия, унизанная дорогими камнями и жемчугом, не имеет цены.

местию, когда истинная вина его кровожадности, то есть желание владеть Селтанетою, пробивалась в каждом слове. Чтобы придать себе дерзости на злодеяние, он выпил много вина и, опьянелый, с ружьем кинулся к палатке полковника; но, увидя часовых у входа, раздумал: врожденное в азиатце чувство самохранения не погасло и в самом безумии. Аммалат отложил до утра совершение убийства, но спать не мог он, но разгулять тоски своей не мог он... и, войдя снова в палатку свою, он схватил за грудь крепко спящего Сафир-Али и сильно потряс его.

- Вставай, соня! - вскричал он ему. - Уже заря. Сафир-Али приподнялся с недовольным видом и, зевая, отвечал:

- Я вижу только винное зарево на твоих щеках. Спокойной ночи, Аммалат!

- Вставай, говорю я тебе! Мертвые должны покинуть гробы навстречу нового пришельца, которого обещал я им для беседы!

- Помилуй, братец, разве я мертвый?.. Пускай себе встают хоть сорок имамов[46] с дербентского кладбища, а я хочу спать.

- Но ты любишь пить, гяур, и ты должен пить со мною.

- Это иное дело... Наливай полнее... Алла верды![47] Я всегда готов пить и любить.

- И врага убить!.. Ну, еще... за здоровье черта, который друзей оборачивает смертельными врагами.

- Так и быть!.. Катай за здоровье черта! Бедняжке нужно здоровье; мы вгоним его в чахотку с досады, что не удастся нас поссорить.

- Правда, правда, люди не нуждаются в нем для злобы... С Верховским и со мной он бросил бы карты... Но и ты не отстанешь, надеюсь, от меня?..

- Аммалат, я не только вино из одной бутылки, да и молоко сосал из одной груди с тобою. Я твой, если даже тебе вздумается, словно коршуну, свить себе гнездо на скале Хунзаха... Впрочем, мой бы совет...

- Никаких советов, Сафир-Али... никаких возражений!.. Теперь уже не время.

- И в самом деле, они перетонут, как мухи в вине; теперь пора спать...

- Спать, говоришь ты? Мне спать? Нет, я сказал прости сну... Мне пора пробудиться. Осмотрел ли ты ружье, Сафир-Али? Хорош ли кремень? Не отсырел ли от крови порох на полке?

- Что с тобою, Аммалат? Что у тебя за свинцовая тайна на сердце? Лицо твое страшно, речи еще страшнее...

- А дела будут еще ужаснее! Не правда ли, Сафир-Али, моя Селтанета

---

[46] Мусульмане верят, что в часовне, на северном кладбище Дербента, положены сорок первых правоверных, замученных язычниками; русские суеверы подозревают, что тут схоронены сорок мучеников.

[47] Приглашая пить, говорят: "Бог дал", то есть на здоровье.

прекрасна! Заметь это: моя Селтанета... Неужели это свадебные песни, Сафир-Али?.. Да, да, да, понимаю... это чакалы просят добычи!.. Духи и звери! погодите немного, я насыщу вас. Гей! подайте вина, еще вина, еще крови... говорю я вам!

Аммалат упал в беспамятстве опьянения на постель; пена била клубом с его уст, судорожные движения волновали все тело; он произносил со стоном невнятные слова.

Сафир-Али заботливо раздел его. уложил, укутал и просидел остаток ночи над молочным братом своим, напрасно приискивая в уме разрешения загадочным для него речам и поведению Аммалата.

ГЛАВА XII

Поутру, перед выступлением, дежурный по отряду капитан пришел к полковнику Верховскому с рапортом и за новыми приказаниями. После обычного размена слов по службе, он со встревоженным видом сказал:

- Полковник! я обязан сообщить вам важную вещь. Вчерашний вестовой ваш, рядовой моей роты Хамитов, подслушал разговор Аммалат-бека с его кормилицею в Буйнаках. Он казанский татарин и порядочно понимает здешнее наречие. Сколько мог он разобрать и расслушать, старуха уверяла его, что вы с шамхалом собираетесь отправить его на каторгу. Аммалат бесился, бранился, говорил, что все это знает он от хана Аварского, и клялся погубить вас своею рукою. Не доверяя, однако ж, своему слуху, вестовой не решился ничего объявить, а стал присматривать за всеми его шагами. Вчерась ввечеру, говорит он, Аммалат разговаривал с каким-то издалека приехавшим всадником; на прощанье сказал он: "Скажи хану, что завтра, чуть встанет солнце, все будет кончено. Пусть готовится он сам, я с ним скоро увижусь!"

- И только, г-н капитан? - спросил Верховский.

- Более ничего не имею я сказать, но очень многое думать. Я измыкал свой век между татарами и удостоверился, полковник, что безрассудно доверяться самому лучшему из них. Родной брат небезопасен, отдыхая на руке брата.

- Тому вина зависть, капитан; Каин передал ее в вечное и потомственное владение всем людям, но преимущественно соседам Арарата. Нам же с Аммалатом нечего делить; притом же я ничего не сделал ему, кроме добра, ничего не хочу делать, кроме благодеяний. Будьте покойны, капитан; я очень верю усердию вестового, но мало - его знанию татарского языка. Несколько сходных звуков ввели его в заблуждение; а уж раз создал в уме умысел, все прочее казалось ему доказательствами. Право, я не такой важный человек, чтобы ханы и беки делали заговоры на жизнь мою. Я очень хорошо знаю Аммалата; он вспыльчив, но доброго сердца, и не смог бы двух часов потаить злодейского умысла.

- Не ошибитесь, полковник! Аммалат все-таки азиатец, а это слово - аттестат. Здесь не как у нас, здесь слово скрывает мысль, а лицо - душу. На иного взглянешь, ну, кажется, сама невинность, а попытайте иметь с ним дело: это бездна подлости, коварства и лютости.

- Вы имеете полное право так думать, любезный капитан, по опыту. Султан-Ахмет-хан дал вам памятную поминку в Буйнаках, в доме Аммалата. Но я, я не имею никакого повода подозревать в чем-либо ужасном Аммалата. Да и какую выгоду найдет он убить меня? Во мне все его блага, все надежды. Он сумасброд, но не сумасшедший; притом же, как видите, солнце высоко, а я жив и здоров. Сердечно благодарю вас, капитан, за участие, но прошу вас: не сомневайтесь в Аммалате и, видя, как ценю я старую дружбу, будьте уверены, что я буду высоко ценить и новую. Прикажите бить подъем.

Капитан вышел, сомнительно качая головою. Барабаны загремели, и выстроенный в боевой порядок отряд двинулся с ночлега далее. Утро было свежо и ясно; путь вился по зеленым валам предгорий кавказских, где, инде увенчанных лесом или кустарником. Строй был подобен стальному потоку, то катящемуся с гор, то востекающему на холмы. Туманы еще лежали в ущельях, и Верховский, въезжая на вершины, каждый раз оглядывался, чтобы полюбоваться чудною игрою зрения. Спускаясь с крутизны, строй точно будто тонул в дымной реке, подобно войску фараона, и, наконец, с глухим шумом вновь сверкали штыки из волн тумана, потом являлись головы, плечи, люди росли, вырастали, взбегали на высь и снова окутывались в туманы другого ущелия.

Аммалат ехал бледен и угрюм, подле самого взвода застрельщиков. Казалось, он желал, чтобы грохот барабанов заглушил в нем голос совести. Полковник подозвал его к себе и очень ласково сказал:

- Тебя надобно пожурить, Аммалат: чересчур ты начал следовать урокам Гафиза. Вспомни, что вино хороший слуга, но злой барин. Впрочем, головная боль и желчь, разлитая по твоему лицу, верно подействуют на тебя гораздо лучше слов. Ты провел буйную ночь, Аммалат?

- Бурную, мучительную ночь, полковник! Дай Бог, чтобы такая ночь была последнею... Мне снились страшные сны.

- Ага, дружок! Вот каково преступать завет Магомета: правоверная совесть тебя мучила, как стень!

- Хорошо, у кого совесть спорит с одним вином.

- Какова совесть, любезный! По несчастию, она так же подвержена

91

предрассудкам, как и сам рассудок. У каждого века, у каждого народа была своя совесть, и голос вечной, неизменной истины умолкал перед самозванкою. Так было, так есть. Что вчерась почитал иной грехом смертным, тому завтра молится; что считают правым и славным на этом берегу, за речкой доводит до виселицы.

- Однако ж, я думаю, лицемерие и измена никогда и нигде не считались добродетелями.

- Не скажу и этого. Мы живем в таком веке, где лишь удача решит, хороши или нет были средства ее достигнуть, где люди самые совестные изобрели для себя очень покойное правило, что цель освящает средства.

Аммалат-бек в раздумье повторил эти слова, потому что их оправдывал. Яд эгоизма снова начинал в нем разыгрываться, и слова Верховского, которые считал он коварством, лились, как масло на пламя.

"Лицемер! - говорил он про себя, - час твой близок!"

И между тем Верховский, как жертва, ничего не подозревающая, ехал рядом с своим палачом. Не доезжая верст восьми до Киекепта, с горы открылось перед ними Каспийское море, и думы Верховского понеслись над ним, как лебедь.

- Зеркало вечности... - произнес он, впадая в мечтания. - Отчего не радует сегодня меня лицо твое? Как прежде, играет на тебе солнце, словно Божья улыбка, и лоно твое так же величаво дышит вечною жизнию, но это жизнь не здешнего мира! Ты кажешься мне сегодня печальною степью: ни лодки, ни корабельного паруса; никакого признака бытия человека... Все пусто!! Да, Аммалат! - примолвил он, - мне наскучило ваше почти всегда сердитое, пустое море, ваш край, населенный болезнями и людьми, которые хуже всех болезней в свете; мне наскучила самая война с незримыми врагами, самая служба с недружными товарищами. Этого мало, что мне мешали в деле, портили, что приказывал делать... но порочили то, что я думал делать, и клеветали на сделанное. Верой и правдой служил я государю, бескорыстно - отечеству и здешнему краю; отказался я, добровольный изгнанник, ото всех удобств жизни, ото всех радостей общества, осудил свой ум на неподвижность, без книг; похоронил сердце в одиночестве, без милой... И что было мне наградою? О, скоро ль настанет минута, когда я брошусь в объятия моей невесты, когда я, усталый от службы, отдохну под сенью родной хижины на злачном берегу Днепра... когда, мирный селянин и нежный отец семейства, в кругу родных и добрых крестьян моих, буду бояться только града небесного за жатву, сражаться только с дикими зверями за стадо! Сердце поет по этом часе! Отпуск у меня в кармане, отставка обещана... так бы лётом летел к невесте. И через пять дней я непременно буду в Георгиевске, а все кажется, будто пески Ливии, будто ледяное море, будто целая вечность могилы разлучают нас!..

Верховский умолк; по щекам его катились слезы; конь его, почуяв брошенные повода, ускорил ход, и, таким образом, вдвоем с Аммалатом они далеко опередили отряд... Казалось, сама судьба предавала полковника в руки злодея.

Но жалость проникла в душу неистового, вином пылающего Аммалата, подобно лучу солнечному, упавшему в разбойничью пещеру. Он увидел тоску и слезы человека, которого столь долго считал другом своим, и поколебался... "Нет, - думал он сам с собою, - до такой степени невозможно притворяться!.."

В эту минуту Верховский очнулся, поднял голову и сказал Аммалату:

- Приготовься... ты едешь со мною!

Несчастные слова! Все доброе, все благородное, возникавшее вновь в груди азиатца, в один миг было подавлено ими; мысль о предательстве, о ссылке огненным потоком протекла по всему его существу.

- С вами? - возразил он с злобною усмешкою. - С вами в Россию? О, без сомнения, если вы сами поедете!

И в порыве гнева он пустил вскачь коня своего, чтобы иметь время справиться с оружием, и вдруг обратился навстречу полковнику, пронесся мимо и стал давать быстрые круги около. С каждым скоком сильней разгоралось в нем пламя бешенства. Ему казалось, что свистящий мимо ушей воздух жужжал ему: "Убей, убей! Это враг твой! Вспомни Селтанету..." Он схватил из-за плеча меткое ружье свое, взвел курок и, ободряя себя криком, поскакал с кровожадною решительностью к обреченной жертве.

Между тем Верховский, не питая ни малейшего подозрения, спокойно смотрел на скачку Аммалата, воображая, что он, по напутному обычаю азиатцев, хочет поджигитовать.

- Стреляй в цель, Аммалат-бек! - закричал он несущемуся на него убийце.

- Какая цель лучше груди врага! - отвечал Аммалат-бек, наскакивая, и в десяти шагах спустил курок!.. Выстрел грянул... и молча, медленно свалился полковник с седла. Испуганный конь его, вздув ноздри, ощетинив гриву, обнюхивал всадника, в руке которого замерли доселе повелительные поводья, а конь Аммалата стал вдруг перед телом, упершись передними ногами. Аммалат соскочил с него и, опершись на дымящееся ружье, несколько мгновений пристально смотрел на лицо убитого, как будто желая доказать самому себе, что он не страшится этого неподвижного взора, потухающих очей, этой холодеющей крови... Трудно было узнать, невозможно передать того, что крутилось вихрем в груди. Сафир-Али прискакал стремглав и кинулся на колени подле полковника... Приложил ухо к устам его: не дышит! ощупал сердце: не бьется!

- Он мертв! - произнес Сафир-Али отчаянным голосом.

- Мертв? Совсем мертв? Тем лучше: мое счастие свершено! - произнес Аммалат, будто пробуждаясь от сна.

- Для тебя счастье! Для тебя, братоубийцы!.. Если ты найдешь его, свет станет молиться шайтану вместо аллы.

- Сафир-Али! вспомни, что ты не судья мне! - грозно сказал Аммалат, ступая в стремя. - Следуй за мною.

- Пускай одно раскаяние преследует тебя как тень; отныне я не товарищ твой!

Пронзенный до глубины души нежданным укором от человека, с которым связан был дружеством от младенчества, Аммалат не вымолвил слова, указал своим изумленным нукерам на ущелие и, видя погоню, как стрела ринулся в горы.

Тревога распространилась по фронту; передовые офицеры и донские казаки кинулись на выстрел, но они поздно прискакали туда; они не могли ни воспрепятствовать злодейству, ни достичь убегающего злодея. Через пять минут окровавленный труп изменнически убитого полковника окружен был толпами солдат и офицеров. Недоумение, негодование, жалость были написаны на всех лицах. Гренадеры, опершись на штыки, плакали навзрыд; и нельстивые слезы текли у них градом по храбром любимом начальнике.

ГЛАВА XIII

Трое сутки скитался Аммалат по горам Дагестана. Как мусульманин, он и в деревнях, покорных русскому владычеству, между людьми, для коих воровство, разбой и бегство - доблесть, безопасен был от всякого преследования; но мог ли уйти от сознания в собственном преступлении? Ни ум, ни сердце его не оправдывали кровавого поступка, и образ падающего с коня Верховского неотступно возникал даже перед закрытыми очами. Это еще более ожесточало, раздражало его. Азиатец, совратясь однажды с пути, быстро пробегает поприще злодейства. Завет хана, чтоб не являться перед него без головы Верховского, звенел в ушах его. Не смея открыть такого намерения нукерам своим, еще менее надеясь на их отвагу, он решился ехать к Дербенту один-одинехонек, целиком через горы и долы.

Глухая, темная ночь раскинула уже креповые крылья свои над приморскими хребтами Кавказа, когда Аммалат переехал ущелие, лежащее сзади крепости Нарынь-Кале, служащее цитаделью Дербенту. Он поднялся к развалинам башни, замыкавшей некогда кавказскую стену, поперек гор тянувшуюся, и привязал коня своего у подножия того кургана, с которого Ермолов громил Дербент, бывши еще артиллерийским поручиком. Зная, где хоронят чиновников, он прямо вышел на верхнее русское кладбище. Но как найти ему свежую могилу Верховского во тьме ночи? В небе ни звездочки; облака налегли на горы; горный ветер, как ночная птица, хлопал по лесу крыльями; невольный трепет проник Аммалата посреди края мертвецов, коих покой дерзал он нарушить. Прислушивается. Море бушует, напирая и отшибаясь от подводных плит. Протяжное слушай! часовых обтекало стены города, и вслед за ним раздавался вой чакалов, и, наконец, все стихло, сливаясь с шумом ветра. Сколько раз вместе с Верховским бодрствовал он в подобные ночи, - и где теперь он? И кто низвергнул его в могилу? И его убийца пришел теперь обезглавить труп недавнего друга, надругаться над его останками; как вор гробокопный, пришел похитить достояние могилы, спорить с чакалами о добыче.

- Чувства человеческие! - произнес Аммалат, отирая холодный пот с чела, - зачем посещаете вы сердце, которое отверглось человечества? Прочь, прочь! Мне ли бояться отнять голову у мертвеца, у которого похитил я жизнь? Ему это не потеря, а мне - сокровище... Прах бесчувствен!

Аммалат дрожащей рукой высек огня, раздул его на сухом бурьяне и пошел с ним искать новой могилы. Рыхлая земля и большой крест указали ему последнее жилище полковника. Он выдернул крест и начал разгребать им холмик; разбил еще не окреплый кирпичный свод и, наконец, сорвал крышку с гроба. Бурьян, вспыхивая, проливал неровный крово-синий блеск на предметы. Склонясь над покойником, убийца, бледнее самого покойника, глядел на труп неподвижно. Он забыл, зачем пришел туда, голова его кружилась от запаха тления, сердце в нем обратилось при виде кровоглавых червей, которые вились уже из-под платья. Прервав свою страшную работу, они, испуганные светом, расползались, сбирались, прятались друг под друга! Наконец, ожесточась, он несколько раз взмахивал кинжалом, и всякий раз немеющая рука его падала мимо. Ни месть, ни честолюбие, ни любовь - словом, ни одна страсть, подвиг-шая его на убийство, не ободряли теперь на безымянное неистовство. Отворотив голову, в каком-то забытьи стал он рубить Верховского по шее... На пятом ударе голова отделилась от туловища. С отвращением бросил он ее в приготовленный мешок и спешил вылезть из могилы. До сих пор он еще побеждал себя; но когда с страшным кладом своим карабкался вверх, когда камни с шумом обрушились под его ногами и он, осыпанный песком, снова упал на труп Верховского, присутствие духа оставило святотатца: ему казалось, что пламя охватило его, что адские духи, плеща и хохоча, взвились окрест его... С тяжким стоном вырвался, выполз он без памяти из душной могилы и бросился бежать, страшась оглянуться. Вскочив на коня, он погнал его, не разбирая утесов и оврагов, и каждый цепляющийся за платье куст казался ему рукою мертвеца, и каждый шелест ветки и стон чакала - голосом дважды зарезанного друга.

Везде, где ни проезжал Аммалат. встречал он вооруженные толпы акушлинцев и аварлы, приезжих чеченцев и тайных хищников из татарских деревень, подвластных России. Все они спешили на сборные места, ближе к границе, между тем как беки, узденя и князьки съезжались в Хунзах, для совета с Султан-Ахмет-ханом, под предводительством и по приглашению которого собирались они ударить на Тарки. Время к тому было самое благоприятное: хлеб в амбарах, сено в стогах, и русские, взяв аманатов, в совершенной безопасности расположились на зимние стоянки. Весть об убийстве Верховского разлетелась по всем горам и весьма ободрила горцев. Весело сходились они отовсюду, везде слышались их песни о будущих битвах и добычах, а тот, за кого шли сражаться они, проезжал между ними, как беглец и преступник, скрывая лицо от солнца, не смея взглянуть никому прямо в глаза. Все, что случилось с ним, все, что видел он, теперь представлялось ему будто в удушливом сне... Он не смел сомневаться в том и не мог верить...

На третий день к вечеру доехал он до Хунзаха. Трепеща от нетерпения, спрыгнул он с коня, измученного бегом, и взял из тороков роковой мешок. Передние комнаты были полны воинами. Наездники в кольчугах расхаживали или вдоль стен лежали на коврах, шепотом разговаривая между собою... но повисшие брови их, но угрюмые лица доказывали, что в Хунзахе получены, верно, худые вести. Нукеры бегали взад и вперед торопливо, и никто не спросил, никто не проводил Аммалата, никто не обратил на него внимания. У самых дверей спальни ханской сидел Сурхай-Хан-Джинка, то есть побочный сын Султан-Ахмета, и горько плакал.

- Что это значит? - с беспокойством спросил его Аммалат. - Ты, у которого и в младенчестве не добивались слез, ты плачешь?..

Сурхай безмолвно указал на двери, и Аммалат с изумлением переступил за решетчатый порог.

Сердце раздирающее зрелище представилось глазам пришельца. Посреди комнаты на тюфяке лежал хан, обезображенный быстрою болезнию. Незримая, но уже неотразимая кончина носилась над ним, и погасающий взор встречал ее с ужасом. Грудь вздымалась высоко и потом тяжело опадала; дыхание шипело в гортани, жилы рук напрягались и снова исчезали; в нем совершалось последнее борение жизни с разрушением... Пружина бытия уже лопнула, но колеса еще двигались неровным ходом, задевая друг за друга. Едва искры памяти мелькали в нем, как падучие звезды сквозь ночь, густеющую над душою, и

96

отражались на мертвеющем лице. Жена и дочь рыдали на коленях у его ложа; старший его сын Нуцал в безмолвном отчаянии стоял в ногах, склонив чело на сжатую руку. Несколько женщин и нукеров плакали тихо поодаль.

Все это, однако ж, не поразило, не образумило Аммалата, преисполненного одною мыслию. Он твердою поступью приблизился к хану и громко сказал ему

- Здравствуй, хан! Я привез тебе подарок, от которого бы оживился мертвец. Готовь свадьбу; вот мой выкуп за Селтанету! Вот голова Верховского! - С этим словом он бросил ее к ногам хана.

Знакомый голос пробудил на миг Султан-Ахмета от последнего сна; он поднялся с усилием, чтобы взглянуть на подарок, и трепет волной пробежал по его телу, когда он увидел мертвую голову.

- Пускай съест свое сердце тот, кто потчует умирающего такой ужасною яствою! - произнес он едва внятно. - Мне надо помириться с врагами, а не... Ах, горю! Дайте воды, воды... Зачем вы напоили меня горячею нефтью? Аммалат! я проклинаю тебя!..

Усилие истратило последние капли жизни в хане: он упал бездушным трупом на изголовье. Ханша с негодованием смотрела на кровавый, неуместный подарок Аммалата; но когда увидела она, что это ускорило смерть ее мужа, вся тоска ее вспыхнула огнем гнева.

- Посол ада! - вскричала она, сверкая взором. - Любуйся: вот твои подвиги! Если б не ты, муж мой не задумал бы подымать на русских Аварлу и теперь здоров и покоен сидел бы дома; но для тебя, объезжая узденей, он упал с крутизны и слег в постелю... И ты, кровопийца, вместо того чтоб утешить больного кроткими словами, чтобы молитвою и милостыней помирить его с аллахом, принес, как людоеду, мертвую голову, и чью голову? Твоего благодетеля, защитника и друга!

- На то была воля хана, - угрюмо возразил Аммалат.

- Не клевещи на мертвого, не марай его памяти лишнею кровью! - воскликнула ханша. - Недовольный тем, что изменнически зарезал ты человека, ты с его головою приехал сватать дочь мою у смертного одра отца, и ты надеялся получить награду от людей, заслужив месть от Бога? Безбожник, бездушник! Нет, гробом предков и саблями сыновей клянусь: ты никогда не будешь зятем моим, знакомцем, гостем моим. Удались из моего дома, изменник! У меня есть сыновья, которых можешь ты зарезать обнимая, у меня есть дочь, которую можешь ты зачаровать, отравить змеиными своими взорами. Ступай скитаться в ущельях гор, учи тигров терзать друг друга и отбивай падаль у волков. Ступай и ведай, что дверь моя не отворяется для братоубийцы.

Аммалат стоял, как опаленный молниею.

Все, что роптала невнятно его совесть, высказано было ему вдруг и так неожиданно, так жестоко. Он не знал, куда девать очи свои. Там лежала голова Верховского с обвинительною кровью, там виделось укорительное чело хана с печатью мучительной кончины, там встречал он грозные очи ханши... Лишь плачущие очи Селтанеты казались ему приветными звездочками сквозь дождевую тучу. К ней-то решился приблизиться он, робко произнеся:

- Селтанета! для тебя совершил я то, за что тебя теряю... Судьба хочет этого - да будет! Одно скажи мне: неужели и ты разлюбила меня, ужели и ты ненавидишь?

Знакомый милый голос проник ее сердце. Селтанета подняла свои ресницы, блистающие слезами, свои глаза, полные тоскою; но. увидев страшное, кровью забрызганное лицо Аммалата, закрыла опять их рукою. Она указала перстом на труп отца, на голову Верховского и твердо сказала:

- Прощай, Аммалат; я жалею тебя, но не могу быть твоею.

Сказав слова сии, она пала без чувств на тело отца. Вся природная гордость вместе с кровью прилила к сердцу Аммалата. Дух его вспыхнул негодованием.

- Так-то принимают меня здесь, - молвил он, бросая презрительный взгляд на обеих женщин. - - Так-то исполняют здесь обеты. Я рад, что глаза мои прояснели. Я был слишком прост, когда ценил переходчивую любовь ветреной девушки, слишком терпелив, слушая бредни старой женщины. Вижу, что с Султан-Ахмет-ханом умерли здесь честь и гостеприимство.

Он вышел гордо.

Он дерзко заглядывал в глаза узденей, сжав рукоять кинжала, как будто вызывая их на бой. Все, однако ж, уступали ему дорогу, но, кажется, более избегая его, чем уважая; никто не приветствовал его ни словом, ни знаком. Он вышел на двор, кликнул нукеров своих, безмолвен сел в седло и тихими шагами поехал по пустым улицам Хунзаха.

С дороги в последний раз оглянулся он на ханский дом, чернеющий в высоте и мраке, между тем как решетчатые двери блистали огнями. Сердце его облилось кровью, оскорбленное самолюбие вонзило в него железные когти свои, а напрасное злодеяние и любовь, отныне презренная, безнадежная, пролили отраву на раны. С тоскою, с гневом, с сожалением бросил он прощальный взор на тарам, в котором узнал и потерял все радости земные.

- И ты, и ты, Селтанета! - более не мог произнести он. Свинцовая гора лежала на груди; совесть его уже чувствовала страшную руку, на ней тяготеющую; минувшее его ужасало, будущее приводило в трепет... Куда приклонит он свою оцененную голову? Какая земля упокоит кости изгнанника? Не о любви, не о дружбе, не о счастье отныне будет его забота, но о скудной жизни, о скитальческом хлебе... Аммалат хотел плакать; глаза его горели... И, как богач, кипящий в огне, сердце его молило об одной капле, об одной слезинке: залить, утолить нестерпимую жажду... Он силился плакать и не мог. Провидение отказало в этой отраде злодеям.

И куда скрылся убийца Верховского? Где влачил он жалкое свое бытие? Никто наверно не знал этого. По Дагестану ходили слухи, что он скитался между чеченцами и койсубулинцами, утратив красоту и здоровье и даже самую отвагу; но кто же мог сказать про то утвердительно? Мало-помалу запала и молва об Аммалате, хотя злодейская измена его до сих пор свежа на памяти русских и мусульман, обитателей Дагестана; до сих пор имя его никем не произносится без укора.

ГЛАВА XIV

Анапа, эта оружейница горских разбойников, этот базар, на котором продавались слезы, и пот, и кровь христианских невольников, этот пламенник мятежей для Кавказа, Анапа, говорю, в 1828 году обложена была русскими войсками с моря и от угорья. Канонерские лодки, бомбарды и все суда, которые могли подходить близко к берегу, громили приморские укрепления. Сухопутные войска переправились через реку Рион, которая впадает в Черное море под северною стеною Анапы и расплывается кругом всего города топкими болотами. Потом повели они бревенчатые траншеи, вырубая для того окрестный лес. С каждою ночью возникали новые бойницы ближе и ближе к стенам города. Внутри дома пылали от бомб, наружные стены рушились ядрами, но турецкий гарнизон, усиленный горцами, дрался отчаянно, делал смелые вылазки и на все предложения о сдаче отвечал пушечными выстрелами. Между тем осаждающие беспрестанно обеспокаиваемы были кабардинскими наездниками и пешими стрелками абазехов, шапсугов, натухайцев и других свирепых горцев Черноморья, сбежавшихся, подобно чакалам, искать добычи и крови. Против них должно было строить обратные реданты, а эта двойная работа, производимая под пушечными выстрелами с крепости и ружейными из леса, в почве неровной и болотистой, очень замедляла покорение города.

Наконец накануне взятия Анапы, на единственном суходоле с юго-восточной стороны, русские открыли брешь-батарею. Действие ее было ужасно. По пятой очереди зубцы и бруствер были опрокинуты, орудия обнажены и сбиты. Ядра, ударяясь в каменную одежду, вспыхивали молнией, и потом, в черной туче пыли, взлетали куски расторгнутых камней. Стена сыпалась, распадалась, но крепость, но толщина оной долго противостояли разрушительной силе чугуна, и крутым обвалом осыпанная стена не представляла еще возможности к штурму.

Для разгоревшихся орудий и долгою стрельбою утомленных артиллеристов необходим был отдых. Мало-помалу пальба стихла на всех батареях суши и моря. Густые облака дыма катились с берега и расстилались по волнам, то скрывая, то открывая опять флотилию. Изредка срывался клуб дымный с орудий крепости, и вслед за раскатами пушечного грома, отзывающегося в далеких горах, несколько пуль свистали кой-откуда. И вот все умолкло кругом, все притаилось внутри Анапы и траншей; ни одной чалмы между зубцами, ни одного граненого штыка в завалах. Только турецкие знамена по башням и русские флаги на судах гордо играли в воздухе, не омраченном ни одною струйкою дыма; только звучный голос муэдзинов раздавался далеко, призывая мусульман к полдневной молитве.

В это время с пролома, против самой брешь-батареи, спустился, или, лучше сказать, скатился, всадник на белом коне, поддерживаемый веревками, перескочил через полузасыпанный ров и как стрела ударил влево между батарей, перепорхнул через завалы, через дремлющих за ними солдат, которые не ждали и не гадали ничего подобного, и, преследуемый торопливыми их выстрелами, скрылся в лесу. Никто из всадников не успел его рассмотреть, не только за ним гнаться; все только ахали от удивления и досады и скоро забыли про удальца в тревоге, поднятой пальбою с крепости, заведенною нарочно, чтобы дать время бесстрашному вестнику убраться в горы.

К вечеру брешь-батарея, гремевшая неумолчно, почти совершила свое дело разрушения: опрокинутая стена легла мостом для осаждающих, и они с нетерпением отваги готовились к приступу, как вдруг неожиданное нападение черкесов, снявших наши ведеты и цепь, не заставило обратить огонь редантов против неистовых, дерзких горцев. Громовое алла, гилль, алла! понеслось навстречу им со стен Анапы. Пушечная и ружейная пальба закипела с них вдвое сильнее, но русская картечь остановила, смешала, развеяла толпы всадников и пеших черкесов, готовых ударить на орудия в шашки, и они с грозными перекликами гяур гяурлар обратились назад, покидая за собой усталых. В один миг все поле было усеяно их трупами, их ранеными, которые пытались уползти, карабкались и падали снова, пораженные пулями и картечью, между тем как ядра посекали лес, а гранаты, лопаясь в нем, довершали истребление.

Но с самого начала дела до тех пор, покуда ни одного неприятеля не осталось вблизи, русские с изумлением видели перед собою статного черкеса на белом коне, который тихим шагом проезжался взад и вперед мимо наших редантов. Все узнали в нем того самого всадника, что перескочил через траншеи в полдень, вероятно для подговора черкесов напасть на русских сзади, в то время, как они хотели выпустить из ворот не удавшуюся теперь вылазку. Брызжа и урча, прыгали около него картечи. Конь его рвался на поводах, но сам он, хладнокровно поглядывая на батареи, ехал вдоль их, будто с них осыпали его цветами. Артиллеристы грызли зубы с досады, видя ненаказанную дерзость этого наездника; но выстрел за выстрелом рвали воздух и землю, но он оставался невредим, как очарованный.

- Посылай ядро! - сказал фейерверкеру молодой артиллерийский офицер, только что выпущенный из корпуса, раздосадованный всех более неудачею. - Я готов зарядить пушку своей головою: так хочется мне убить этого хвастуна. Картечью не стоит стрелять по одному: картечь - авось; ядро сыщет виноватого.

Так говоря, он подвинчивал клин и наводил сквозь диоптр орудие, и, верно рассчитав, в какое мгновение всадник наедет на черту прицела, встал с хобота и скомандовал роковое пли!

На несколько мгновений дым одел батарею мраком... Его разнесло... Испуганный конь мчал окровавленное тело всадника, запутавшегося ногами в стременах.

- Попал, убил! - закричали со всех траншей, и молодой артиллерист, набожно сняв фуражку, перекрестился и с веселым лицом спрыгнул с батареи, чтобы поймать заслуженную добычу. Ему скоро удалось схватить за поводья коня поверженного в прах черкеса, потому что он кружился, влача его сбоку. Несчастному оторвало руку близ плеча, но он еще дышал, еще стонал и бился. Жалость взяла доброго юношу: он кликнул солдат и заботливо велел перенести раненого в траншею, послал за лекарем и при своих глазах дождался конца операции.

Ночью, когда уже все утихло, артиллерист сидел над полумертвым своим пленником, с участием рассматривая его при тусклом свете фонаря. Змеиный след тоски, проторенный на щеках слезами, глубокие морщины лба, нарезанные не летами, но страстями, и кровавые царапины обезображивали его прекрасное лицо, и на нем выражалось что-то мучительнее боли, что-то страшнее кончины... Артиллерист не мог удержать невольного содрогания. Пленник вздохнул тяжело и, с усилием подняв руку до лба, открыл ею свои отяжелевшие веки, произнося про себя неясные звуки, несвязные слова...

- Кровь... - сказал он, разглядывая свою руку, - все кровь! Зачем на меня надели его кровавую рубашку?.. Я и без того плаваю в крови... Зачем же не тону в ней?.. Как холодна сегодня она... Бывало, она жгла меня... да и это не легче!! На свете было так душно... в могиле так холодно!.. Страшно быть мертвецом!.. Глупец я! Искал смерти... О, дайте мне воротиться на свет!.. Дайте пожить, еще хоть денек, хоть часок пожить!.. Что такое? Что? Зачем я спрятал в могилу другого? шепчешь ты... Узнай сам, каково в ней! Узнай, каково умирать!..

Судорожное движение прервало бред его; невыразимо страшный стон вырвался из груди страдальца, и он впал в томительное забытье, в котором одна душа живет еще, чтобы страдать.

Артиллерист, тронутый до глубины сердца, приподнял голову несчастного, спрыснул ему лицо холодною водою и тер спиртом виски, чтобы привести его в чувство. Медленно открыл он очи, несколько раз потряс головою, будто желая отряхнуть с ресниц туман, и пристально устремил зрачки на лицо артиллериста, бледно озаренного мерцанием свечи. И вдруг с пронзительным криком, будто магическою силою, приподнялся он с ложа... Волосы его стали дыбом, все тело дрожало лихорадочной дрожью, руки искали что-то оттолкнуть от себя... Неописанный ужас изобразился на его лице...

- Твое имя? - вскричал он наконец, обращаясь к артиллеристу. - Кто ты, пришелец из гроба?

- Я Верховский, - отвечал молодой артиллерист.

Это был выстрел прямо в сердце пленнику; лигатура главной артерии лопнула от прилива, и кровь хлынула сквозь перевязки!.. Еще несколько трепетаний, несколько хрипений, и ледяная рука смерти задушила в груди раненого последний вздох, сохранила на челе печать последней тоски, собирающей медленность целых лет раскаяния в один быстрый миг, в который душа, отрываясь от тела, чувствует равно муки жизни и ничтожества, чувствует вдруг все угрызения минувшего и все страхи будущего. Страшно было видеть обезображенное лицо этого мертвеца.

- Он, верно, был большой грешник! - тихо сказал Верховский стоявшему подле него генеральскому переводчику, содрогаясь невольно.

- Большой злодей! - примолвил переводчик. - Мне кажется, он был русский беглец. Мне не случалось слышать, чтобы какой-нибудь горец говорил так чисто по-русски, как этот пленник. Дайте-ка мне посмотреть его оружие, не найдем ли на нем каких примет.

Говоря так, он с любопытством обнажил кинжал, снятый с убитого, и, приблизив его к фонарю, разобрал и перевел следующую надпись:

"Будь медлен на обиду - к отмщенью скор!"

- Самое разбойничье правило! - сказал Верховский. - Бедный брат мой Евстафий! Ты пал жертвою подобного изуверства.

Глаза доброго юноши наполнились слезами...

- Нет ли чего еще? - спросил он.

- Вот, кажется, имя убитого, - отвечал переводчик. - Оно: АММАЛАТ-БЕК!

МУЛЛА-НУР[48]

Быль

О вахта эдыки, Гиндустан падишахи эглешиб, меджили-сында
аали зияфат варыды; нече шахзаделяр, нече пегливанляр,
нече везириляр, нече улемаляр, дести раст дести растдан,
дести чаи дести чапдан, эглешиб, мешкулядыляр.

В ту пору случилось индийскому царю сидеть в беседе; было у него
пированье, великий пир. Сколько царевичей, сколько богатырей, сколько
везирей, сколько улем*, от правой руки к левой, от левой руки к правой,
усевшись, промеж собой перемолвливали!

I

Чах дашы, чакмах дашы,
Аллах версын ягышы!

Кремешки и камешки,
дай бог вам дождя, умыться!
Припев

Грустно раздастся намаз, будто поминка по ясном дне, отлетевшем в
вечность.

- Жарко, душно в Дербенте! Взойди-ка на кровлю, Касим; посмотри,
как падает за горы солнышко: не краснеет ли запад, не сбираются ли тучи
на небе?

---

[48] Мулла не только священник, по всякий грамотный, ученый; нередко имя
собственное. Нур значит свет и встречается очень часто в сложности
мусульманских имен, например Дарья-Нур. Море света - прозвище лучшего
алмаза персидского шаха, Нур-джан - Свет души, Нур-эд-дин - Свет веры, Нур-
магаль - Свет области, а не свет гарема, как назвал ошибочно Томас Мур героиню
прелестной поэмы своей "Light of the Haram" ["Светоч гарема" (англ.).

- Нет, ами[49]! Запад голубее глаз моей сестрицы. Солнце упало ярко, словно "золотой цвет" на ее груди[50]. Ни один взор его не гаснет в тумане.

Ночь распахнула звездистый веер свой. Темно.

- Взойди-ка на кровлю, Касим; присмотрись, не канет ли капель росы с молодого рога май-месяца, не прячется ли он в ночную радугу, как жемчужина в перламутровую раковину.

- Нет, ами! В чистой синеве плывет месяц; не слезы, а стрелы сыплет он на море! Кровли сухи, как степь Мугана*; по ним весело бегают скорпионы: вещуют зной и на завтра!

- Беда без дождя! - говорит старик дядя, засыпая; а город уже спит.

Только переклик часовых обвивает дряхлые стены звеньями звука, да море мерного зыбью ходит по берегу... Вы бы сказали - это души покойников беседуют с вечностью: так все другом сходно с кладбищем!

Край моря сквозит пожаром. Ласточки опередили своим приветным щебетаньем клич муллы над мечетью; но и мулла не поздняя птичка; он уж поет, ходя вокруг купола[51], склонив голову на ладонь: "Проснитесь, правоверные! Встаньте! Потому что молитва лучше сна".

- Взбеги на кровлю, Касим; погляди, не катится ли туман с гор Лезгистана. Не чернеет ли море, не скачет ли белогривый прибой через камни?

- Нет, ами! Горы облиты божьей позолотой; море сверкает будто зеркало. Флаг на крепости Нарын-Кале обнял древко, как обнимает чадра стан красавицы. Ни одна волна не рассыплется жемчугом на берег; ни малейший ветерок не завьет в кудри пыли по дороге. Смирно все на море, тихо все на земле, ясно на небе!

Старик дядя закручинился. Совершив омовенье, он вышел для молитвы на плоскую кровлю, разостлал ковер по мягкому кыру[52], стал на колени и, когда кончил молитву из памяти, горячо молился еще из сердца.

- Бисмил'льляхи'р-рахмани'р-рахим! - произнес он, обводя печальным взором окрестность. - Во имя бога всемилосердого и всеблагого, будет слово мое. Облака вешние, дети нашего моря! Зачем вы стадитесь по хребтам и прячетесь в ущелья? Или вы, как разбойники лезгины, любите

---

[49] Дядя.

[50] Кызыл-гюль - золотая с камнями бляха, женский убор. Собственно, Кызыл-гюль значит красная роза.

[51] Заметьте, что мусульмане-шииты не строят минаретов у мечетей, тогда как у суннитов минарет есть необходимость.

[52] Кыр - нефть, смешанная с песком; им обливают плоские кровли домов, сверх земли.

рыскать по утесам и дремать на острие вершин? Зачем же вы, забрав с наших лугов в добычу всю влажность, расточаете ее безумно на голые камни, распрыскиваете свой жемчуг на кудри лесов, недоступных человеку, и поите до бешенства горные потоки, которые врываются в наши долины для того, чтоб унести или залить берега или засыпать их осколками, будто обглоданными костями своих жертв. Дети неблагодарные! Посмотрите, как мать ваша, земля, раскрыла тысячи уст своих... она сгорает от жажды, она просит напиться! Посмотрите, как меньшие братья ваши, колоски, дрожат, бедняжки, без ветра, ломаются под кузнечиком, вытягивают головки, думают высосать из воздуха влагу и встречают луч, который подсекает их словно раскаленною косою. Засуха выпила водоводы, в них уже перепел вьет гнездо, а паутина заплела все бороздки. Жаркий ветер безвременно и насильно отнял у цветов благоухание и разбросал по степи листья. Дерева блекнут, трава горит, марена чахнет. Буйволы бодают друг друга за лужу; голодные кони роют копытом нагую землю; мальчики дерутся у фонтана за оскудевшую струю... Первиядер (всевышний), что будет с нами! Засуха - мать голода, а голод - отец болезней, брат разбоев! Ветер горный, ветер свежий! принеси нам на крыльях своих благодать божию. Облака, сосцы жизни! пролейте небесное молоко на землю, разразитесь грозой, но смойте с лица земли загар, свейте укор в бесплодии. Бросьте стрелы свои на грешных, но обрадуйте невинных... ведь не все грешники на свете, и в лоне вашем не одни молнии: есть и дождь освежающий; есть не только страх, но и надежда. Сизые тучи, крылья ангелов! повейте нам прохладой, отряхните с себя росу. О, летите же, спешите! Милости просим.

Нейдут тучи, не слушают приглашений. Жарко, душно в Дербенте. Засуха томит окрестность.

И это было в мае месяце, в ту пору, когда ладожский лед грозит петербургским мостам по три раза на день, затирает в своих холодных объятиях пестренькие ялботы и навевает на столичную атмосферу прохладу и насморки; в ту пору, когда красавицы большого света выходят толпами на Невский проспект пользоваться свежею пылью, округляя прелестные формы своих капотов ватою, без всякого нарекания; в ту пору, когда Северная Пальмира не знает еще других цветов, кроме распускающихся под творческою рукою Лапиной, других благоуханий, кроме высиженных в баночке, - одним словом, в ту прекрасную пору, когда тающая белая зима уступает свое место зеленой зиме; когда северный зефир, питомец Лапландии, еще переносит румянец щек на кончик носа и камелек, это русское солнце, отогревает любезность, дрожащую от прогулки, или остроумие, съеженное разводом. Да, в

Дербенте заботились о жатве, когда в Петербурге еще толкуют о дороговизне дров.

Вот уже пять недель не кануло капли дождя на поля южного Дагестана, а засуха есть величайшее из бед в жарком климате, особенно если она падет весеннею порою. Она лишает тогда все дышащее настоящего и будущего пропитания, пожигая пажити и жатвы. В краю, где перевоз хлеба из других областей или очень затруднителен или вовсе невозможен, голод есть неминуемый наследник неурожая. Азиатец искони живет день до вечера, не вспоминая, что было третьего дня, не заботясь, что случится послезавтра; живет именно спустя рукава, потому что лень и беспечность - его лучшие наслаждения. Но когда бедствие, которое он полагал за тридесять невозможностей от себя, вдруг расступается под его ногами, когда "завтра" становится "сегодня", он пробуждается опрометью, начинает плакаться, что нет средств, или роптать, что не дают ему средств, вместо того чтобы искать их; шумит, когда надобно действовать, и увеличивает опасность испугом в той же мере, как он уменьшал ее неверием. Можете теперь вообразить, каково было уныние в Дербенте, когда ранние жары своим палящим дыханием стали пепелить надежды купца и земледельца, а почти нее жители Дербента, вместе земледельцы и купцы, распахивают свои участки наполовину под пшеницу, наполов вину под марену.

Да и правду сказать, им на этот раз было много законных причин к страху. Окрестные дагестанцы, со времени Кази-муллы*, были достойно казнены голодом за; мятеж свой. В пору посева они сеяли пули; в пору жатвы пожали месть: конь и огонь опустошили их нивы, или ветер осени развеял неснятые хлеба, оттого что горцы лето и осень бегали за знаменами изувера или прятались от русских в глубине пещер. Тогда лишь коса смерти гуляла в поле.

Следствия угадать было нетрудно. На другое лето озими были съедены не в зерне, а в колосе. Все, что пощадила война, как-то: медная посуда, дорогое оружие, хорошие ковры, продавалось на городских базарах за бесцен, для купли необыкновенно вздорожавшей муки. У кого и этого не было, доедали стада свои, ушедшие от зубов друзей и неприятелей. Наконец толпами стали сходиться нищие с гор просить в городах милостыни. Попечительное начальство приняло все меры для отвращения голода и монополии перекупщиков. Корабли пришли с мукой из Астрахани; богатые были приглашены пожертвовать избытками для спасения бедных, и на время народ успокоился. Урожай мог все поправить.

Дербентцы только что отпраздновали тогда хатыль, религиозно-театральное воспоминание о судьбе Шах-Гусейна*, первого мученикахалифа секты Алиевой. Предавшись с ребяческим простодушием мелочным заботам и обрядам этого праздника, единственного развлечения народного в круглый год, они в свежести ночей, посвященных представлениям, вовсе забыли о жатве и о зное. Чего забыли! Они радовались не раз, что дождь не мешает их диким забавам.

Но когда утих шум празднества и они из минувшего воротились в действительность, когда, хорошо выспавшись, взглянули они за ворота городские, сожженный вид полей обдал их варом. Страх голода или - что для корыстолюбца гораздо хуже голода - страх убытка подкрался к ним на цыпочках, со стклянкой розовой воды в руке, под звук бубнов да песен, и тем ужаснее показалась всем его бледная образина, чем неожиданнее она оскалилась перед ними. Посмотрели бы вы тогда, как зашевелились все черные и красные бороды, как пошли стучать все деревянные и янтарные четки Дербента. Все лица вытянулись восклицательными знаками; на всех ртах бродили междометия. На базарах в караван-сараях, по углам улиц - везде, где только лежало несколько бревен или камней, наверно уж сидела кучка татар на корточках, толкуя о погоде, а толки о погоде, которые у европейских горожан беспрестанно повторяются и никем не слушаются, ложились свинчатками на сердца дербентцев. Шутка ли, в самом деле, потерять от засухи марену, единственный источник их благосостояния, или платить за пшеницу на вес серебра? Бедные трепетали за жизнь свою, богатые - за кошелек. Одним грозила нищета, другим - невольная благотворительность. Желудки и карманы ежились при одной мысли о дороговизне; все ахало и охало, "а как скоро, - говорит Монтань*, - кто заражен страхом болезни, тот уже заражен болезнию страха"[53]. Тут мечта превращается в действительность и здоровое настоящее заранее мучится будущим, которое, может быть, совсем не придет или придет совершенно иное.

Вспомним про недавнюю холеру; вспомним, каким разрушительным ужасом нахлынула на Русь весть о набеге этого индийского чудовища, этой причудливой заразы, которую не могли оковать цепи, не могли умолить молодость и здоровье, которая без разбору поражала осторожного и невоздержного, бесстрашного и труса. Сначала мысль о холере отравила самый воздух, не только радости, но мало-помалу человек свыкся с разрушением, которое он видел кругом и впереди. Плач был короток тогда; с ним рядом слышался порою смех, и если под конец люди не пели и не плясали, так это потому только, что самый страх смерти не отучил их лицемерить.

---

[53] Бомарше в числе других острот, занятых у Монтаня, вложил эту в уста Фигаро.

Как бы то ни было, а страх неурожая одолел дербентцами. Мусульмане давай молиться в мечетях: нейдет дождь! Давай потом молиться в чистом поле, в надежде, что аллаху сквозь открытое небо слышнее будут их мольбы, чем сквозь плитные своды: ни капли! Пождут, поглядят, - небо словно медное, так и тает лучами, а раскаленная земля рассыпается под ногою в окалины и жадно пьет капли пота, падающие с лица богомольцев. Что делать?.. Принялись за языческие поверья. Мальчики расстилали платки на перекрестках и сбирали с проходящих деньги на воск да розовую воду; и потом, обвязав ветвями хорошенького как ангел мальчика, обвесив, разукрасив этот пук цветами и лентами, пробегали по улицам, напевая в лад песни в честь Гюдуля, вероятно когда-то бога рос и дождей. Говорю - вероятно, потому что я не мог собрать об нем никаких положительных сведений. Призывание дождя заключалось обыкновенно припевом:

Гюдуль, Гюдуль, хош гяльды!
Ардындан ягыш гяльды!
Гялин, аяга дур-сан-а,
Чюмчанын[54] долдур-сан-а!

Гюдуль, Гюдуль, добро пожаловать!
Вослед тебя дождик идет!
Встань, красавица, на ноги,
Поди пополнить свой ковш.

Молодежь, плеща руками, плясала и пела кругом веселым хороводом с самоуверенностью простодушия, и - глядите! - в самом деле влажные облака загасили солнце... Небо нахмурилось, как скупец при расстаньях с деньгами, тень, как чужая собака, убежала прочь, поджавши хвостик; окрестность померкла; зато глаза всех заблистали и со слезами радости обратились навстречу живой воде... Стал капать дождик. "Аллах! аллах!" - раздалось в воздухе, и клики торжества, шипя как ракеты, крестились над Дербентом. Напрасные, преждевременные клики! Подул ветер из Персии, жаркий словно лисья шуба, и спахнул долой перелетное облачко. Солнце вдруг засверкало ярче прежнего, и пуще прежнего запечалился народ.

---

[54] Некоторые наши писатели напрасно думают, будто чюм, чюм-ча значит мех, outre, а не ковш. Слово это сохранилось в адербаеджанском наречии доселе и присвоено деревянному ковшу. Металлический ковш, всегда возимый на седле, называют они джам. Чюм-ча (ча и джа прибавляют татары ко многим словам для образования уменьшительного), очевидно, мать русской "чумички".

Минул еще день. Вот еще день, как усталый путник по знойной степи, жарко дыша, прошел за горы. Все молят, все ждет дождя...

Нейдет!

II

Халх - народ.
Бербад - чепуха.
Татарский словарь

Когда вы поедете через Дербент, непременно зайдите посмотреть главную месджид, - а то вам, право, нечего будет про этот богоспасаемый город, иже на Хвалынском море, рассказывать или вспоминать. Мечеть эта, - так станете вы разглагольствовать, пощелкивая указательным пальцем по табакерке или прижимая им табак в трубке своей, - мечеть эта, по всей вероятности, была в старину христианскою церковью* (не запинайтесь: я все приму на себя), потому что она лицом стоит на восток, а магометанские мечети обыкновенно обращены входом к северо-востоку, чтобы молиться на Мекку и Медину, то есть на юго-запад. Во-вторых, следы, теперь сломанного, алтаря очевидны, и хотя татары утверждают, будто она построена в первом веке гиджры (около тысячи двухсот лет назад), но мы, опираясь на исчисление греческих епархий, в котором дербентская

упомянута очень правильно, можем полагать поосновательнее, что древность этого храма гораздо глубже. Широкий, четвероугольный двор, помещенный плитою, осененный огромными чинарами, с водоемом посреди, расстилается будто ковер гостеприимства перед мечетью. Трое ворот, всегда отверстых, призывают правоверных от мирских забот в затишье думы о небе. Восточная сторона занята рядом келий, северная - высоким навесом айван, убежищем молельщиков от летнего зноя. На запад возвышается древняя, мхом прозеленевшая стена мечети, во всю длину двора; ее подпирают плечом дебелые устои. Над срединою здания восходит к небу, как молитва, заостренный купол, и маковка его рассыпается лучами звезды[55]. Стих из корана горит над главными дверьми. Входите - и вдруг какой-то влажный сумрак объемлет вас, невольное безмолвие уважения покоряет (вылитый Шатобриан*!). Долой туфли, прочь мысли-смутницы! Не вносите в дом аллаха грязи улиц

---

[55] Замечательно, что шииты не украшают полумесяцем своих мечетей: на них или рука, или звезда, или просто яблоко.

ваших, грязи ваших помыслов. Преклоните к земле колени, а сердце вознесите к небу... Считайте по четкам не барыши, а грехи свои. Ля иляге, илль аллах, ве Мухаммеду ресулю'льлах! (здесь для эффекту вы можете чихнуть). Нет божества, кроме бога, а Мухаммед посол бога! Тихо журчит молитва правоверных; сидя на коленях или припав челом к ковру, они погружены в благоговение; и ни слух, ни взор не вызывает их внимания на окружные предметы. Направо и налево по два ряда аркад со стрельчатыми сводами, переплетая на помосте тени столбов своих, уходят в сумрак. Там и сям купы молящихся чуть озарены бледным лучом, заронившимся во мглу сквозь небольшие окна сверху. Ласточки реют под куполом и вылетают в поднебесье, будто слова моления; все дышит отсутствием настоящего (это хоть бы в исторический роман годилось) и навевает прохладно-отрадные чувства усталому сердцу. Память перебирает струны давно минувшего и мыслит - где же вы, христиане, зиждители этого храма? где о вас поминки? Вы забыты, даже в баснословной истории Дербента, в Дербент-наме, и кровожадные стихи корана раздаются там, где звучали некогда священные песни благовестил!

Двор мечети у мусульман Дагестана и всех горцев есть вечевая площадь. Туда сбираются они толковать о раскладке повинностей и для ябеднических сделок против начальников. Там притон пересудов и суд мнения, ристалище происков и суеверий, и все это у порога правды и веры, - странное проявление дерзости и лицемерия человека, который, вместо того чтоб трепетать соседства святыни, говоря или совершая зло, старается укрыться под тень ее и ее именем скрепить свои замыслы!

Так и во время бездождия двор главной дербентской мечети кипел народом. Вкруг иссохшего водоема под тенью чинаров, на галерее, еще блестящей зеркалами, парчами, золотошвейными занавесками, знаменами с надписью из корана, толпы притекали и утекали. Красноглаголивые мюэм-мины (то есть крепковерные) составляли средоточия многих кружков. Около них дружною цепью теснились биюк-сакаллы (долгобородые), то есть вся косматая премудрость мусульман, потому что у них ум но иначе свивает гнездо как в бороде, вещь чрезвычайно удобная для статистических обозрений: вам стоит только подвесть итоги ко всем бородам, и вы будете иметь меру татарского ума в английских футах или в аршинах; можете безошибочно сказать тогда, что в такой-то мусульманской провинции умственные способности народа, вытянутые в волосок, равняются, например, сотне верст длиннику, приняв, разумеется, в уважение число выбывающих бород по случаю смерти к числу бород, отпускаемых вновь[56]. Очень жаль, что Мальтебрюн* или Мальтус* - да

---

[56]В Европе имеют совершенно ложное понятие о неприкосновенности бород у мусульман: воображают, что у них считается смертельным грехом брить бороду,

почему же и не оба! - не вздумали и не выдумали найти точного соотношения между двумя знаменателями европейского и азиатского умов, бородою и пером. Если когда-нибудь эта гениальная догадка пойдет в дело и подобная перепись произведется на сем основании, я непременно потребую патента на изобретение.

Промежду длинными бородами из второго круга, и то с великим подобострастием, осмеливались просовывать носы свои тюкли, то есть полубородые, молодые люди ужо с усами, но еще без речей, потому что в Азии уста, не вооруженные волосами, не смеют на совете отверзаться, разве для того только, чтоб зевнуть. Тюксюсы (или безбородые), отроки или юноши от десяти до семнадцати лет, бродили поодаль, не имея права мешаться не только в важные дела, но даже просто в разговоры со старшими. Там-то виделось первобытное общество в простейшем своем выражении - с тремя ступенями прав, которых стихийное начало есть борода.

Однако ж из бород всех величин и всех цветов радуги, бород, раскрашенных хною и природою, дербентские мудрецы не могли выжать ни капли дождя, ни выдумки чем бы заменить его. Говорили много, спорили еще более, так, что на потоке из пусторечья можно бы выстроить мельницу о четырех поставах, тем лучше кстати, что старые мельницы за безводьем не мололи уже неделю. Все рассуждения, однако ж, оканчивались отчаянным вопросом неджелеих (что ж будем делать)? А затем на миг воцарялось молчание; а затем взлетала на воздух стая охов вздохов. Плечи подымались до ушей, брови до шапок ропот сливался в умолительное восклицание: "аман, аман (пощади, помилуй)!". Вот, наконец, возвысил речь один агамир[57], муж, святой по наследству, ибо он

между тем как по крайней мере две трети молодых людей, лет тридцати, не запускают себе бороды, а франты и до сорока лет бреются, особенно в Турции. Вот почему султан не встретил противодействия за бороды при образовании регулярного войска, как это было при Петре Великом на Руси. Правда, когда мусульманин раз запустит бороду, он считает грехом сбрить ее, но он может без нареканий не запускать бороды до старости. Желая остепениться, мусульманин сзывает родных и знакомых на пирушку и объявляет им торжественно, что он отпускает себе бороду. Этот праздник называется у них Сакал-коян зиафети.

[57] То есть ага-эмир, господин князь; иногда называют их сеидами. Ага-эмиры пользуются до сих пор большим уважением между мусульманами, и особа их считается неприкосновенною. Не получив власти в удел себе в Персии и полагая унизительным заниматься чем-нибудь поприбыточнее ханжества, они составляют самый бедный и тунеядный класс народа. Гордые и заносчивые, они горько упрекают тех из собратий своих, которые решаются служить русскому правительству. Надобно заметить, что ага-миры секты шии не носят зеленой чалмы, как турецкие эмиры, и ничем не отличаются в одежде. У них редко и

111

был родственник Магомета, а родственники Магомета, как известно и доказано, получили от него с зелеными чалмами дух святости в вечное и потомственное владение. Набравшись вдохновения свыше и дыму из кальяна, он изронил золотое слово из уст своих, смешанное с благоуханием ширазского табаку.

"Аман, аман!" - взываете вы к аллаху. А! Дербентцы принялись небось просить пощады у бога, и тузить себя в грудь, и с горя щипать себе бороду! И вы думаете, что аллах будет так прост, что за одно слово простит вас? что поверит на слово вашему раскаянию? Хейр, юлдашляр, хейр (нет, товарищи, нет)! Наевшись грязи, корана не целуют! Бога не обманешь поклонами да жалобным голосом, как русского коменданта: знает он вас давно! Сердца ваши исписаны грехами чернее, чем книга седжиль, в которую заносит ангел Джебраил злодеяния человеческие, а вы и не думаете вымыть сердец своих в молитве и посте. Придет ли ураза (пост великий), в который днем набожной душе страшно хлебнуть даже дыму трубки[58], а вы, смотришь, где-нибудь за углом чурек грызете, либо у свиноедов чаек распиваете, будто вам мало ночи наедаться раза по три, до того, что кушак рвется! И вот вам за то адское дерево закум* проросло на землю. Кушайте же его горькие плоды, плоды - головки змеины. Охотники вы пить тайком жидкий грех, смертный грех - водку, да ведь от аллаха не запрешь ворот на запор, не уверишь его, что это делается нехотя, болезни ради, дерман еринда[59] (вместо лекарства)! Он стережет за вами оком солнца в день и тысячами тысяч глаз-звездочек ночью. Он знает по имени каждую мысль в вашей голове, слышит малейший шепот сердец ваших. Как же не знать всеведущему ему, когда я не кала-бек[60], а знаю, что вы не только на водку, да и на вино посягаете своими многогрешными устами! "Кто на земле пьет вино безумия, того не напою я из потока радости, текущего вином в дженнете*!" - сказал аллах пророку нашему. Не надейтесь же вы, винопийцы, испить в раю вина блаженства, обещанного пророком, затем что вы сосете проклятие из бутылок, слепленных неверными руками на вашу пагубу! Не надейтесь и дождя на ваши нивы, за то, что вы иссушили до дна терпение божие огнем порочных желаний ваших! Это вам задаток той мучительной жажды, которою накажетесь в джегеннеме*. И растрескаются ваши уста, прося капли воды, как

гаджи (пилигримы, путешественники в Мекку) обвивают папах белой чалмою, между тем как сунниты почитают это долгом.

[58] Азиятцы говорят "пить табак" или "тянуть трубку": тютюн ичмак, люлля чекмак. Тютюн, собственно, значит дым.

[59] Водка позволена правоверным только в случае недуга, требующего спиртных лекарств, и то в крайности.

[60] Полицеймейстер в мусульманских городах.

растрескалась теперь земля, и ни росинка не падет им в освежение. Аллах велик! Вы сами накликали себе на голову проклятие...

Но за что, прости господи, терпим за вас мы, в чьих жилах течет чистая кровь пророка, в чьих головах пересыпаются, как жемчуг, святые правила корана? Вай, вай! Подкопали грехи стену эль-Араф, делившую праведных от неправедных, и она падает всем на голову, давит и того, который ни разу не ел с гяурами баранины, убитой и очищенной не по закону, и того, который ест пилав не пальцами, а богопротивною ложкой, сидя... о времена, о нравы!., сидя на стуле, а не как бог показал, на пятах! И тех...

Всеобщий плач и восклики: "шах Гусейн, вай Гусейн" заглушили проповедника: ведь слезы на Востоке нипочем. Я подозреваю впрочем, что все эти проделки печали и набожности клонились к тому, чтоб замять поименную перекличку грехов, а может быть, и грешников: на воре и шапка горит, говорит пословица, - как же не гореть щекам? Мусульманин на своем ковре заткнет за пояс любого из европейских развратников, зато вне дома он важен и степенен, не сделает неприличного движения, не обмолвится скоромным словом, и лучше пырните его по-дружески кинжалом в бок, чем рассказывать на майдане (площади) про его задверные проказы. Наперекор европейцам базары мусульман - самая нравственная часть их городов, а пороги - самая нравственная часть домов их, и то я разумею половинку, глядящую на улицу: это не моя тайна!

Видя, что речь задела слушателей за живое, бородатый цветоедов приосанился, торжественно крякнул и раскинув взоры по всем углам двора, возвел их, наконец, к небу с тихим восклицанием: "Эль хамдули'ллах!". Правая рука его в то время грозно сжимала красную его бороду, так что он страх походил на Юпитера, готового бросить пук молний. И, правду сказать, лихой был "низатель бисера"[61] этот Мир-Гаджи-Фетхали-Исмаил-оглы! Бывало, как пустит дробь языком - ну соловей, точно соловей! Каждое слово как сахарный ногуль[62], катится, будто розовая вода на душу льется; да и столько он набьет вам в уши фарсийских и арабских речений, что руки врознь; двух человек в целом Дагестане не найдешь, кто бы его понял, хоть вполовину, - а в Дагестане, благодаря аллаху, живут не собаки. Случалось, что даже комендантский мирза, человек, который съел всех стихотворцев Фарсистана*, как примется переводить ага-мира - да и язык проглотит. Куда ему!

Хорошо сказал наш сафия[63] свое поучение, и самому стало хорошо. Вокруг него все жужжали как пчелы: "Дюрюст сюз (правое слово)! Герчек

---

[61] Оратор, поэт, краснослов.

[62] Конфеты из обсахаренных орехов.

[63] Красноречивый человек.

калеными ядрами? Слова нет, наше северное игривое воображение, протопленное романами и вальсом, становится для нас безвременно да та

- Ты нам вложил в сердце выбрать из среды нашей молодца, ты же и бей челом, баш урсын, Искендер-беку. Пусть он на наше горе смилуется, на нашу просьбу сдастся! Как хочешь, Гаджи-Фетхали: кроме тебя, некому уговорить его, кроме тебя, некому нас выручить.

Отнекивался, отнекивался Мир-Гаджи-Фетхали, - и он имел на то законные причины, - однако ж честолюбие перемогло: уступил. В придачу к нему послали еще двух почетных беков, толстяка Гусейна и сухопарого Ферзали: то были два прилагательных, без которых как модные русские, так и модные фарсийские существительные имена не выезжают. Разумеется, и здесь употреблены были они вовсе не для смыслу, а для парада, для поддакиванья. Депутация отправилась.

- Уговорит, как ему не уговорить? - раздавалось в толпе. - Фетхали, если прибеднится, так у нищего полбороды выканючит... Самого шайтана перехитрит!.. Змею на хвосте заставит плясать! Преумнейшая бестия! Препочтенный плутяга! Тебя же обманет, с тебя ж за то придачи возьмет, да ты же ему и накланяешься. А как примется говорить, господи, твоя воля, как он говорит!

Кажется, язык у него не во рту, а в сердце; так цветы и сыплет: успевай только загребать ушами.

- Эле дюр, точно так, - прибавил другой, - как станет Фетхали уговаривать пожертвовать на мечеть либо на Кербелу[64], так не только мы, да и кисы наши рот разевают[65]. Недаром он хвалится, что "облегчает" нас!

Эта игра слов развеселила всех кругстоящих, подстрекнула всех на злословие, и бедному Фетхали вышили спину в узор шелками шемаханскими. Охотники татары "умывать чужие глаза розовою водою", то есть льстить без милосердия; зато, чуть отвернись, распестрят они вас вдоль и около. У них, как и у нас, безделье замешано на пересудах, на кайбет. Люди везде люди!

_____

[64] Кербела - место могилы Гусейна, в Ираке, близ Багдада. Мусульмане секты шии ежегодно отправляются туда караванами, точно так же, как в Мекку. Для этого делают сбор со всех правоверных на молитву.

[65] Очень недавно случилось мне прочесть чудесное толкование на татарское слово киса, кошелек, занятое нами у монгольских татар, а татарами у персиян, а персиянами у аравитян. "Кошельки, - говорит господин этимолог, - делались в старину (???) из кошек (не знаю, где видел и начитал он такую редкость), а от ласкательного уменьшительного кисочка произошло киса". Бедная татарская киса никогда не думала попасть в такое четвероногое родство. Я бы спросил однако ж, отчего происходит библейское слово кошница? Неужели хлеб и рыб носили иудеи в кошачьих шкурах? А кошель, кошелек и кошница, без сомнения, росли на одном корне. Все они родились от старинного кош, корзина.

114

III

Эмюрум-баши гитты, яры, сен-сюс
Без тебя, милая, вянет весна моей жизни.
Из песни

Достопочтенный Мир-Гаджи-Фетхали-Исмаил-оглы тихо ступал с камня на камень, подымаясь от мечети в гору по узкой и кривой улице. Полы его чухи, против обыкновения не подобранные, мели пыль; огромные каблуки его туфель беспрестанно подвертывались на клыкастой, неровной мостовой Дербента, хотя Фетхали глядел так пристально себе под ноги, будто выбирал хорошенький булыжник для перстня. То Гусейн, то Ферзали, почтенные его сопутники, один пыхтя, другой кашляя, справа и слева закидывали ему вопросы; он не отвечал, не слышал их; о до того был рассеян, что брызги его плевков летели на черную бороду Гусейна и на розовую Ферзали без извинения; они оба осерчали.

- На адам-дюр бу? - сказал первый, отирая поло лицо. - Что это за человек? Ему говоришь, а он плюет. Из какого фарсийского поэта украл он такую рифму, чертов племянник!

- Пох оным башына (грязи бы ему в голову)! - воскликнул другой, стряхивая бородку. - Недаром сказано: если хозяин дома, так одной клички довольно, сейчас отопрет двери; а коли дома нет, и палкой не достучишься. Что даром и толковать, Фетхали, когда здесь пусто!

Но у Фетхали не было тут пусто. Напротив, голова его была полна таких забияк гостей, что за шумом он не мог; расслушать даже голоса разума. В ушах его звенели еще, крики толпы: "он уговорит, как ему не уговорить", а сердце шептало: "Едва ли! Вспомни, Фетхали, как обидел; ты Искендер-бека, и как недавно обидел!". Я расскажу ним, господа, за что и почему между ними стало нелюбие: только, чур, никому ни слова. А то, пожалуй, эти мерзавцы прославят меня решетом: налгут на меня, будто мне нельзя ничего поверить за тайну; а вы сами знаете, что я скромнее мусульманской могилы[66], - про наши не говорю: они болтают такой вздор

---

[66] Коран запрещает выставлять имена и достоинства на гробовой плите. "Недостойно правоверного это тщеславие, - говорит Магомет. - Прохожий в свет эдема, не пиши своего имени на грязных стенах караван-сарая, для потехи любопытным. К чему тебе имя теперь? Тело твое прах, а прах безымянен. Душу кликнет аллах на суд не по званию, а по делам". Какая высокая философия! И точно, вы не встретите мусульманских гробниц с формальным списком. Простые трогательные слова украшают их. "Молитесь за душу раба божия Омара" или "Нур-али"; потом стих из Корана, и более ничего.

115

эпитафиями, проговариваются так неосторожно, что краснеешь за них. Смотрите ж, господа: между нами!

Искендер-бек, прекрасный, нравственный юноша, родился уже во время владычества русских над Дагестаном, но он всосал к ним ненависть с молоком матери и с речами отца. Отец его был любимцем изгнанного Фетх-Али хана* и упорно сохранял к прежнему владетелю горячую привязанность, доказал свою преданность на словах и на деле, по всей справедливости за многократные возмущения был лишен поместьев и дотлевал в забвении, в опале. Он умер в 1826 году, убитый известием, что персиане, которых нетерпеливо ждал он в Дербент, прогнаны из Кубы; но, умирая, завещал сыну - не служить русским и не дружить дербентцам.

На дербентцев был он зол особенно за то, что они согласились дважды выдать своих ханов в руки врагов. "Потешились мы с Фетх-Али ханом, когда после краткого изгнания воротились с властию и грозою в Дербент[67], - говаривал он. - Не осталось ни одного хорошенького мальчика, который бы не взят был во дворец, ни одной красавицы, которая бы миновала его ложа или нашего ковра[68]. Наши стали все лавки, наши все сундуки изменников. Бывало, едешь по улице, так все до своего колена лбом кланяются да целуют стремя; а теперь они растолстели, мерзавцы, и хребет у них не сгибается, как у свиньи! Говорил я Фетх-Али хану: "Вырви с корнем это купеческое семя, обруби головы этим торговцам души"; нет, поскупился он, не послушали меня, - и вот за то награда! Сам ест чужой хлеб, пересоленный упреками, а мы, его верные слуги, умираем без куска хлеба".

И он умер, но его поверья, его пристрастия и предрассудки ожили в сыне. Искендер-бек почерпнул их из гораздо чистейшего источника - из сыновней любви, а не из собачьей привычки; из уважения, совершенно бескорыстного, к порядку вещей, давно разрушенному, а не из платы за поддержание настоящих беспорядков; со всем тем его мечты и сожаления о самовластии ханов, о разгульной жизни подвластных им беков, об удалых набегах на соседние земли, - одним словом, о рыцарских временах, когда меткое ружье, лихой конь и отвага могли доставить человеку все, чего жаждала душа его, были чересчур дики. Не зная черной стороны прежнего правления, он не видел хорошей нового. Золото, не боясь более грабежа от спутников хана, пошло в оборот, разрослось сторицею и, наконец, разлило довольство во все классы народа.

---

[67] Первый раз взят был Дербент Зубовым в 1801 году и вскоре оставлен. Второй - в 1804-м.

[68] Дербентцы с ужасом вспоминают это время. Заслышав о таком наборе в наложницы, они платили приданое (вещь неслыханная) за дочерями; отдавали их за нукеров, только бы округить в час.

Русский орел широко покрыл своими крыльями округ Дербента, - и садовник и пахарь, без прежнего страха быть изрубленным горцами у самых ворот, далеко в горы и поле выдвинули свои виноградники и нивы. Безопасная торговля с Русью и с Персиею принесла дешевизну и сделала доступным для самых бедняков те предметы роскоши, что добывались прежде за редкость богачами. Сперва не было у семи домов одного медного котла; теперь у каждой семьи не только посуда и кувшины, но даже мангалы из меди. Сперва для торжественных дней брака во всем городе был один богатый кафтан тонкого сукна, и женихи брали его напрокат, теперь Дербент славится щегольством одежды и почти каждый облит галунами, а собольи шубы не диво. Но всего этого не видал Искендер-бек или не хотел верить, что прежде было иначе. Исключительная гордость его страдала равенством перед законами; возвышение в чины из недворян, по заслугам, а не по роду, считал он личною обидою и, разлученный, таким образом, от русских и татар двумя враждами, заперся в одиночестве добровольно, в небольшом наследственном доме, довольствуясь небольшими доходами с лоскута земли, - и не скучал: он был молод.

Молодость, молодость! Волшебный край жизни! Прелестен ты, когда лежишь впереди, необозримый как надежда, а не назади, как воспоминание; когда развиваешься очам как панорама, а не как обнаженная карта. Зачем не дано человеку способности, как сурку, засыпать на всю зиму настоящего горя, чтобы хоть во сне дышать твоим вешним воздухом, перевкушать прежние радости и, прежним, крепким еще сердцем, выносить бури твои? Напрасно! Ничем не обновить юности, и никогда ее но забыть, и всегда сожалеть - удел наш! Где взять теперь твоей; плавкости характера, твоей неистощимой готовности к слезам и смеху, твоего мимолетного гнева, исчезающего без досады и мести? Огорченный безделкою, утешенный вздором, счастлив до исступления от одного взгляда, одного слова, юноша предается доверчиво, и ему так же предаются доверчиво, так же скоро. Везде находит он отголосок своей любви и дружбе, но, бросая той и другой беззаботно жизнь свою в жертву как перчатку или как платок, он не отдает им счастия жизни. Потеря друга, измена любовницы оглушают его, но гроза рассыпается дождем, и завтра уже его рука трепещет в руке нового друга, кипит бокал за здоровье нового заветного имени. Его связи не вросли еще в сердце и, расторгаясь, не рвут сердца пополам; мысли - ему не думы, и самые думы ему - мечты. Плененный их красотою или величием, он не предчувствует, что эти великаны острят на его сердце топор, сбираясь безжалостно казнить собственных детей или задушить, как Отелло, веру в высокое пуховой подушкою клеветы.

Горсть пшена, чашку воды, немного света и много, много воздуха - вот что нужно было юноше Искендер-беку. Весной, когда весь свет превращался в любовь и в поэзию, он снимал со стены свою длинную драгоценную винтовку, работы славного Гаджи-Мустафы, седлал лихого карабахского коня, сажал на левую руку золотого ястреба, кызыл куш, и скакал по горам и по долам; скакал до усталости, если жажду неги можно назвать усталостью. И потом он бросался в тень на берегу какого-нибудь горного ручья и, под опахалом благоуханного ветра, дремал под его журчанье, покрытое порой звонкою трелью соловья. Музыка ли природы струилась для него мечтами, или мечты осуществлялись ему в цветах и звуках? Не знаю я. Не знаю и того, мечтал ли он или размышлял; но он жил, жил всем своим существом; чего же более?

Зимою же, когда резкий ветер приносил с севера в его решетчатое окно хлопья снегу, он любил прислушиваться к заунывному вою каминной трубы; разлегшись у мангала, любил глядеть на игру раскаленных в нем углей или па причудливый дым своей трубки, в котором мелькали ему и крылья ангелов и рожи злых духов. А между тем воображение сказывало бесконечную свою сказку, величая его героем этой тысячи второй ночи. Он жил в каком-то дивном, безыменном царстве; сражался, дружился с кем-то неведомым, грабил сокровища, увозил красавиц, любил и был любим, тонул в опасностях и в наслажденьях; и потом, когда ночь задергивала над ним брачный свой полог, он не знал наутро, видел ли он все это во сне или мечтал с открытыми глазами. Порой он читал также тетрадку со стихами из лучших фарсийских поэтов и досказывал сердцем непонятный смысл этих сладкозвучных песен. Порой он призывал наемного нукера своего из лезгин и тот напевал ему дикие песни гор под звук бубна, славил набеги своих предков, удальство своих братьев в битве и в охоте, и сердце азиатца разгоралось на кровь, на истребление. Он сверкал очами, он пробовал лезвие кинжала, он восклицал: "Скоро ль удастся мне сразиться?".

И ему скоро удалось это. Кази-мулла осадил Дербент: отважным раздолье открылось кидаться на вылазки. Я каждый раз ходил с татарами, и каждый раз видел Искендер-бека впереди: догнать его было можно, обогнать - никогда. Он, как серна, прыгал между гробовых стоячих плит, - всегдашним полем стычек были кладбища, опоясывающие Дербент, - метко метал смерть из своей винтовки и потом с диким воплем кидался на врагов, махая кинжалом, - и мы, как пожигающая лава, гнали бегущих. Как теперь помню встречу с ним на последней нашей вылазке на кубинскую сторону. Выбив неприятеля из виноградников, мы отступали с успехом, но в беспорядке, как водится у азиатцев. Две срубленные головы воткнуты были на отнятое знамя, одна над другою, и, дербентцы с криками торжества скакали около кровавого трофея. Толпа провалила уже в ворота, но я с немногими, прикрывая отступление, остался у фонтана освежить запекшиеся от зноя, и пыли, и пороху уста. Ядра ревели над нами вслед врагам; их пули чикали о плиты водоема. Я поднял голову: передо мной стоял тезка мой Искендер-бек в одном архалуке, с засученными рукавами, опершись, на винтовку; он был живописен, он был гневно-прекрасен тогда. Уста его роптали укоризны, взгляд с презрением следил дербентцев.

- На кого ты сердишься, Искендер? - спросил я.

- Бездельники, заячьи души, - отвечал он, - они умеют только вперед идти шагом, а чуть назад, то бегут опрометью. Мы там оставили Нефтали.

- Какого Нефтали, Искендер? Не того ли красивого мальчика с крашеными зюльфами, который просил у меня патронов при начале схватки?

- Того самого! Из целого Дербента одного его любил я... Прекрасная душа!.. И он погиб!

- Взят в плен?

- Лег на месте. Храбрый, лучше взрослого, он был безрассуден, как дитя. Погнался за кистью винограда и заплатил за нее головою. В глазах наших лезгины резали ему шею, и я не мог прогнать, не мог умолить товарищей ударить на выручку его тела... Мы бросили его на поругание! Еще раз, последний раз зову! - крикнул он, обращаясь к нескольким татарам. - В ком есть вера и у кого душа не потаскушка, пойдем, отобьем труп товарища, снимем с себя позор предательства!

- Пойдем, - сказал я.

- Пойдем! - сказали еще двое, увлеченных примером. Пошли.

И мы вышли без боя, хотя убитый лежал далеко в виноградниках, вне крепостных выстрелов. Лезгины никак не надеялись подобной дерзости. Мы тихо вынесли, на плечах своих, обезглавленный, обнаженный труп несчастного и положили у ворот. С воплем, раздирающим душу, упала на него мать; шепот сожаления пробежал по толпе. Искендер-бек стоял, сдвинув брови, но слезы против воли заливали ему глаза. Я подал руку и сказал:

- Жаль, что ты не русский!

Он сжал ее и отвечал:

- Я поздравляю тебя только с тем, что ты не татарин. Искендер-бек не годится в придворные шегин-шаха. В пору соловьев, бюльбюль заманы, минуло двадцать лет Искендеру, и тогда только пробились у него усы; и тогда только стал беспокоен сон его, а наяву посетили юношу пламенные грезы. Давно уже замечено, что первые усы, признак мужества, всегда ровесники первым приступам любви. Искендер-бек испытал истину этого на самом себе. С каждым тонким, нежным волоском на верхней губе рождалось в сердце его новое желание - темное, безотчетное, но тем не менее сладостное, носящее цвет и плод на одной ветке, подобно бразильским апельсинам. Мудрено ли же, что усы так нравятся женщинам, когда они вылиты из одной стихии с любовью, когда они вьются от жара неги! Будь я дама, - мне страх бы хотелось побыть дамою, - как могла бы я хладнокровно глядеть на юношу, у которого персиковая кожица на щеках явно доказывает, что его усы только что произведены из пуху, завиты сейчас розовыми пальчиками природы и так резво глядят во все стороны, будто просят: "Пригладьте нас поцелуем!". Да-с, молодые усы - живой мост между двух коралловых ротиков, с молодыми усиками не нужно подписывать внизу письма: "Всегда готовый к услугам"; это будет плеоназм. Не чета они нашим заслуженным усам, подстриженным как наши надежды и колким, будто эпиграммы Пушкина, обожженным порохом и вином, измятым страстями. Вовсе не чета! Я по крайней мере никогда не дерзаю входить в состязание с такими усиками и, опустивши свои, убираюсь за добра-ума.

В пору соловьев, по нашему стилю - в апреле месяце, Искендер-бек выехал однажды пополевать на перепелов с ястребом. День был прекрасный - настоящий праздник южной весны; жаркий, но без зноя, свежий, но без сырости. Воздух, казалось, напоен был дыханием цветов и пением птичек; он струился вдали, как живой сафир. Яркая зелень волнами лилась и переливалась с холма на холм, а по ним плыли, как расцвеченные флагами яхточки, гранатники с огненными, миндальные деревья с белыми, персиковые с розовыми цветами. Искендер-бек лавировал по этому морю зелени, между этих миленьких созданий, и каждое осыпало его дождем цветочным, будто лаская, будто заманивая в тень. И долго так ездил Искендер из ущелия в ущелие, носился, как безумный, во всю прыть, то на круть горы, то на берег моря, и все чего-то ему недоставало: и мало было ему воздуха целого света, и в первый еще день волновалась грудь его, как покрывало женщины, чуть завидя женщину в покрывале. Бывало, проезжая по узким улицам города, он не подымет глаз на чадру, хоть распахнись она до пояса; а теперь каждый носик и глазок, лукаво проглядывающий из-под складок, бросал его в лед и в уголья. Он сроду не слушал лекций сравнительной анатомии, но с чрезвычайной быстротою уже воссоздавал всю женщину без исключений, а может быть, и без ошибок, по маленькому следку в персидском шалевом чулке, выказывающуюся из-под красных туманов[69], отороченных позументом. Не знаю, право, удачна ли была в тот день его охота, только ни одна сколько-нибудь статная татарка, на возврате из садов, не ускользнула от его взора: вероятно, он почитал их перепелками. Он пускал чап-чап, то есть марш-марш, своего карабахца, и вдруг осаживал

---

[69] Женские шаровары.

его близ испуганных, и тихо проезжал вперед. Лукавец уж выучился рассматривать всю подноготную, не обращая глаз, чтобы не испугать робости или стыдливости девушек. Но, увы, все лица были закрыты для него, подобно книге семи печатей! Мусульманки страх боятся показывать себя одноземцам, а восемнадцатилетнее воображение с едва пробивающимися усиками любопытнее самой усатой женщины: оно не довольствуется парою ножек, даже самых пророческих... Желания Искендер-бека, не находя образа, в который бы могли уютиться, разлетались в воздух; он пригорюнился и оборотил коня к дому.

Никогда я не миную придорожного фонтана в мусульманских краях без умиления и благодарности. Они выстроены с большими издержками, с немалыми трудами, в безлюдных степях или на безводных распутьях для утоления и омовения прохожих, и выстроены не казною, не обществом частных людей, но всегда кем-нибудь одним для общей пользы - "на помин души", или "по обету", как видно из надписей, врезанных на мраморной доске над бронзовыми трубами. И в ключе свода горит обыкновенно заветный стих корана: "Благотвори и по смерти!". И несколько вековых дерев, посаженных тут рукою веры, как дань раскаяния за злое дело или залог надежды за доброе, расстилают свою прохладную тень усталому путнику. Правда, мусульманин живет для себя, зато он умеет безропотно умирать за веру и, умирая, не думать о себе; не заказывает сорочин и свечей по три пуда, - нет, он завещает часть имения бедным или на вклад в казну училища, всего чаще на постройку водопровода или водоема, потому что вода в жарком климате есть первая необходимость и лучший напиток. В обгорелой от зноя пустыне, на окаленной дороге, вы издали видите гостеприимный памятник, осененный тополями, и спешите к нему с отрадой, и с наслаждением пьете чистую струю, и с признательностью думаете, глядя на эту осязаемую идею примирения с богом и с людьми посредством общей пользы: "Мир праху твоему, блаженство твоей душе, добрый человек! Ты сочетал здесь дань всевышнему и дар твоим ближним!"

У подобного-то фонтана, верстах в двух от города, спустился Искендер на дорогу, и вдруг, - то не была уже мечта, но что-то столько же прелестное, как мечта, кроме ее воздушности, - то была девушка лет шестнадцати, для которой слово милая, азиз, казалось, только что вырвалось из юного сердца, а не стариною выдумано. Она умывала лицо, разогревшееся от движения, то плескалась струйкою, то любовалась собою в зеркале водоема, - и ничего не слыхала.

Черные как смоль косы порой закрывали ей все лицо; порой распадались на полуоткрытой груди, которую напрасно замыкала ревнивая цепь золотыми монистами и бляхами; она выглядывала сквозь разрез розовой сорочки из тафты, рвалась проколоть парчу архалука, впившегося, как любовник, в стройный стан. Вообразите ж себе юношу, раскаленного впервые мечтою о женщине и почти не видавшего женщин, а потом судите, что сталось с ним, когда он увидал нечаянно это прелестное личико, озаренное лучом души, и два эти снежные холма, будто две зари, разделенные таинственным сумраком; когда он заметил, как мятежно возникали и опадали они... А между тем золотая смородина пуговиц, унизанных по распашным рукавам, звучала, ударяясь о край водоема; а между тем тонкая белая ткань ее покрывала прельстительно играла около, роскошными складками, то обрисовывая формы тела, то раздуваясь широко. У Искендера занялся дух: он горел и таял как амбра, благоухая; свет улетел из-под ног его; он до того сосредоточился весь в зрение, что не слыхал, как разгоряченный бегун его бросился к водопойке, - ошибка, непростительная кавалеристу: долго ли запалить коня! Главное в том, что всадник, дав поводья невоздержности четвероногого, лишил сам себя рая. Красавица с ужасом увидела жаркую морду и, с криком: "Ай, Искендер-бек!", набросила на лицо покрывало и упорхнула.

Искендер-бек почувствовал всю неприличность своего поведения в отношении к вере и нравам (дербентские красавицы пляшут перед мужчинами и ездят по ночам за город с нукерами только в русской словесности: в действительности - никогда), но почувствовал не ранее как потеряв из виду незнакомку. Она, правда, раза три останавливалась, будто поджидая старуху служанку, которая с ней была, но Искендер не смел повторить своей невинной дерзости и не тронулся с места. Между тем как сердце его, пытая первые крыленки, провожало красавицу, в молодой голове поднялись тревожные мысли... "Аллах, аллах, что скажут про меня и про нее, если нас видели? А как мила!.. Беда ей будет от отца и от матери!.. Чудо что за глазки!.. Пойдут сплетни!.. Как хорошо, что она не румянится: она бы не мылась, если б была намазана. А шейка-то, шейка, что за милочка! Ох уж мне эти дербентцы! Да еще знает меня по имени: верно, ей недаром захотелось узнать мое имя... Так и есть, это две женщины: плакали на могиле и, верно, все видели... А эти два полушара, нежные, белые, полупрозрачные! Я бы очень желал... знать, за что они поссорились; а вдвое того - помирить их поцелуем".

За что они поссорились!..

"Ну, за что ж?"

Вы слишком любопытны, господа. Если вы знаете это, вам напрасно рассказывать, а если не угадываете за что, я отниму у вас прелесть изведания при опыте. Я уверен, что пословица: "много будешь знать, скоро состареешься" выдумана по любовному департаменту. Довольно с вас, что Искендер-бек поехал домой влюбленный вровень с краями и ехал впервые как вор, оглядываясь и трепеща каждого взгляда, каждого слова,

122

брошенного прохожими невзначай. Вы напрасно, впрочем, подумаете, что это было раскаяние: у новопожалованного любовника кипела совсем другая забота. "Если это пройдет без следов - я могу найти случай опять с нею встретиться, - думал он, - если ж неравно встреча моя пойдет в огласку, ее запрячут и закутают так, что в три года не дороешься!". И бедненький новичок трепетал и таял. Недаром наказывал ему отец: "Искендер, помни, что у розана цвет на час, а шипы навечно. Ласкай женщин, но не люби их, если не хочешь из властелина сделаться рабом. Поверь мне, любовь сладка только в песнях; в правде начало ее - страх, средина - грех, а конец - раскаяние. Смотри не заглядывайся на чужих жен и не слушай свою собственную!".

С тех пор как изобретены советы, конечно, этот был в роде своем не последний; зато - надобно отдать честь Искендер-беку - и позабыл он его не ранее как через четверть часа, хотя признано всеми подверженными советам, что весьма полезно пускать их мимо ушей и только в случае неудачи помнить одну минуту. Молодой татарин любил и боялся, и никак не замечал, что над ним совершается отцовское предсказание.

Днем моложе, как покойно спал наш юноша! Ночь для него была кратка и освежающа, словно глоток шербета. А теперь? Посмотрите на него теперь: он мечется, он бредит, он грызет пуховую подушку; прозрачная бязь[70] душит его хуже савана, ему кажется, будто целый эскадрон черных гусар скачет по нем, хотя я заподлинно знаю, что, несмотря на необычайную производительность дагестанского климата, по телу Искендер-бека прыгали тогда вовсе не подозрительные животные, а просто жгучие искры желаний. Ночь эта, по самому верному его счислению, продолжалась ровно семь ночей с полночью, и он, истомленный снами и бессонницею, с радостью протянул руку первому лучу, запавшему в его окно, как руке давно невиданного друга. И отчего все это? Оттого, что шалуну случаю угодно было показать ему одно прелестное личико и потом забросить это личико в неизвестность, в тайну, в запрещение; оттого, что природе забавно вселять в нас страсть ко всему неясному, таинственному и заветному; одним словом и наконец оттого, что он был он, а она она. Но кто ж она? Искендер вскочил уколотый в сердце этим вопросом. Она! Какое дурное слово она! Любовь не любит местоимений, по крайней мере дагестанская любовь: ей нужна существительность и собственность, ей нужно обладание выше всего. Искендер-бек в тот же миг увенчал свою возлюбленную завоевательным местоимением и временным именем. "Я узнаю, как зовут мою Лейлу*, - сказал он, опоясывая кинжал, - хоть умру, да узнаю!". Миг после он стоял на перекрестке.

---

[70]Бумажная материя, которая добротою понижается от кисеи до парусины.

Бог построил горы, человек - города: так по крайней мере я думал, сравнивая щепетильность нашего зодчества с неподражаемым величием зодчества природы. Дербентцы судят свой город с гораздо большею справедливостью: они говорят, что их город построен чертом. Геркулес персидского баснословия, Рустем*, так отзубрил однажды бока своему завистнику, шайтану, что тот запросил: "Аман, Аман!". К Рустему за час перед этим поступило прошение от поселян несчастной деревнишки, где сидит теперь Дербент, защитить их от горных набегов. Рустем был великан, не только телом, но и душою, и готовый загребать жар чужими руками для всякого бедняка - блистательная черта героев, великодушных от безделья и щедрых на все, что ничего им не стоит. "Кстати, - сказал Рустем черту, - ведь мне на тебе не ездить; смотри ж, собачий сын, чтобы к утру ты мне выстроил тут город со стенами и с башнями. Да станет Дербент!"

И стал Дербент. Черт строил впотемках и торопливо; месил в своих лапах камни, дробил их, плевал на них, бросал дома один на другой, отбивал улицы по хвосту; к рассвету Дербент поднялся на ноги, но заря ахнула от изумления, взглянувши на него впервые: это был поток камней и грязи с трещинами вместо улиц, которых сам почтенный строитель не распутал бы среди белого дня. Все дома родились слепыми, все их черепы были расплюснуты адскою пятою, все они пищали от тесноты, ущемленные между двух высоких, длинных-предлинных стен. Все вместе походило, одним словом, на огромного удава, который под чешуею домов растянулся с горы на солнышке и поднял свою зубчатую голову крепостью Нарын[71], а хвостом играет в Каспийском море. Затейник хотел и тут увековечить образ животного своего герба - змея-искусителя. Надул первую чету и до сих пор этим хвалится. "От людей, - говорит он, - от охотников и охотниц соблазняться нет отбоя: да у кого ж из этих бедняков есть рай в промен за яблоко?.. Ей-ей, разоримся, если за нынешних людей платить и наличного клюквой! Грехи и грешники ужасно подешевели".

Но, должно быть, лукавый что-нибудь да оставил в Дербенте из своей прельстительности. Сколько раз и сколько завоевателей дрались за него! Сколько молодцов положили там свои души за его красавиц или золото! Обольстил этот змей и Искендер-бека. Ходит он, бродит по его излучистым закоулкам; заглядывает во все ворота, чуть зевнут они; хочет пробуравить глазами грязные стены домов, сорвать взглядами чадру с каждой прохожей. Напрасно! Татары говорят: "девушка в окне все равно что яблоня у мельницы" и закладывают камнями даже кошачьи лазейки.

---

[71]Нарын-Кале, если перевесть слово в слово, значит нежная крепость; но старинное ей имя - Нарындж-Калеси, крепость померанцев. Есть предание, что в ней росли огромные померанцевые деревья.

Коран твердит: "недобро мужчине смотреть на женское лицо: взгляды - семена греха!"; и завистливое покрывало скрывает каждую, от головы до самых пят. Ее так же трудно узнать в тысяче белых покрывал, как мелькнувшую волну между синих волн Каспия. От кого узнать ее имя? Кто покажет дом ее? Томимый любопытством сердца, он вмешался в толпу, влекомую на площадь барабанам; но там вместо бесценной своей узнал только цену мяса. Долго прислушивался к крику перепродавца ветошей на базаре: "Купите, купите, господа!.. Славная чуха! Узорочные женские шалвары! Десять абазов и три бисты (гроша)! Три бисты с десятью абазами; кто больше? Право, за отъездом в Каби-ристан (в страну гробов) продаются они... Возьмите, ага, шалвары!"

- Бош зат (пустая вещь)! - сказал Искендер-бек и пошел далее. Искендер-бек терпеть не мог пустых вещей.

В рассеянности подошел он к армянину, торгующему балыком, а Лейла неотступно танцевала перед его глазами... "Как зовут?" - спросил он, нежно схвативши за хвостик одну рыбку: он думал, что сжимает ножку красавицы.

- Шамая[72], - отвечал хладнокровный армянин.

Без мыслей блуждал он по базару, грязному даже среди лета, но и среди лета прохладному. Солнце едва проникало туда, и купцы, сидя на откидной двери своих лавочек, набитых всякою дрянью и всякою роскошью, однозвучно бросали ему в оба уха свое что угодно вашей душе! "Ах, если б вы знали, чего хочет моя душа! - думал Искендер-бек. - Если б могли продать или подарить мне то! Я бы отдал все, что имею, и закабалил себя на вечную службу вместо кабына (вена); да счастье не дарят и не покупают". И он пришел в открытые ряды, где, по восточному обычаю, каждая лавка - вместе и рукодельня, где поет тетива шерстобоя, визжит пила оружейника, играет шило чеботаря и рядом с ткацким станом бренчит молоточек кубичинца[73], насекающего дивные арабески на кинжалах. Искендер-бек остановился у прилавка золотых дел мастера, старика Джафара.

- Аллах версын кемак (бог да поможет тебе)! - сказал он ему.

- Бог да заплатит тебе счастьем! - отвечал тот, не переставая что-то кропать обломком пилочки; и бог заплатил ему счастьем нежданно. В чашечке перед стариком, в куче переломанных украшений, лежала серьга

---

[72] Необыкновенно жирная рыба, род сельди; ловится только у кизлярских берегов Каспия.

[73] Кубичи - большое селение вольного Кара-Кайтаха, в девяноста верстах от Дербента, славное в горах оружием, осадкою оружий и особенно насечкою по железу. Кубичинцы уверяют, что предки их были франки, - ничем не подтвержденная басня

незнакомки - та самая серьга, которая обличила ему вчера премиленькое, премаленькое ушко. В этом не сомневался он и не ошибался: он бы узнал ее в целом четверике драгоценностей... Сердце его билось, будто он прочел начальную букву заветного имени, будто увидал розовую, манящую его ручку. Он долго не смел сказать слова, долго не умел с чего начать, - так дрожал ого голос, так перемешаны были все мысли. Любовь, наконец, подсказала ему военную хитрость: он будто без внимания просыпал сквозь пальцы пуговки и колечки роковой чаши и вынул ненароком серьгу незнакомки, поиграл ею на свет возле самого носа Джафара и вдруг обронил на мостовую. Она давно уже щекотала хитреца за рукавом, а он все шарил но полу, наконец поклонился и жалобным голосом произнес:

- Потерял!

Огромные очки спрыгнули долой с носа Джафара, - так сильно вздуло опасение его ноздри.

- Аллах! я аллах! - вскричал он. - Что ты наделал, Искендер-бек? Да теперь старая лиса Мир-Гаджи-Фетхали меня из белого света в три шеи вытолкает! Шутка ли, эмалевую серьгу!

- Душа моя, Джафар, не смейся ты над моими усами: статочное ли дело, чтобы такой степенный человек, как Мир-Гаджи-Фетхали, носил в ухе женскую серьгу с подвесками!

- Да кто тебе говорит, что он сам ее носит? Нет и жены у старого скряги; он находит, что самая дешевая жена не стоит своей цены: такой товар и есть и одеться просит, и наскучит - с рук не сбудешь и на стенку не повесишь, как комуз[74], сыгравши песню. Да у него ведь под опекой есть невеста-племянница. Брат его, Шафи, уж лет десять тому бежал в Персию и оставил больную жену с дочерью на божью волю... Кичкене едва ли было тогда лет шесть... Хурды-мурды[75], правда, немало осталось...

- Так ее до сих пор зовут Кичкене?[76] - спросил Искендер-бек, усмехаясь.

А между тем имя Кичкене показывалось ему во сто раз сладкозвучнее Лейлы. Надо признаться, татары плохие знатоки эвфонии.

- Я думаю, однако ж, эта малютка теперь порядочно подросла?

- Сам ты знаешь нашу землю, Искендер-бек: годовой ребенок двух лет становится, пятилетний десятилетним глядит. А девушки - что твоя виноградная лоза! Не успеет с земли подняться, чуть привили, смотришь - гроздок налился. Такая, говорит дядя, стала Кичкене красавица да

---

[74] Комуз, или кобуз, - род балалайки с тремя металлическими струнами.
[75] Мелкие пожитки.
[76] Кичкене значит малютка. Искендер-бек играет здесь словами.

резвушка, что аллах упаси! Вчера одну серьгу ни с того ни с этого из уха вырвала; да и ты на беду...

Искендер-бек опустил в руку словоохотного Джафара серьгу Кичкене - и был таков. Чего было ему слушать более? Теперь он узнал все, что хотел узнать, - род и племя своей красавицы, имя и жилище ее... Он побежал опрометью осмотреть клетку райской пери, или, лучше сказать, сундук, в котором заперто было его сокровище: сундук этот стоял, прислонившись к городской стене; на улицу выпустил он только надворную стенку да чернавку трубу чурешни[77], - и те царапались своими угловатыми камнями и гвоздистыми воротами. Не голос милой услыхал Искендер-бек изнутри, а сердитое ворчанье собаки; он грустно прошел мимо и с досадою бросился дома на ковер. В голове его ходил жернов, а в сердце разгорался пожар, в котором, как на всех пожарах в свете, спасалась дрянь, а драгоценное летело в огонь. Впрочем, одиночество, в котором жил наш юноша, если не дало ему лоску общежительных приличий, зато сохранило душу от разврата общества. Предвечная совесть начертала свои законы на юном сердце симпатическими чернилами: чем сильнее разогревалось оно страстью, тем явственнее горели заветы. Кончилось тем, что все его проселочные желания вышли на большую дорогу, взялись за руки и побежали вперед. Коран велит, а сердце упрашивает жениться как можно ранее. Искендер-бек решился жениться; и почему же нет? Чем бы он не жених какой угодно ханум? Он посмотрелся в зеркальце - и улыбнулся; он высыпал на изголовье заветную кубышку - и ободрился... Он уж видел в каждой монете взор своей Кичкене, разменивал каждый червонец на жаркие поцелуи. Он целовал их, прижимал их к сердцу. "Деньги - все!" - думал он. Неопытный! Он еще не знал, что на золото в нравственной торговле можно купить только мишуру, заглавие вещи, а не самую вещь, личину, а не лицо. Юноша, он считал все легким и возможным; он думал, что и в людях, как в нем самом, все враждебные чувства расступятся для приязни; что старость так же забывчива на старое, как молодость беззаботна о будущем. "Кичкене, ты будешь моя, непременно моя! - восклицал он. - С какою радостью отдам за тебя все, что добывал с такими трудами! С каким восторгом кинусь в первый раз тебе на шейку, вздохну на твоей груди!.. И ты будешь любить меня, Кичкене. Не правда ли, милочка, ты будешь? Я стану наряжать, лелеять, нежить тебя; отдам душу за твою душечку!.."

Искендер-бек безумствовал. Он хотел получить в свою власть Кичкене; страстно, как мусульманин, который в любви не знает

---

[77] Хлебные лепешки, то есть чуреки, пекут на Востоке в открытой наподобие котла, из глины сбитой печи. Ее разжигают хворостом и потом прилепляют тесто к бокам: в минуту хлеб зреет и отпадает сам.

прелюдий; хотел получить скоро, как юноша; а ведь одни только юноши имеют дар все делать скоро и хорошо, и если б Искендерово счастие зависело от женщин, дело бы решилось вмиг в его пользу. Женщины так любят порывы страсти, ими внушенной! Любят гораздо большие глупости, для них сделанные, нежели преумные вещи, об них написанные или им сказанные. Это естественно: чувство для них, созданий раздражительных, сильнее, выше, увлекательнее мысли. Жар на них более имеет влияния, чем свет. Будь юноша пылок хоть па минуту, его подерут за ушко, поставят на колени, скажут: "какой вы дитя!" и все простят, все позволят. И вот из этого премилого "дитяти" выходит преизбалованное дитя; разберите, кто виноват: маменьки или воспитанницы? И в первый раз почувствовал Искендер необходимость в связях; а он был отбитое звено в обществе, в которое кинула его судьба. Кстати, он вспомнил, что у него есть какая-то старушка тетка, - я уверен, что все тетушки земного мира выдуманы и назначены самой природою в свахи и вестоноши, - она могла бы пособить его горю, посоветовать ему на успех. Он запасся куском клетчатой дораи[78] на чадру, двумя часами терпения на случай пеней и отправился к доброй старухе. Он воротился от ней чуть не лётом от радости: тетушка обещала ему употребить все невинные хитрости, позволенные мусульманскими нравами, для сближения свадьбы. "Приходи ко мне завтра за час до азана[79], - сказала она, провожая племянничка до дверей, - я зазову к себе Кичкене красить ресницы; ведь лучше меня никто в целом Дербенте не смешает краски и ровней не выведет кружков. Я тебя, шалуна, спрячу за этою занавескою в простенок. Смотри ж только будь умен: но дохни, не шевелись, и потом никому даже глазком не мигни - был не был".

Не верьте, пожалуйста, господам путешественникам по Востоку, будто все женитьбы мусульман совершаются так, что будущие супруги не видят и не знают друг друга. Это справедливо только в отношении к ханам, богатым купцам, людям власти или роскоши, которые на слух сватают или покупают себе жен. Средний класс народа и бедняки живут слишком тесно друг с другом, чтобы не знать взаимных отношений и даже соседних лиц. Крепко заперты их ворота, но плоские кровли открыты для прохожих, и в городах, где все женщины проводят жизнь на двориках или под навесом, а домы, сходя ступенями вниз, заглядывают друг другу в сердце, конечно, можно найти извинительный случай поглядеть на красавиц. Слова нет, это считается великою обидою, большим стыдом, но любопытство хитро на выдумки, и бывают часы, в которые даже

---

[78] Дорая - крепкая тафта всех цветов. Шамахинское произведение.

[79] Азан - призыв к молитве, слово, присвоенное более к полуденному молению. Вечернее чаще называют намаз.

мусульмане и мусульманки забывают о кинжале. Девушки до одиннадцати лет ходят с открытым лицом, и потому предусмотрительные женихи могут замечать будущих невест по колосу. Потом, есть всегда услужливые бабушки и тетушки, которые украдкою покажут "желаемую особу" желателю. И он скажет потом: "Чудо, а не девушка!

Бела как хлопчатая бумага, стройна как серна. Голос - песня соловьиная; пойдет - пава, да и только!". О душе он не заботится: в Несомненной книге сказано, что у женщин нет души. Об уме еще меньше: ум мусульманки состоит в шитье и в стряпанье. Если она умеет разнообразить пловы, альмы-дольмы[80] и все супружеские сладости, начиная с пирожков до ласканий, она жемчужина всех жен и может надеяться, что муж долго позволит ей угождать без смены. Многоженство, впрочем, кроме самых богачей, редко до невероятности. "Я аллах! и одной жены слишком!" - сказал мне Аслан-хан. "О, конечно, - возразил я, - но любовницы?" Он засмеялся.

И дело любви кончено. Начинается дело расчетов. Тесть просит много кабину за честь... Зять сбавляет, думая про себя о красоте. Наконец торг кончился: бьют по рукам. Часть кабину по условию отдают вперед, и на эти деньги снаряжают приданое; остается сводить невесту с торжеством в баню, и на другой день к вечеру, когда все пожитки ее перенесены с музыкою в дом жениха, ее сажают на осла (пророческая выдумка) и под пологом везут в новое жилище, с кликами, с бубнами, с пальбою из ружей. Назавтра она уже супруга. Нет ни обручанья, ни венчанья. Мулла прочел молитву над условием брака: остальное в воле аллаха и мужа.

Вся эта перспектива будущего блаженства спилась Искендер-беку в очаровательных цветах с местными подробностями. Еще на темной заре поднялся он, а за два часа ранее полудня сидел уже у тетки за сундуком. При малейшем шорохе его бросало в лихорадку. И, наконец, послышался лепет башмаков по плитам дворика: две девушки, хохоча между собою, взбежали на айван, бросили обувь у ковра и с приветами подсели против дверей к старухе, Адже-Ханум. То была Кичкене с одною из своих подруг. Покрывала обеих упали долой.

Не знаю, по каким законам акустики каждый звук голоса Кичкене отдавался в сердце Искендер-бека, только оно во все время посещения не переставало звенеть словно колокольчик. Когда же тетка его вывела тонкую сурмяную черту по ресницам красавицы и большие черные глаза ее засверкали на воле, ему показалось, что два пистолетных дула брызнули в грудь его молнию. Сама старуха опустила кисть и долго любовалась своею гостьею; потом поцеловала ее в стыдливо опущенные очи и сказала:

---

[80] Альма-дольма - яблоко, начиненное мясным фаршем.

- Скоро ли, моя милая Кичкене, я разрисую тебя под песни подружек, в бане? У тебя такие миленькие глазки: дай бог, чтобы они каждый вечер замыкались поцелуем и ни в одно утро не отворялись слезами!

Кичкене с негою во взоре обняла старушку: Искендер-беку послышалось, что она даже вздохнула; я не слыхал, я не уверю в этом.

- Дядюшка Фетхали говорит, что я еще слишком молода, - примолвила она почти грустно.

- А что говорит твое сердечко, малютка моя? - возразила смеючись Аджа-Ханум.

Кичкене резко схватила бубен, висевший на стене, и, колебля его звонки между расцвеченными хной пальчиками, вместо ответа пропела известную песню - "Пенд-жарая гюн тюшты":

Для чего ты, луч востока,
Рано в сень мою запал?
Для чего ты стрелы ока
В грудь мне, юноша, послал?

Светит взор твой - не дремлю я;
Луч блеснул - и сон мой прочь.
Так, сгорая и тоскуя,
Провожу я день и ночь!

У меня ли бархат - ложе,
Изголовье - белый пух,
Сердце - жар; и для кого же,
Для кого, бесценный друг?

И она покраснела до плеч, будто промолвилась тайною задушевною, потом захохотала как дитя, уронила бубен, прижатый доселе накрест сложенными на груди руками и упала в объятия своей подруги. Потом обе они смеялись от души, но об чем? Я думаю, о том именно, что тут нечему было смеяться; может быть, тому, что каждая из них думала о разном и каждая видела ошибку подруги.

Но старушка была догадлива и хотела кой для кого превратить эту догадку в уверенность.

- О, ты мой гюл ииси (ты мой запах розы)! - сказала она, играя кольцами на мизинце Кичкени. - Если б мой племянник Искендер-бек услыхал хоть за стеной твою песню, он бы разбил стену грудью, чтобы увидать певицу; а если б увидал, то похитил бы тебя, как лев серну.

Хрустальный кувшин с розовою водою слетел в этот миг с сундука и разбился вдребезги. Хозяйка и гостья побледнели, обе от страха, обе от разного страха.

- Бу надан хабер-дюр (откуда этот слух)? - спросила Кичкене трепетным голосом.

- Упал сверху, - отвечала старуха, притворяясь, будто не понимает вопроса. - Уж эта мне черная кошка!

- А я и пестрых кошек терпеть не могу, - сказала Кичкене с сердцем, - они везде со своим хвостом суются да мяукают по всем кровлям на худое[81]. Саг олсун (будь невредима), Аджа-Ханум! Пойдем, милая Аспет. Маменька меня на часок отпустила, а вот уж мулла кричит.

Кичкене холодно поцеловала хозяйку, но та, провожая гостей до ворот, шепнула на ухо:

- Ты напрасно сердишься, Кичкене: не беды, а цветы я хочу тебе на голову. Для меня дорого твое счастье, как золотая нитка, а есть человек, который бы свил душу свою с этою ниткою, и только я да аллах вдвоем про то знаем!

Кичкене раскрыла очи от изумления, от любопытства, но дверь захлопнулась таинственно, и только гром засова был ей ответом.

Искендер-бек чуть не задушил добрую тетку в объятиях, когда та журила его, что не мог он высидеть смирно в своей обсерватории.

- Насыпал бы пеплу на мою бедную головушку, если б они догадались, отчего разбился и разлился кувшин!

- Мог ли я не вздрогнуть, когда у меня сердце чуть не расторглось, чуть не пролилось речью, когда я увидел эти лилии и розы на щеках Кичкени при моем имени? Я хотел сорвать их устами: кто сеет, тому должно и пожинать.

- То-то и беда наша, что мы в черном саду сеем.

- Купи же мне этот сад, Аджа-Ханум: не дай умереть, как соловью, на шипах этой розы. Высватай мне Кичкеню, и ты узнаешь, что я не только влюблен, но и благодарен. Я куплю тебе лучшую буйволицу изо всего Дагестана.

На другой день Искендер-бек получил ответ от опекуна Кичкени, Мир-Гаджи-Фетхали-Исмаил-оглы: он   был   полный   господин ее судьбины, потому что больная мать не имела никакой воли. "Скажите от меня Искендер-беку, - наказывал он Адже-Ханум, - что я живо помню отца ого, помню и то, что долги отца платят дети до третьего

---

[81] Чтобы понять всю едкость этого упрека, надо знать, что старухи мусульманки носят по большей части пестрые покрывала, и полем их сплетней с соседками служат обыкновенно кровли домов. Там, присевши на корточки, злословят они или бранятся между собою

колона. Старик был буйный человек и назвал меня однажды сыном позора в глазах всего народа. Я не успел взять с него крови за это, потому что русская власть придавила тогда наши обычаи широкой полой своей; я не схоронил с ним вместе моей обиды, не жег его гроба. Но разве я собака, чтобы ласкиться к тому, кто бьет меня? Да, правду сказать, хоть бы между нами не было не только лезвия, даже соломинки, что за находка мне, ага-миру, потомку пророка, залезать в родню к этому беку? В Дербенте семьдесят беков, ага-миров только пять, и я, конечно, из них не последний. И что поешь ты мне о кабине? На кабин его станет; а потом чем будет он жить с моею племянницею? Где у него родня, которая бы могла помочь ему в нужде, через которую и мне бы везде дали почетное место? Сколько вороньих яиц получает он доходу с дома? Много ли продает крапивы с поля? Голыш он, голыш науличный! Скажи ты ему наотрез - нет, и сто раз - нет. Я не принимаю к себе в родство молокососов, у которых голова и киса так пусты, что дунь - улетят. Саг олсун!".

Предоставляю судить всякому, какое бешенство обуяло Искендербека, когда ему слово в слово был передан насмешливый отказ. Наконец пена ярости скипела, и он затаил глубоко в сердце обманутую страсть свою и голодную ненависть. Он был татарин.

IV

Янан ерден, чихар тютюн.
С места, где горит, всегда дым подымается.
Пословица

Теперь вы знаете отношения Мир-Гаджи-Фетхали к Искендер-беку и не подивитесь, конечно, что он с большою неохотою, не сказать ли - с робостью, принялся стучать в его дубовые ворота. Это не был наглый стук заимодавца, не частые повелительные удары палкою комендантского есаула[82],или чауша, вестника приказа явиться в диван или наряда ехать гонцом куда-нибудь. Не походил он на бранчивый стук ревнивого мужа по возврате с базара или гордые колотушки отца, не ожидающие ни замедления ни прекословия; одним словом, на все звуки, имеющие свойство разрыв-травы, от которых замки распадаются, как соль, и половинки раскидываются настежь; нет, это был стук, средний между

---

[82] Есаулы - остатки ханского порядка, гонцы вестовые и охрана коменаданта, народ видный, смелый, смышленый и хорошо вооруженный. Чауш и - десятские.

гордостью и лестью, между извинением и просьбою, учтивый мягкостью тона, и многозначительный от расстановки.

Искендер-бек был не женат и не богат, и потому двери его растворялись очень скоро, без обычных мусульманских вопросов - кто там, что надобно; и растворялись наотпашь, а не чуть-чуть, из страха, чтобы гость не увидал его жены или сундука. Искендер-бек принимал гостей не на улице, как это большею частию водится у людей семейных, а прямо в доме, и просто в заветной своей комнате. Ему нечем было соблазнять воров сердец и воров денег; замки и подушки его не боялись чужого прикосновения.

- Буюрун, эфендиляр (милости просим, господа)! - раздалось из дому, и двери распахнулись приветно.

Искендер-бек сидел на пороге и покуривал коротенькую трубочку. Он наблюдал, как холил лезгин, нукер, его коня. Не встал, а вскочил он, завидя Мир-Гаджи-Фетхали в голове гостей своих... Молодая кровь хлынула в лицо. Но он быстро подавил и негодование и любопытство свое; он учтиво положил руку на сердце и, с легким склонением головы, просил пришедших в комнаты. Когда они уселись на ковры по родам, оправили чинно полы платья над поджатыми калачиком ногами, огладили бороды с восточною важностью и разменялись селямами да вопросами о здоровье родных и домашних, о состоянии благовонных мозгов и о прочем, начались сперва вздорные разговоры, околичнословия и предисловия, первые размахи пращи, назначенной ринуть камень. Дагестанские горожане, народ необыкновенно церемонный и красноглаголивый, - достойные подражатели персиян, которых именем и родством они очень гордятся. Там всякая глиняная голова величает себя золотою, кызиль-баш. Бегать они умеют только от неприятеля и по любят ветрености ни в речах, ни в приемах: я упорен, что для этого не хотят они строить и ветряных мельниц. Наконец Мир-Гаджи-Фетхали расступился речью о бедствиях, грозящих жатвам дербентцев. Не раз обращался он к свидетельству своих товарищей, которые в самом деле составляли приличный пролог и эпилог его картинам, - толстый и румяный Гусейн как настоящее довольство, сухопарый Ферзали как будущий голод. Видно было, однако ж, что засуха подействовала и на красноречие оратора: слова сыпались из его рта как из переспелого колоса, по завялые семена падали на каменную почву. Искендер-бек был, или казался, равнодушным, и только порой столбом вырывающийся из ноздрей его дым доказывал, не в пользу оратора, что в груди его что-то кипело. Мир-Гаджи-Фетхали заключил восклицаньем к пейгамбару Али, "пророку" шиитов: "Горе, горе Дербенту!".

- Маалюм-дюр (конечно)! - произнес Искендер-бек.

- Хальбетте-дюр (непременно), - подхватил Гусейн.

- Шекк-сюс-дюр (без сомнения)! - прохрипел Ферзали. И потом минута молчания.

И потом Искендер-бек с холодною учтивостью спросил, какую связь имеет засуха с его недостойною особою.

Он не мог дослушать до конца изложения, приглашения и назначения своего на подвиг водоноса.

- Мехтель зат (удивительная вещь)! - произнес он сердито. - Дербентцы не удостоивали меня до сих пор поклоном, не только добрым словом, и вдруг навешивают на меня заслугу, которой я не стою и не желаю. Зачем бы я, позвольте узнать, просил у аллаха дождя? Я очень рад, напротив, что моя кровля не течет теперь, что на небе нет туманов, а на улицах грязи. Вы смеялись, что я не сажаю своей марены: с чего же я стану плакать о вашей? Вы доносили, клеветали на отца моего; обобрали, гнали его, порочили и презирали меня, а теперь хотите, чтобы я служил вам, трудился за вас, пытал для вас милосердие божие, может быть на позор моей доброй славы. Ну есть ли какая-нибудь справедливость требовать этого? Есть ли какое право ожидать? Да и не в насмешку ли мне выбрали вы почтенного и высокостепенного Мир-Гаджи-Фетхали-Исмаил-оглы векилем, поверенным ваших озарительно мудрых выдумок? Впрочем, верблюда не вьючат, когда он на ногах; вьючат, когда поставят на колена: у меня с Мир-Гаджи-Фетхали особенные счеты; извините, господа, мы выйдем на минуту потолковать с ним, к сторонке!

И он дал рукою пригласительный знак Мир-Гаджи-Фетхали; и Мир-Гаджи-Фетхали, у которого лицо вытянулось длиннее осенней ночи, встал с такою улыбкою, будто она хотела укусить; оба вышли на галерею.

Должно думать, язык у старой лисы был точно обмакнут в мед или волшебство, в джадуллух, потому что, не прошло получаса, оба недруга вошли в комнату лучезарные и миловидные, ни дать ни взять как персидский орден Льва и Солнца, тем сходнее, что тегеранские живописцы изображают обыкновенно льва бородатым козлом, а солнце - червонцем.

- Эфендиляр! - произнес Искендер-бек, обращаясь к посланцам, - я имел свои причины не соглашаться на выбор дербентских жителей, но почтенный Мир-Гаджи-Фетхали, да сохранит его аллах в своей милости, разжалобил меня над бедами скудного народа, убедил, упросил испытать последнего, верного, священного средства, которое вы предлагаете, - принести снегу с Шах-дага и вылить его в море. Конечно, все в воле аллаха и в заступлении пророка, но, если теплая, чистая молитва может смягчить сердце всевышнего, я дерзаю думать, что облака развернут сжатую руку свою и дождь прольется. Молитесь, я буду трудиться. Я еду в эту же ночь: время дорого.

Приветы благодарности посыпались, туфли зашаркали. Искендер-бек остался один, глаз на глаз с своею душою. "Право, мне пришлось краснеть, - думал он, - перед этим Мир-Гаджи-Фетхали: я знаю, что он терпеть не может меня, а для общей пользы помирился со мной, выдает за меня свою племянницу... Абур адам (честнейший человек)!"

- Не человек - душа этот Искендер, - говорили промеж собой беки, - крепко сердит и на дербентцев и на Фетхали, а как брызнули на него слезами бедных - растаял!

Народ, обрадованный вестью о согласии молодого бека, запел и заплясал. Мир-Гаджи-Фетхали чуть не закинули с благодарности на небо. Похвалам добродетели Искендера не было конца.

А Фетхали смеялся в рукав. "Слово не заклад, - говорил он сам себе, - за полу не потянет. Ма-шаллах, я не дурак! Валлахи'ль-азим, билляхи'ль-керим, не дурак! Я бы захлебнулся позором, если б

Искендер-бек отказал мне. Сказали бы - он мыльный пузырь на весах уважения, он переломленного гроша не стоит! Что ж делать! Съел грязи - ударил рукой в руку этому гарам-заде (бездельнику); зато и завернул же я ему словцо в условие: если счастливо кончишь поход свой... Поглядим, посмотрим!"

А Искендер-бек с радости целовал своего коня, приговаривая:

- Дураки они, дураки, воображают, что я для их пшеницы отдаю йот свой! За такую красо-точку я не пожалел бы и крови. Эй, Ибрагим, задавай ячмень гнедому!

Скольких людей заклеймили бы мы стыдом, вместо того чтоб наряжать в похвалы, если б узнали, на какой закваске пекут они свои добрые дела! Но провидение - великий химик: оно кипятит и очищает в горниле своем все частные замыслы, все расчеты, для того чтобы отлить из них общее благо в прекрасную форму.

V

Насиб олсун!
Да свершится судьба!
Надпись на сабле

Куда, подумаешь, прекрасная вещица - нос! Да и преполезная какая! А ведь никто до сих пор не вздумал поднести ему ни похвальной оды, ни стихов поздравительных, ни даже какой-нибудь журнальной статейки хоть бы инвалидною прозою*! Чего-то люди не выдумали для глаз! И песни-то, и комплименты, и очки, и калейдоскопы, и картины-то, и гармонику из цветов. Уши они увесили серьгами, угощают Гайденовым хаосом, Робертом Дьяволом*, Фра-Дьяволом* и всеми сладкозвучными чертенятами музыки. Про лакомку-рот и говорить нечего: люди готовы бы жарить для него не только райских птиц, да самих чертей; скормить ему земной шар с подливкою знаменитого Карема*. А что выдумали они для носа, позвольте спросить, для почтеннейшего носа? Ничего! Положительно ничего, кроме розового масла и нюхательного табаку, которыми развращают они носовую нравственность многих и казнят обоняние остальных. Неблагодарно это, господа, как вы хотите: неблагодарно! Он ли не служит вам верою и правдою? Глаза спят, рот смыкается иногда прежде пробития зори, а нос бессменный часовой: он всегда хранит ваш покой или ваше здоровье. Он вечно в авангарде. Испортятся глаза - его седлают очками. Нашалили руки - ему достаются щелчки. Ноги споткнулись, а он разбит! Господи, воля твоя... за все про все бедный нос в ответе, и он все переносит с христианским терпением; разве осмелится иногда храпнуть: роптать и не подумает.

Ну, да забудем мы, что его преискусно изобрела природа, как бы разговорную трубу, для усиления нашего голоса, для придания ему разнозвучия и приятности. Умолчим, что этот духовой инструмент служит также и орудием всасывания благоуханий природы, проводником и докладчиком души цветов душе нашей. Откинем пользу его, возьмем одну эстетическую сторону, красоту, - и кто против носа, кто против величия поенного? Кедр ливанский, он попирает стопою мураву усов и гордо раскидывается бровями. Под ним и окрест его цветут улыбки, на нем сидит орел, - дума. И как величаво вздымается он к облакам, как бесстрашно кидается вперед, как пророчески помавает ноздрями - будто вдыхает уже ветер бессмертия. Нет, не верю, чтоб нос предназначен был судьбой только для табакерки или сткляночки с духами... Не хочу, не могу верить!.. Я убежден, что, при всеобщей скачке к усовершенствованию, нос никак не будет назади!.. Для него найдут обширнее круг деятельности, благороднее нынешней роли.

И если вы хотите полюбоваться на носы, во всей силе их растительности, в полном цвету их красоты, возьмите скорей подорожную с чином коллежского асессора и поезжайте в Грузию. Но я предсказываю тяжкий удар вашему самолюбию, если вы из Европы, из страны выродившихся людей, задумаете привезти в Грузию нос на славу, на диковину. Пускай объявите вы у тифлисского шлагбаума, в числе ваших примет, нос Шиллера или Каракаллы*: суета сует! На первой площадке вы убедитесь уже, что все римские и немецкие носы должны, при встрече с грузинскими, закопаться со стыда в землю. И что там за носы в самом деле, что за чудесные носы! Осанистые, высокие, колесом, а сами так и сияют, так и рдеют; ну, вот кажется, пальцем тронь - брызнут кахетинским. Надо вам сказать, что в Грузии, по закону царя Вахтанга VI*, все материи меряются не аршинами и не локтями, а носами со штемпелем. Там говорят: "я купила бархату семь носов и три четверти", или: "куда как вздорожал канаус, за нос просят два абаза". Многие дамы находят, что эта мера гораздо выгоднее европейской.

Да и в Дагестане, нечего бога гневить, хоть редко, а попадаются такие носы, что ни один европейский nasifex, или ринопласт, то есть носостроитель, не посмеет без стропил выкроить. Не дальше искать, у дербентского бека Гаджи-Юсуфа, да укрепит аллах его плечи, такой ветрорез, что, конечно, сделал бы честь любому носорогу. Нельзя мимо пройти без страха и умиления; так, кажется, и рухнет этот эрратический[83] утес на ноги! Зато под его тенью могли бы спать три человека. Должно полагать такой нос был в большом уважении между всеми правоверными носами, потому что дербентцы выбрали хозяина его в проводники Искендер-бека; других достоинств, по крайней мере мною, за ним не замечено. Правду сказать, Юсуф, побывав при каком-то своем родственнике в Мекке, столько рассказывал чудес про все, что видел и делал, что между ротозеями, на базаре, слыл по крайней мере за льва пустыни. "Билян адам-дюр, гаджи хавай де-гюль (опытный человек, недаром путешествовал)", - говорили усы и бородки, когда тот без милосердия рубил языком головы кровопийцам, железоедам, разбойникам, кан-ичан, дамир-еян, гарамиляры; как однажды заблудился он в таких горах, что по хребту идешь, звезды, как репейник, в шапку цепляются; как питался он там две недели яичницею из орлиных яиц; как ночевал в пещерах, в которых такое сильное эхо, что чихни - оно "аллах сахласын (здравия желаю)!" - отвечает[84]. И пальцы слушателей невольно прыгали в рот от удивления, и восклицания: "машаллах, иншаллах" раздавались кругом. Понабрался бы у него Бальби* топографических и статистических сведений! Говорит - не задумывается, а скажет - так задумаешься. Господи, твоя воля, каких-то птиц, каких зверей не ловил он! Сам Кювье* в допотопном мире подобных и не выкапывал. А людей-то, что за людей видал! Черти, да и только! У тех две головы и одна нога; у других вовсе нет головы, а думают брюхом. Эти питаются одними облаками, те глотают скорпионов не поморщившись, а скорпионы там с буйвола. Ну уж рассказчик был этот Гаджи-Юсуф! Да как примется клясться и божиться, даже пророк за бороду хватается. Я подозреваю, что он сам назвался в товарищи Искендер-бека, затем что россказни его очень поизносились; несмотря на множество заплат, которыми он их подновлял, надо было нарвать пучок свеженьких на Шах-даге. Как бы то ни было, миг

---

[83] Заносный издалека водоворотами или землетрясениями; огромный обломок, чуждый составом почве, на которой лежит. Геологический термин.

[84] Татары при чиханье здравствуются, точно так же как русские.

137

спустя после намаза Гаджи-Юсуф, в полном вооружении и на коне, стоял у ворот Искендер-бека и кликал его на всю улицу. Все соседние щенки и ребятишки сбежались полаять и подивиться на пегливана (на богатыря)[85]. И точно он был, говоря словами волынского летописца, "дивлению подобен". На папах свой, по праву молельщика, навертел он в чалму целую простыню; ржавая кольчуга и стальные поручни выглядывали из-под чухи, испещренной галунами. На боку бренчала сабля; огромный кинжал рисовал на брюхе эклиптику. За поясом торчал пистолет; с пояса висели сумки и сумочки, накременники и пороховые рожки; сзади ружье, на которое заброшены были откидные рукава; на луках висели ковш, плеть и карманчики, - с чем, не знаю, - да и черт знает чего у него не было. Желтые сапоги с высокими каблуками довершали наряд: ратник наш насилу шевелился под своей военной сбруей. Граненый нос его сверкал последним румянцем зари и вовсе не мусульманскою краснотою. Молодец, кажется, на дорогу хватил заветного.

Искендер-бек выехал.

И оба они, миновав чешуйчатые ворота Дербента и осыпанные напутными благословениями народа, сидящего у ворот, пустили вскачь копой своих по Кубинской дорого: как не показаться, но поджигитовать перед толпою! Разумеется, что молодец Искендер несся впереди на лихом своем карабахце; за ним Юсуф; потом какая-то собачонка, которая из одного усердия провожала с лаем каждого коня; потом пыль, потом...? Потом ничего. Путники исчезли.

Но не вдруг исчез Дербент для путников. Доскакавши до холма Даш-кесен, они остановились, чтобы послать прощальный взгляд городу. Вид был прелестный: слева крепость Нарын-Кале ярко отделялась своими белыми зданиями и красноватыми башнями на зелени предгорий, а яркая зелень обнимала холмы, как фата грудь красавицы. Сквозь нее там и сям пробивались каменные сосцы. Справа играло море, как оживленное серебро или глазетовая дымка, чуть струимая ветерком. Жемчужная бахрома прибоя то обнажала, то покрывала опять взморье; два брига, как спящие киты, тихо зыбились на влажном поле. Городская стена, спадающая ступенями, тянулась, чернея, поперек, и, будто дряхлый старик, подпершись башнями, казалось, дышала открытыми воротами; буйволы, неподвижные как на картине, стояли сбоднувшись; вереница ослов, с медными кувшинами на спине и с мальчиками, сидящими у них на хвостах, завивалась около фонтана. Подвижные группы идущих и сидящих татар, но холмам и близ стен, сновались живописно, и между них порой мелькали две-три белоснежные чадры, пролетали будто лебеди по

---

[85] Пегливанами называют также прыгунов по канату, которые показывают вместе и чудеса силы и ловкости.

черной туче, и пасть ворот поглощала их. Зоревой барабан, последний приказ дня, смолк, флаг упал, ворота сомкнулись тихо за толпами жителей, все опустело, все померкло... Грустно стало Искендер-беку, неизъяснимо грустно. Ему казалось он позабыл душу в Дербенте. Уверенность в успехе его оставила, даль и сомнения раскинулись впереди безбрежною степью. Она на севере, - а надо ехать к югу, разорвать надвое сердце, раскинуть половинки бог весть куда, бог весть надолго ли!.. О, если вы были когда-нибудь молоды душою, любили душою и в первый раз удалялись от того места, где живет она, вы поймете тоску Искендер-бека! Если вы хотите, это глупость - воображать, что, дыша одним воздухом, мы мечтаем одну мечту; что, взглянувши десять раз на окно, даем десять воспоминаний; но это утешительная глупость! Это дарит нам самим мечты и воспоминания, правда одинокие, зато чистые, зато яркие, зато умирающие девственными. Воображение наше всегда роскошнее действительности; воображение - поэзия: оно порхает птичкою, на его крыльях нет ни бальной, ни подорожной пыли. Действительность - проза: она роется в подробностях словно крот, она зевает за бостоном с матушкою и в восторге от своей невесты разглядывает, не поддельный ли жемчуг у нее на шее; или ухаживает за мерзавцем мужем, подкупает служанок, шляндает по задворьям, чтобы пробраться в рай; в обетованной земле может хотеть египетского чесноку, то есть ужина; и... и... Со всем тем я бы отдал целый поток чистейших мечтаний за одну струйку одеколона, брызнутую на меня кстати: добивайтесь вы толку у людей!

- Поедем! - сказал Гаджи-Юсуф. - Коли не остались в городе с живыми, нечего медлить за городом с мертвецами, - сожгу я их гробы! улларын кабириляры яндырам! Посмотри, Искендер; гробовые плиты по кладбищам будто шевелятся, будто обходят нас; да и проклятая виселица у третьих ворот вытягивает вслед за нами свою черную лапу.

- Это она по тебе вздыхает, Гаджи-Юсуф-бек; боится, чтобы ты не изменил ей, не убежал от нее, - возразил Искендер шутя.

- Плюю в бороду ее отца! Всякий раз, что пройду мимо, кажется, она так и хватает за ворот. По правде тебе сказать, Искендер-бек, не будь над нами этих гяуров, не усидели бы мы, молодцы, за стенами. Ружье за плечи, ногу в стремя, и чуть улитка-месяц покажет рожки свои - берегись караваны! Уж задал бы я себя знать и этим табасаранцам: парча-парча эйлярдым, в куски, в лепестки бы рубил!

- Ну, брат Юсуф, ты, видно, из совиного яйца проклюнулся, что ночью такой храбрый становишься. Во время осады Кази-муллою видел я тебя днем в схватке, или, лучше сказать, не видал я тебя ни разу в схватке. Не орлиное, кажется, у тебя сердце.

- Душечка, жертвочка ты моя, джаным, курбаным, Искендер-бек! Что ты вечно шутишь надо мной? Не при тебе ли я снес голову бейрахчи (знаменщику), когда ходили на вылазку на Кейфар-скую гору? Гарам-заде так был зол на это, что голова его уж на полу укусила меня за ногу! Неужто ты не видал этого?

- Не хочу хвастать, не допустил аллах!

- Да и разве люди эти лезгины! Лезги ганда, гюзги ганда! Аи ганда, дораи ганда (куда лезгину глядеться в зеркало! куда медведю одеваться в тафту)! Стоит ли их глупым, необтесанным пулям подставлять свой образованный лоб? Убей лезгина - одною лопатою меньше[86]; а ведь если меня убьют, сам аллах призадумается, кем заступить мое опустелое место на дербентской шахматнице. Зато уж валял же я их из пушки! Топчи-баши, бывало, так меня за полу и держит: "Наведи, говорит, Юсуф, ты мастер целить". Что делать, наводишь; иногда и нехотя: гьозим усти! башим усти! изволь! ради моего глаза! ради моей головы! Да как грянешь из падишах тапенджасындан (из царского пистолета), так, где кучка лезгин была, одни крошки летят! Посмотришь - воробьи расклевали! Ну уж потешил я свою душеньку: и все даром отличался! Забыли начальники, так же как и тебя, Искендер. Обоим нам фук дали!

"Шайтан апарсын (черт возьми)! - подумал Искендер-бек. - Сперва я рад был, что меня не наградили наравне с некоторыми трусами, а теперь и в числе недовольных вместе с Юсуфом быть стыдно".

- Однако не слыхал ли ты чего, Искендер?

- Чего здесь услыхать, кроме шелеста ветра по лесу да чакальего плача!

- Анасыны, бабасыны, атасынын эвельдакиляры батаим (и мать, и отца, и предков отца этих чакалов утоплю я)!.. Что это они распелись словно тавлинские* девки на чикмасане (на вечеринке) Улу-бея?

- Верно, чуют себе ужин из свежих трупов, так заранее радуются. Да и правду сказать, если твой нос достанется им в добычу, есть чему! Дербентские беки сделались нынче такие сидни, что самим чертям их мясо в диковинку; чакалкам и подавно!

- Не пугай понапрасну, душа моя Искендер! Худое слово кличет худое дело. Долго ли до беды! Теперь что ни самая-то пора для разбойников, теперь они рыщут по дорогам, как голодные тигры: ведь недаром говорят, когда в горах зерно не родится и сам-друг, порох родится самсот. Если Мулла-Нур ?..

- А кто такой этот Мулла-Нур ?..

- Тише ради Гусейна и Алия! Тише, Искендер! Не дожить мне с тобой до завтрашней бороды! У этого проклятого Мулла-Нур а уши на всех деревах вместо ягод растут, паутины его раскинуты везде. Не думаешь, не

---

[86] Лезгины нанимаются всегда копать марену у дербентцев и их обыкновенно называют лопатниками, кюрекли.

гадаешь, а он, откуда ни возьмется, давай строчить из ружей, покуда аман не закричишь.

- А потом?

- А потом, разумеется, к расчету: Мулла-Нур большой шутник; если заметит, у кого душа вынимается вместе с червонцами, оберет до нитки; с иного, напротив, если ему взгляд по душе прийдет, не возьмет и рубля. У того потребует золота весом на две на три пули: у другого - серебряных монет сколько уложится на кинжал. "Я, - говорит он, - сам купец, торгую свинцом да булатом". Порой, бывает, только два на сто с товара возьмет. "Ведь платите же вы рахтар[87] на всякой переправе, в каждом городишке. А чем я хуже шамхала?" И все платят, да еще похваливают, что без прижимок и проволочек пропускает.

- Да разве у этих купцов одни трубки вместо огненного оружья? Разве этот разбойник из чугуна вылит?

- Не то из чугуна - из кованой стали! Сказывают, никакая нуля его не берет. Аллах акбер (бог велик)!

- Если тебе верить, Юсуф, так он шайтан, не менее: потому что без чертовской помощи как мог бы один человек останавливать и грабить целые караваны!

- Видно, душа моя Искендер, что ты в сундуке рос и кроме домашнего петуха песен не слыхал. Да кто тебе говорит - у Мулла-Нур а нет товарищей? Кому несеяный хлеб наскучит? Взойди здесь на первую горку: "кто ко мне, кто со мной, стрельцы, удальцы, бездомные молодцы?" - от всех сторон, с поморья и с угодья, на это слово слетятся головорезы, все, у кого имение укладывается в ножны, все, кому ружейный заряд души дороже. Примером сказать, не будь у меня сбоку родных да впереди наследства и этого стоглазого коменданта над головою... я бы сам... друг мой Искендер... Ой, Искендер-бек, куда ты удрал? Этакой иноходью как раз въедешь в пасть шайтана! Недаром говорят, что темнота - чертов мост; а теперь так темно, зюльмат кими (точно в преисподней)! Что же не отвечаешь, Искендер?.. О чем ты задумался?

- Я думаю, что ты был бы плохой наездник, Гаджи-Юсуф.

Я плохой наездник? Я? Есть ли у тебя стыд, Утан-мазми-сын, Искендер! Баллах, биллях! Жаль, что ты не видал, как под самым Шамом (Дамаском) отработал я разбойников. Не хвастовски сказать могу, весь караван молельщиков у меня в ногах валялся. Правду сказать, и было за

---

[87] Пошлина. В мусульманских провинциях не только провоз товаров через каждый город обложен ею, но, по старым правам, многие ханы взимают пошлину за переезд через свои владения. Это чрезвычайно стесняет тамошнюю торговлю.

что. Дуз чурек кой гозляры тутсун (пусть мне хлеб-соль очи залепит), если я лгу! Ружье у меня раскалилось докрасна, так, что само стреляло, а сабля - чистый мисир, с золотою струйкою, - она у меня до сих пор как свидетель у стенки стоит, - сабля гребнем вызубрилась: да и расчесал же я этим гребнем арабские бороды, анасыны, бабасыны! А что за бороды у них, Искендер! Черкес япунджа кими (словно черкесская бурка) на плечи закинуты. Кончилось тем, что ровно семерых я до смерти убил, а двух, алин аллиннан баглииб, эгер-устине чекиб (рука с рукою связавши, на седло потянувши) в тороках до ночлега привез. На другой день шамский паша, при нас же, всех трех этих разбойников сжег: словно бурьян горели, бездельники, - так и трещат. Куда сухой народ эти арабы!

- И чернолицый, я думаю?

- Аллах упаси, какой чернолицый! Ни дать ни взять, сапог русских офицеров. Бывало, не пощупавши рукой, никак не узнаешь, где у них рожа, где затылок.

- И не краснеют они?

- Заводу нет краснеть! Я пробовал: даже пощечинами краски не добьешься.

- Вот бы тебе оттуда вывезти пару таких щек, Гаджи-Юсуф! А то, не ровен случай, родимые, хоть и желтый сафьян, все могут иногда полинять от подобных россказней. Ружье твое, на что железо, а и то имело больше тебя совести: покраснело-таки!

- И ведомо, покраснело от накала: спроси хоть у Сафар-Кули!.. Жаль, умер он недавно; что бы ему подождать, мошеннику, до сегодня! А то перед тобой хоть весь в клятвы рассыпься - не поверишь. Такая, видно, в тебе кровь, что ни с водой, ни с маслом смешать нельзя: след в след по отцу пошел! Да что же ты в самом деле трусом, что ли, в уме держишь меня? Подавай мне сейчас дюжину самых лютых людоедов: разобью я их путь и пору, иолины, динины кесем! Проглочу; и на семь лет без вести пропадут! Покажи мне их! только покажи ты мне их! Пхе!.. Ну-тка, умудрись мне их показать теперь? Чего, брат, я не вижу, того знать не хочу! Заглазно и коня не покупают; а я тебе стану без глаз драться? Нашел дурака! Я люблю, чтобы солнце любовалось на мою отвагу, чтобы сам я видел, куда метить; я ведь человек расчетливый, никуда не бью врага, кроме правого глаза. Чем он будет целиться, когда правого нет, а левый прищурен? Заневолю ружье бросит!

- Я повода бросил, Гаджи-Юсуф! У меня оба указательные пальца во рту от удивления. Ма-шаллах!.. Иншаллах, как бы нам поскорее свету дождаться да, бог даст, встретить хоть десяток разбойников на закуску... Я отступаюсь от своей доли, я их всех тебе отдаю. Я не обнажу не только кинжала, даже вилки из кинжала[88], валлах, биллях, не обнажу!

- Не божись даром, Искендер: черт меня унеси, это предурная привычка! Здесь и без исканья много разбойников, а ты к ним на встречу напрашиваешься. Видишь, какой здесь край воровской: шайтан утащил с неба месяц, а ночь у нас и дорогу из-под ног вытаскивает... Ай, ай, ай, Искендер!

- Что с тобой сталось, Юсуф? Кто тебя?

- Ох, ох, перепугал проклятый!.. Я поймал кого-то, Искендер. Ким сен, гардан-сен (кто ты, откуда ты)?

- Тащи его сюда, бездельника!

- Упирается, нейдет!

- Так брось его, да в сторону: я буду стрелять!

- То-то и беда, что не пускает: вцепился, мошенник, точно ястреб в фазана... Ой, ой, до костей когти запускает...

- Ты, видно, забыл, что на тебе кольчуга, Юсуф, что у тебя пистолеты за поясом!

- Забудешь, что и голова на плечах!.. Ой, выручи, Искендер-бек, ради самого пророка выручи! Искендер-бек не спешил; он знал, что у страха глаза велики. Он подъехал шагом, ощупал кругом Юсуфа и сказал вполсмеха и с полудосадою:

- Так и есть! В него терновый куст вцепился! Ах ты, дали-баш, дали-баш, горемыка[89], возил бы ты лучше на осле воду из фонтана, чем ездить на коне в горы за снегом! А еще разбойничать собирается!

- На худой конец разбойников колотить мое дело, - произнес ободренный Юсуф. - Задал же я ему тумака, бездельнику... Лови, лови, Искендер; вон он под кустом шелестит словно ящерица... Слышишь?

- Слышу, как на тебе колечки дрожат!

- Дрожали, брат, и у этого лезгина косточки, когда я его тузил! Сжег я бороду его отца, да и его собственной бороде спуску не дал. Теперь он черту в чубукчи годится: пощупай-ка, сколько волос я у него из усов выщипал!

И Гаджи-Юсуф рванул целый клок из правого зильфа своего (локона сзади уха) и насильно втиснул его в руку Искендер-бека. Между

---

[88] На исподней стороне ножен приделывается обыкновенно место для ножичка, бичав, и шила, биз. Хотя последнее и похоже на однозубую вилку, но как мусульмане едят все руками, то она предназначена для провертывания путлищ.

[89] Дали, или дали-баш, собственно значит безумная, удалая голова, храбрец; но у турок дели-баши - особенный род кавалерии. Они носят высокий черный колпак, с рукавом, с него веющим, и первые кидаются в ряды неприятельские.

хвастунами есть свои ханжи и свои мученики. У Юсуфа текли слезы от боли.

И вдруг он схватил за поводья коня Искендерова.

- Посмотри, погляди вперед, - произнес он трепетным голосом, - видишь ли, как сыплются искры? Это с полки срывает... Там засада!

- Там Дарбас, - отвечал спокойно Искендер, - неужели ты не видишь и не слышишь, как сверкает и шумит река?.. Худые же приказчики твои уши и глаза, Юсуф: надувают тебя на всяком шагу в половине со страхом! Право, я бы тебе советовал выбрать в проводники свой нос и ехать лучше ощупью.

- Лучше совсем не ехать, Искендер! Река?.. Безделица! Бешеная река!.. Шутка! Да теперь сам шайтан нарочно, я думаю, кипятит снега и камни в горах, чтобы в мутной воде утопленников ловить; он не разбирает, есть ли, нет ли чешуя на этой рыбе[90]. Искендер-бек, душечка ты мой, Искендер, не езди! Пожалуйста! Миннет эйлярам! тавакой эйлярам сана! У меня конь так и спотыкается. Пустим коней покормиться, а сами переждем здесь ночь... Не слушает! Уф, уф, так на седло и плещет! Напьешься после, разбестия. Да какая же холодная вода!.. Что ж ты стал среди реки, гарам-заде? Ух, кто-то тянет меня за полу!.. Ой, падаю, ой, тону!

К счастию, Юсуф удержался в седле, и конь, выскочив на берег, зафыркал, затрусился, заржал. Переправа была в самом деле опасна, и молодой бек, выехав ранее на другой берег, то хохотал, то трепетал, слыша жалобные восклицания своего хвастливого спутника. По крайней мере Юсуф, почти выкупавшись, выудил в реке достаточную причину сваливать на лихорадку страх свой. Перед рассветом наши путники доехали до Самбура, а тот ревел и кипел, разлившись широко. В мутных волнах прядали, гремели, мелькали каменья; глухой гул стоял над потоком. Они стреножили коней и пустили их щипать мураву, а сами легли отдохнуть под бурками. Юсуф и тут не перестал бояться, не перестал хвастать; Искендер мечтал, засыпая. Один рассказывал про то, чего никогда не было; другой наслаждался в мыслях тем, что, может быть, никогда не сбудется. Наконец разговор, составленный из вздохов Искендера и зевков Юсуфа, редел, редел и прекратился. Впрочем, пугливый герой спал вполглаза, и вполуха: он раз десять окликал собственный свой нос, воображая, что кто-то крадется задушить его, что кто-то, трубит в рог, - а это он сам храпел. Он бредил, но и сквозь бред пробивались клятвы и обломки хвастовства...

---

[90] Закон запрещает мусульманам есть бесчешуйную рыбу, и оттого рыболовство у них почти неизвестно.

Разгадайте мне, пожалуйста, отчего трусы всех возрастов и всех стран на одну стать. Природа или расчет - в них хвастовство? Так или этак, но меня не обманывала примета: кто обнажает саблю, не видя неприятеля, или много рассказывает про себя после дола, тот, верно, не из храброго десятка. Истинное мужество немногоречиво: ему так мало стоит показать себя, что самое геройство оно считает за долг, не за подвиг; а кто рассказывает про свои долга? Трусость, напротив, бесстыдно скрываясь перед неприятелями, бесстыдно поднимает нос перед приятелями и сочиняет наглые небылицы. Чем же, вы думаете, это кончается? Очевидцы хохочут, а слушатели привыкают верить, особенно люди, в которых более чести, чем прозорливости. Смотришь, хвастун награжден вдвое; и не мудрено: у строевого меча одно острие, а язык - меч двуострый. Дело уходит в область минувшего без возврата, слово повторяется по произволу; оно живет, оно живит.

По-моему, шпага есть прекрасная эмблема истинной храбрости, одетой в скромность: она всегда в ножнах во время мира, она не бренчит и не сверкает как болтливые шпоры.

Впрочем, пусть не ропщут на меня охотники пенить свою водицу: хвастовство - природа человека, потому что человек горд от природы. Послушайте-ка, что говорит он: "свой ум - царь в голове, а с умом я - царь природы". Дом его провалился сквозь землю, нос упал на землю, сам он умирает оттого, что холодный ветер дохнул ему в лицо - а он даже на исповеди не кается, что называл себя царем природы. Обманывая себя, привыкают обманывать других. И в самом деле, что такое воспоминание, что такое надежда? Хвастовство минувшего и будущего! То и другая надувают, хотя не наполняют нашего настоящего. Настоящее - миг пробуждения между двумя снами, но - миг забот и страхов, миг голода желаний и жажды ума, миг, помноженный на страдания и наслаждения души и тела попеременно. Только в этом мы страх близоруки: все, что еще вдали или уже далеко, нам кажется величавым и пленительным. Все, что нам заветно или недоступно, рождает неутомимую охоту овладеть им.

Вот почему хвастун и завистник, две стороны одной и той же поддельной монеты, сами на себя доказывают, что дела или достоинства, которыми они хвалятся или которые они унижают, им невозможны.

VI

Сычан гюранда, пелянга охшатан пишик, ослан гюранда, сычана дюнды!

Кошка, завидя мышь, тигром надулась, а перед львом сама прикинулась мышкою!

Присказка

Сладостно пробудиться от первого луча солнца, когда он, как резвун попугай, прокрадывается сквозь занавес в спальню и золотым клювом своим сбрасывает одеяло мрака с милого лица жены, покоящейся будто роза на листике. Сладостно, едва ли не сладостнее, открыть очи после краткого сна на свежей мураве, под пологом неба; открыть - и прямо, уста к устам, увидеть, ощутить лицо природы. Невеста всегда милей жены, еще не своей, - а природа вечно невеста! Искендер-бек потянулся с негою, медленно поднял веки, еще полные сновидений, и перед мим как их продолжение открылась пышная картина утра. Кругом дремал лес, облитый, перевитый южною зеленью; перед очами в вышине горел и дымился снежный Шах-даг, как серебряное кадило; перед очами внизу катился бешеный Самбур, то разбрызгивая влажным вихрем, то судорожно свивая в кольца волны свои точно змей, ущемленный между скалами. Соловей повременно покрывал своею песнею рычанье потока...

И глубоко отозвались в душе Искендера эти прерванные звуки. Казалось, ими разрешалась недосказанная загадка души; казалось, в них обретал он собственные выражения, язык любви, его томящей... Он был весь внимание... Но в самый тот миг, когда певец лесов рассыпался звездами блистательных звуков, Юсуф захрапел, как лопнувший барабан. Искендер-бек потерял терпение и в досаде ткнул закрученным носком своего сапога выставленный из-под бурки нос его... Юсуф вскочил!

- Что там?.. Шайтан тебя унеси, Искендер-бек: наступил мне на нос, а у меня, слава аллаху, нос не горошина, у тебя глаза не на затылке.

- Однако ж и не на каблуках. Извини, брат Юсуф, пожалуйста.

- Какой леший учил тебя плясать по моему носу? В плясуны по канату, что ли, ты собираешься или хочешь заранее привыкнуть к переходу через Эль-сырат?[91].. Стряхну я в ад твою душу! Валлага, билляге!

- Из каких пустяков, право, ты разгневался! Ведь нос твой не из фарфора литой, не из Стамбула привезен! Видишь, я топнул ногой с досады на соловья: помешал мне, крылатая свистулька, слушать, как ты храпишь.

- Чтобы вам обоим питаться весь век одним запахом роз; чтобы шипы их были для вас колючи, как носок твоего сапога; чтобы!..

- Полно, полно, Юсуф, не корми чертей этими пряниками! Слышишь,

---

[91] Через пламя джегеннема (ада) для перехода в рай лежит, как лезвие сабли острый, мост Эль-сырат. - Алкоран.

146

что поет мулла в Зеафурах?[92] "Молитва лучше сна!". А я добавлю - "и лучше клятвы!".

Совершив омовение и молитву, путники наши решились бродиться за реку. Вода, от растопленных дневным жаром снегов, за ночь немного стекла; но кто знает горные реки летом, кто знает Самбур в особенности, тот скажет вам, что переправа через эту реку в разливе во сто раз опаснее боя. Если конь ваш споткнулся, вас не спасет ничто и никто. В один миг череп разлетится о камни, а быстрина увлечет в море. Со всем тем привычка и необходимость обращают этот подвиг в самое обыкновенное дело, хотя ни та, ни другая не мешают проезжим тонуть весьма нередко. Предчувствуя беду, конь упирается, мочит ноздри в пену, озирается во все стороны, дрожит; но удар по крутым бедрам - и он бросается в воду, задними ногами скользя с крутого берега. Чтобы противустать быстрине, он ложится навстречу ей: седло погружено, волны прядают через луку, брызги летят в глаза, часто камни, ударившись один о другой, крутятся мимо... Кажется, конь клонится, падает, грузнет; и точно, будто не трогается с места, - так стремительно несется река, так блещет и кружится перед глазами ртутная влага!.. Горе тому, у кого несилен конь; вдвое горе, у кого сдаст голова или сердце в роковую минуту поворота посередине реки. Обыкновенно сперва съезжают вниз по течению, и потом, описав острый угол, едут против быстрины на въезд. Да сохранит же вас бог вспоминать тогда правила кавалерийской езды, чтобы, посадив лошадь на задние ноги, вдруг повернуть ее пируэтом! Масса воды, ударившись в широкую площадь бока, непременно собьет лошадь, не имеющую опоры. Напротив, заставьте коня лечь на перед и отдайте потом все его тело силе течения, - оно само поворотится на оси и конь, уже твердо стоя на каменном дне, грудью пойдет в разрез валов[93]. Говорю об этом вместо маяка для тех, кого судьба приведет на Кавказ... Я потерял одного товарища моего детства, оттого что он не умел управить конем в ничтожной речонке: он был измолот!

Оба бека, благодаря сноровке и привычности коней, счастливо совершили переезд через оба рукава Самбура. Юсуф, который во все время это не вымолвил слова, - потому что у него занялся дух, - едва выскочил на берег, снова принялся браниться и клясться; он откашливался проклятиями, как будто бы они от этого невольного воздержания набились у него в горле.

- Выпей черт эту реку! Утоплю я в ней свинью!.. Пускай водятся в ней

---

[92] Зеафуры - селение по правую сторону Самбура.

[93] Почти все черкесские лошади ворочаются на передних ногах, а зад заносят. Это для нас, европейцев, очень неприятно; но туземцы гоняются не за красой, а за пользою.

одни бесенята вместо рыбы!.. Слыханное ли дело - надулась до того, что вода под самое сердце хватает? Иссохни же так, чтобы лягушке нечем было вымыть лапок перед намазом! Захлебнись твое дно грязью! Оборотись оно большою дорогою собакам!..

Да то ли еще говорил Гаджи-Юсуф! Так ли он величал беднягу Самбур по всем восходящим и нисходящим поколениям! Щедр был он на это, нечего сказать, да и разнообразен, куда разнообразен: что ни брань, то обновка. Только все эти обновки обшивал он старинною бахромою - анасыны, и прочая, агзуа, и прочая, из которых во время владычества татар мы кое-что для домашнего обихода "переделали на русские нравы". Говорю - во время владычества татар потому, что ранее ни в одних летописях таковых не встречается, следовательно в русском языке оных дотоле и не существовало: это ясно как червонец.

- Ну, к кому же заедем покормить ячменем коней и пообедать сами?[94] - сказал Искендер-бек. - У меня в Зеафурах нет ни души знакомой.

- Да и незнакомой души не найдешь в целой этой деревне. Сожгу я бороды этих двуногих собак! Без абарата[95] здесь и лбом ни одной двери не отворишь. Хоть умри на улице, никто не поднимет, как зачумленного.

- Видно, зеафурцы учились у наших горожан гостеприимству? По крайней мере у нас есть базары.

- А вот попытаем и здесь, не выманим ли какую душонку на абаз, как скорпиона на свечку. Поглядывай по дворам, не увидишь ли серой бородки, Искендер... Серые бороды добрей и сговорчивее прочих. Белая борода - верно старшина, то есть верно плут; красная борода - без сомнения, человек зажиточный; у него и серебрецо водится и женка покрасивее; не пустит из одной ревности. А кто дожил до серой бороды, у того, конечно, есть домишко и желание купить хенны, чтобы перекрасить себя. Эй, приятель! селям алейкюм! Не позволишь ли нам у тебя отдохнуть часок да отведать хлеба-соли?

- Алейкюм солям! - отвечал высокий угрюмый татарин, глядя через колючий забор. - Вы по службе, что ли?

- Нет, по дружбе, добрый человек!

- Абарат есть?

- Фитат есть[96], и больше ничего. Ну, шевелись, товарищ, отворяй-ка вороты!

---

[94] Мусульмане плотно завтракают часов около семи утра, а ужинают при закате солнца, - в полдень никогда не едят и считают это вредным.

[95] Абарат - необходимая вещь для путешественников по Азии: это предписание начальника округа или хана, чтобы вам давали ночлег, пищу и коней.

[96] Самое чистое серебро.

- Милости просим! Хош гяльды! У меня часто керван-сагибляры[97] ночлегуют; и ни конь, ни человек на Аграима не пожалуется.

Запор упал. Странники въехали во двор, попустили подпруг коням, насыпали им на бурку ячменю. Надо вам сказать, что дагестанские поселяне живут очень опрятно; домы почти всегда в два яруса; построены где из нежженого кирпича, где из плетеной мазанки, но выбелены снаружи и внутри. У одной стены - камин, выходящий углом; кругом комнаты в рост человека - лепной карниз, уставленный посудою; на полу если не паласы[98], то очень чистые циновки, гасиль. Окон почти никогда нет, потому что все работы и беседы происходят на открытом воздухе, даже зимой. Мусульманин заботится не о том, чтобы видеть, но чтобы не быть видимым: это - основное правило не только его архитектуры, но и всей жизни. Аграим просил гостей в верхние комнаты. Поставив оружие в углу передней, они вошли в хозяйскую спальню и очень удивились, не встретя прежде никаких примет самки, что посередине стоймя стояли женские туманы. Вопросы вообще для ази-атцев - самая щекотливая струна, но вопросы о женщинах они просто считают неприличностью, о жене - обидою. У Гаджи-Юсуфа очень чесался язык но крайней мере потрунить над заветною мебелью, но он боялся навести хулу на свою городскую учтивость.

- Не попотчуешь ли нас пловом, хозяин? - спросил он.

- Сам пророк не едал такого плова, какой готовила у меня жена! Аллах, аллах! Бывало, все гости пальцы обкусают; так весь в жиру и купается! А уж белый-то какой, рассыпчатый, да с изюмом, с шафраном!

- Это, кажется, Дербент-наме[99] повесть, - шепнул Искендер-бек товарищу.

- Это Дербент-дары[100], - прибавил Юсуф, укусивши чурек с пендырем (сыром из овечьего молока) как предисловие обеда. - Кажется, этот смурый грешник хочет угостить нас только жениными туманами!

. - А почему нет! - возразил Искендер. - Хозяйка не пожалела на них масла. А что, если б твои домашние[101], приятель, сложились в одну душу,

---

[97] Керван-сагиби - хозяин каравана; ляр - окончание множественного числа в татарском языке.

[98] Род ковров без ворсы.

[99] Дербент-наме - повествование о Дербенте, смесь нелепых басен с историческими истинами: полупоэма, полусказка, очень старинная и весьма уважаемая.

[100] Городская стена Дербента. А славная огромностью своею стена, идущая через горы, зовется Даг-бары - горная стена.

[101] Заметьте, он не говорит - твои жены, но - твои домашние, эвдакиляр.

бир джан олуб, да состряпали нам хотя хынкалу?[102] - обратил он речь к хозяину.

- Хынкал? Где ж у меня хынкал! Кази-мулла съел баранов, земля проглотила посев. Домашние! Вай, вай! Кто ж у меня теперь домашние, кроме этого кота? Умерла моя молоденькая, приго-женькая Уми... С ней закопал я свои последние пятьдесят серебряных рублей в могилу! Плачу не наплачусь досыта над ее туманами!

И он зарюмил.

- Чудесный памятник! - шепнул Юсуф.

- Придется и нам поплакать, - молвил Искендер.

- Дай нам хоть кислого молока, хозяин.

- Кислого молока, джаным? То-то, бывало, моя Уми превкусно его готовила... Да на это ли одно была она мастерица!.. А теперь...

- Теперь тебе стоит поглядеть в пресное, так мигом свернется, - вскричал Юсуф, почти выталкивая Аграима за дверь, - поди принеси какого-нибудь, ты увидишь, что я говорю правду. Продам я твою мать за две луковицы, кислая харя, анасыны сатаим! У меня в желудке петухи поют, а он рассказывает сказки; сам он хоть грязь ест, а нас даже дымом не потчевает, ит оглы (сын собаки)! Эй, хозяин! Кой черт ты любуешься на наши ружья да с проезжими, словно шемаханская плясунья, шепчешься? Мы так голодны, что съели бы кита, на котором свет стоит; подавай нам чего-нибудь поскорей!

- Бу сагатта, бу сагатта (сейчас, сейчас), - отвечал тот и принес, наконец, чашку молока да пучок луку.

Нечего было делать, пришлось довольствоваться и этим. Хозяин между тем оплакивал свою Уми. Юсуф ел и бранился, Искендер смеялся и ел. Пообедавши вкратце, Юсуф метнул полтинник в чалую бороду Аграима, дал пинка туманам, так, что с этого монумента полетели заплатки, и они вышли, при угрозах хозяина, что он будет жаловаться на наглецов за бесчестье, нанесенное шальварам его жены. Скоро Зеафуры остались далеко за ними; они ударились вправо на горы.

- Посмотри назад, - робко сказал Юсуф Искен-деру, - тот самый бездельник, что разговаривал с хозяином, следит нас, замечает, куда мы поедем.

В самом деле, какой-то лезгин стоял вдали на холме, вложив ногу в стремя и припавши на седло своего коня; два мгновения после его уже не было, словно он утонул в земле.

- Тебе каждый пастух кажется разбойником, - возразил Искендер-бек, улыбаясь.

---

[102] Род супу с чесноком и с лапшою.

- Да разве здешние пастухи честные люди? Пхе! Мало ты знаешь здешние обычаи! Кюринцы - всегдашние половинщики разбойников из Кази-кумык и вольных табасаранцев, а Посамбурье - всегдашняя для горцев дорога. Горцы ограбят караван или проезжего, а пастухи долин их кормят, скрывают добычу; без стад они не могли бы недели прозабавиться тут. Вся шайка Мулла-Нур а собрана из горцев, как рассказывают.

- Ну, что твой Мулла-Нур , что твои горцы? Разве не такие же люди, как все мы?

- Люди такие же, да места, где они грабят, иные, чем на долинах. В горах, брат, и ослиное копыто искру дает[103].

- Аллах ишитсын (бог да услышит меня)! Я бы дорого дал, чтобы стать лицом к лицу с твоими хвалеными! Посмотрел бы я, кто б из нас кому дал дорогу. Пускай я сосал позор, а не молоко из груди матери.

- Опять ты принялся клясться да просить у аллаха, чего и от шайтана остерегаться надобно! Не грех ли тебе это, душечка Искендер? Разве ты пес, или гяур какой, или тебе тяжело носить душу в теле, а голову на плечах? Перекуси черт пополам мой нос, если не лучше повстречать голодного льва, чем этого, не вслух будь сказано, Мулла-Нур а!

- Вот то-то, Юсуф, если б ты поменьше хвастал да поменьше трусил, ты бы лучше знал или видел дорогу: а то, взгляни-тка, в какую трущобу завел ты меня? Здесь сам черт без фонаря обломает голову.

В самом деле, тропка, по которой они ехали, давно спряталась в какую-то лисью нору. Скалы, обросшие многовечными деревами, пробивались сквозь лесную зелень все острее и обнаженнее, точно кости сквозь кожу старика. Наконец каменный порог, сажен сто в отвесе, преградил им ход совершенно. Огромные дубы, вырванные бурею из расщелин, лежали, истлевая у подножия. Великанские орешники, склонившись над ними, одевали их ночною тенью, а широкие перевязи плюща, то перекидываясь по локтистым сучьям, то падая на землю, оплетали живыми кружевами подол этого плаща, будто сброшенного с плеч утеса. В одном только месте, расторгнутый надвое, он давал исток горному водопаду, когда-то могучему, теперь едва струящемуся по скату плитных обломков. Вода, сверкая по каменной чешуе, заставляла волноваться растения, подернувшие дно ее: казалось, катится каскадом зелени, а там вверху, где высокий уступ задвинул ущелье, через него низвергался луч потока, разлетавшийся в глубине в дым и в пену, будто газовый шарф, затканный в узор битью и шелками по кайме своей. Дивная игра природы дала все цвета призмы порослям, детям влаги, оживляющим скалу, так, что ручей, играя светом солнца, переливался как прозрачная радуга накрест другой окаменелой радуги. Вверху его струйки, прядая

---

[103] В горах часто куют не только ослов, но быков и буйволов.

через порог, белелись и веялись, будто страусовое перо, и, распрыскиваясь о камни, играли снопами павлинных перьев. Искендер-бек долго любовался этим восхитительным зрелищем и, не сводя с него глаз, зачал взбираться по крутому ложу. Валуны катились из-под ног до самого дна, конь нередко съезжал назад и дышал вразрыв подпруги. Юсуф, по всегдашнему своему обычаю, клялся, что он ни за какие радости в свете не ступит шагу далее, и, по всегдашнему обычаю, следовал за передним. Подъехавши почти под самый водопад, путники наши увидели вправо и влево две расселины, обнимающие столп, с которого он кидался в воздух. Расточенные водой, усыпанные валунами, расселины эти обещали, хотя стремнистую, однако возможную стезю до самого верху. Только необходимо было совершать это полувоздушное путешествие на хвосте лошади. Нос Юсуфа нимало не пострадал, волочась по кремнистому ложу, и когда оба странника очутились на площадке, негодование его рассыпалось гроздами брани.

- Разгрызи черт эту гору! Пусть все кабаны Дагестана совьют в ней гнездо свое! Пускай затрясет ее лихорадка землетрясений, пускай она лопнет, опившись дождями, проклятая!

- Сам виноват, а бранишь горы, - сказал ему Искендер. - Не ты ли уверял, что знаешь дорогу на Шах-даг как на базар, что скалы его тебе знакомы как пять пальцев?

- Разве я солгал? Анасыны, бабасыны! Как пять пальцев? Да кто же лазил на гору Пяти пальцев[104], не имея когтей черта? С Новруз-беком, он не даст мне соврать, мы обнизали подковами всю эту гору: да тогда как-то она была совсем иначе, была глаже ладони; видно, эти бородавки наросли на нее после, либо она обернулась к солнцу спиной, погреть старые кости, промороженные севером.

Почти всегда, как замечено геологами, южные стороны гор бывают обрывисты, потому что они подвержены частым обвалам и размывке тающих снегов от зноя солнца; напротив, северные склоны, покрытые тенью почти весь день, отлоги и богаты лесом, муравою, всяким растением. В том же отношении, только с меньшею резкостью, находится восток к западу. Но природа часто подсмеивается над системами и задает господам систематикам такие задачи, что они со всею своей премудростью становятся в тупик. Природа действует по неизменным законам, но свод ее законов напечатан в целой вселенной и без оглавления. Можно ли нам, обитателям одной точки пространства, одного мига времени, прочесть вполне смысл творения, разбросанный по тысячам миров? Можно ли отпереть тайны, от которых ключи в руке бога? Так и здесь: северный обрыв Шах-дага возникал стеною, в улику господ геологов, и только

---

[104] Беш-Бармак - приморская гора в Кубинской провинции.

голова его была убелена снегами; на крутизне груди не могли держаться они, как беды на высокой душе. Странники наши увидали свою ошибку; убедились, что приступ с этой стороны невозможен, и принуждены были опоясать Шах-даг, попытать взойти на него с востока. Впрочем, вздумать это было гораздо легче, нежели исполнить. Еще растительная черта была выше их, но она змеилась уже не краем зеленого покрывала, а подобно городкам ковра, изорванного по каменьям. Громады скучивались над громадами, точно кристаллы аметиста, видимые сквозь микроскоп, увеличивающий до ста невероятий. Там и сям, на гранях скал, проседали цветные мхи или из трещины протягивало руку чахлое деревцо, будто узник из оконца тюрьмы. Все было дико, угрюмо, грозно в окрестности. Тишину пронзали одни клики орлов, негодующих на человека за набег на их область - пустыню. Изредка слышалась тихая жалоба какого-нибудь ключа, падение слезы его на бесчувственный камень, не пускающий бедняжку слиться на воле с милой рекою. Искендер-бек остановился, устремил бродивший около взор на Юсуфа, и укоризненный взор этот выговорил: "Ну что?".

- Две тысячи проклятий на голову этого Шах-дага! Насыплю я праху на его снежное темя! Видишь, как он вражески принимает гостей! Заперся в стены и все лесенки убрал внутрь; да еще скалит свои каменные зубы, старая собака! Куда теперь нам деться? В гору? Надо лезть вверх ногами! А под гору - лететь вниз головой! Как хочешь, Искендер-бек, - примолвил Юсуф, снимая саквы с седла, - а я посоветуюсь с моей фляжкой: преудивительная вещь эта водка! Валлага, бил-ляге, преудивительная! Шепнет тебе буль-буль-буль - смотришь, всю беду отговорит; в голове ум будто звезда взойдет, а сердце в груди розаном распустится.

- Ах ты, немытый грешник! Мало тебе православных грехов, так ты, как блудливая кошка, из чужих отведываешь! Разве не знаешь, зачем пророк запретил вино?

- И очень знаю, жертвочка ты моя, Искендер-бек! Очень хорошо знаю: он запретил его для того, чтобы подсластить; про это и Гафиз* сказал:

Пейте: самых лет весна
Упоенье без вина!
Что заветно, то и слаще.
Пей, но лучшее да чаще!
Будешь гяуром вдвойне
Проклят на плохом вине.

- Прекрасные у тебя заповеди, Юсуф! Амма, но с ними, я думаю, легче искать дорогу в преисподнюю, чем к небу!

153

- Кто тебе это сказал, душа моя Искендер? Черт меня возьми, если от вина не растут крылья! Так кажется, лётом летишь, носом облако бороздишь. Погляди-ка на меня теперь, когда я хватил души винограда! Я, наверно, подрос на ханский аршин! Я прежде ни одной дорожки не видал, а теперь передо мною их целая дюжина егозит.

- Я у тебя ни одной и в долг не возьму, Юсуф: я поеду по своей дороге, куда бы она меня ни вывела. Ты ступай влево, а я попытаю прямо подняться. Если кто из нас найдет удобный подъем, тот должен воротиться сюда и кликнуть товарища или дождаться его. Далее получаса не отъезжать на поиск. Худа гафиз (до свиданья)!

Гаджи-Юсуф так нахрабрил себя, что на этот раз не сделал ни одного возражения и отважно пустился один в дорогу, или, правильнее сказать, на ловлю дороги. Искендер, ведя лошадь в поводу, полез по трещинам почти на отвесный утес. Солнце давно перекатилось за полдень.

Прямо над местом разлучения наших странников, на границе между облаков и снегов, возникала огромная скала, как наковальня перуна. Казалось, летучее копыто дикой козы не нашло бы опоры на гладких боках ее, и между тем на самой ее вершине, срезанной площадкою, нашли себе приют кони и люди. Человек шесть татар и лезгин лежали около огонька, разложенного под котлом. Столько же бегунов жевали траву, накошенную кинжалами и брошенную им расчетливою рукою. В числе прочих, но поодаль от прочих, под тенью бурки, развешенной на коне, превращенном в живой щит от солнца, на небольшом ковре сидел, подливши ноги, мужчина лет под сорок, приятной наружности. Проста была его чуха с откидными рукавами, но оружие блистало серебром и чистотою - верный признак не городского избытка, но боевой власти. Он курил трубку и с нежностью смотрел на молодого человека, спящего у него на коленях. Порой он играл шелковистыми кудрями зильфа, падающего на плечо юноши; порой, склонившись над прекрасным его лицом, которое, как снег Шах-дага, не могло осмуглить жаркое солнце, а только подернуло зарею, прислушивался к его дыханию, затаив свое, и только из страха разбудить не срывал поцелуем улыбки, полурасцветшей на устах. Иногда он грустно качал головою и вздыхал тяжело, и потом взоры его, как два сокола, стремились с подзорной башни, построенной природою перед замком Шах-дага; как два сокола, играли сперва в поднебесье и потом, широкими кругами, низревались на долину, жадные охоты и добычи.

Это был Мулла-Нур , гроза Дагестана; разбойник Мулла-Нур со своею шайкою.

И он увидал внизу Гаджи-Юсуфа, пробирающегося по каменьям. Тот казался не более ящерицы и, как пестрая ящерица, полз на коне своем.

Мулла-Нур улыбнулся лукаво и, склонившись над ухом юноши, сказал: "Проснись, Гюль-шад!"[105]. Юноша открыл очи.

- Гюль-шад, - примолвил Мулла-Нур , - хочешь ли ты, чтобы я поклонился тебе в ноги?

- Хочу, - произнес юноша с видом избалованного дитяти, - очень хочу! Для меня будет диковинкой видеть тебя, гордеца, у своих ног.

- Аста, аста (потише, потише), Гюль-шад! Тебе недаром достанется эта потеха: у пчел есть жало прежде меду. Взгляни под скалу: там едет путник, и я знаю имя, знаю сердце этого путника; он бесстрашен как барс, он стреляет метко. Ступай обезоружь, свяжи его. Если ты исполнишь это и приведешь его сюда пленным, я твой слуга (куллухчи) на целый вечер; я поклонюсь тебе при всех товарищах. Разымисын (соглашаешься ли)?

- Разы-эм (согласен)! - отвечал Гюль-шад; взнуздал коня, вскочил в седло и смело бросился вниз по стремнистой тропинке; только звон сорванных копытами плит означил путь его, самого не было уж видно.

Все товарищи Мулла-Нур а, припав к земле, любопытно смотрели через край скалы, что будет; сам атаман заботливо посылал свои взоры вниз: казалось, он раскаивался, что подверг опасности молодого собрата, может быть брата своего, и когда оба противника были друг от друга на полвыстрела, трубка в зубах и улыбка на лице его погасли.

Если б трус мог вполне сознаться в своей трусости, он бы не посмел быть им или по крайней море никогда бы не решился искать опасности, чтобы выказывать себя наголо. Но в том-то и беда, что никто, за глаза опасности, не считает себя робким, а Гаджи-Юсуф, сверх того, принадлежал к полку тщеславных, к полку людей, которые, для того чтобы иметь право рассказывать про битвы, про чудесные встречи, готовы прискакать на миг в пыл схватки, вызваться на трудное предприятие, потом, проклиная свою неуместную храбрость, дрожать от страху или выдумывать тысячи лжей, чтобы ульнуть от беды. Гаджи-Юсуф сам-друг с вином уверял себя, и почти уж верил, что он храбрее самого Рустема.

- Разве даром написано на моем ружье: "Трепещи, враг, я дышу пламенем!". Опалю ж я бороду первому разбойнику или первому барсу, который вздумает добраться до моего добра! Да и кой черт мне бояться чего-нибудь? Кольчуги моей не возьмут ни пуля, ни когти; ружье мое одно посылай в драку, так убьет неприятеля. Где ж эти разбойники? Запрятались небось в норы, только завидели меня, мерзавцы, трусишки, аджизляр! Терпеть не могу таких трусов: изрублю я дорогу и веру таких трусов!..

И вдруг, при повороте за угол его скалы, грозное: "Стой, долой с коня" прострелило его уши; но когда, подняв испуганные глаза, он увидел в

---

[105] Гюль-шад - имя; значит - роза веселая.

десяти шагах от себя блестящий ствол, нацеленный прямо в грудь его, бедный Юсуф обомлел; сердце его будто упало в муравейник.

- Аттан тюш (долой с коня)! - раздалось снова. - И не смей тронуть ружья, ни рукояти сабли! Если ты вздумаешь бежать или защищаться, я спущу курок! Снимай оружие!

У Гаджи-Юсуфа помутилось в глазах: не замечая, что против него стоял безусый мальчик, он видел только роковой ствол, один ствол и более ничего, и ему казалось, что дуло его растет, разевает огромную пасть, ревет огнем; он чувствовал уже весь свинец заряда в своей голове и повалился на землю с кликами пощады, с просьбою не бить, не стрелять его:

- Не только оружие, душу отдам тебе, эффенди-разбойник, гарамиляр-беги (глава разбойников здешних гор). Ты добрый человек, а я смирный человек, не губи меня, душечка, жертвочка ты моя! Возьми лучше к себе в нукеры: я буду разувать тебя, холить твоего коня!

И он снимал и бросал одно за другим все свои оружия, всю одежду; выворачивал карманы, выщипал половину своих усов, запутавшихся в кольца панциря, а между тем клялся, как ведьма на экзамене у сатаны.

- Отрежу я твой язык и выброшу его собакам, нестерпимый пустомеля! - сказал Гюль-шад. - Молчи, или я тебя навек молчанью выучу!

- Не пикну, если твоей душе этого угодно.

- Молчи, говорят!

- Слушаю и повинуюсь!

Наконец выразительная хватка Гюль-шада за пистолет замкнула рот испуганного Юсуфа. Ему связали руки поясом, притянули их к стремени и повели раба божьего в гору. Через четверть часа, после трудного ходу, бледный, перецарапанный о кремни, стал он перед грозными очами Мулла-Нур а, среди зверских лиц его товарищей. Куда ни обращал он глаза, везде встречал злобную усмешку или беспощадный, но безмолвный приговор. Все молчали. Гюль-шад положил к ногам атамана оружие пленника, и атаман три раза ударил челом о землю перед Гюль-шадом, назвал его удальцом, поцеловал в лоб. Потом обратил он слово к Юсуфу:

- Знаешь ли, кто обезоружил тебя, Юсуф-бек?

Юсуф вздрогнул от этого голоса, будто кто провел терпугом по его телу.

- Храбрый из храбрых, меным биюгум (мой повелитель), - отвечал он, трепеща, - сильный из сильнейших! Что мог сделать против него я, когда лев против него щенок, а Исфендияр* - мальчишка!

Все захохотали кругом.

- Знай же этого богатыря, против которого храбростью Исфендияр -

156

мальчишка, а силою лев - щенок! - сказал Мулла-Нур и снял шапку с головы Гюль-шада.

Волной хлынули из-под нее черные волосы и роскошно рассыпались по плечам. Как маков цвет покраснела красавица - тогда уж нельзя было сомневаться в противном - и упала на грудь Мулла-Нур а...

- Это моя жена! - промолвил он.

Залп буйного смеха оглушил Юсуфа; его щеки сгорели бы в уголь от стыда, если б страх не заморозил гораздо прежде в нем всей крови. Однако ж он ободрился немного; он спешил посеять в миг общей веселости словцо за свое избавление.

- Помилуй, властитель мой, - жалобно зарюмил он, - не сгуби меня, не продавай в горы: за меня дадут тебе славный выкуп!

Брови Мулла-Нур а сошлись как две тучи: быть грому!

- Знаешь ли, кому предложил ты выкуп, заячья шкурка? Достойный сын Дербента, ты вообразил уже, что всякую душу можно спечь на червонце и съесть, поклявшись вашим Алием! Разуверься в этом. Я благодаря аллаху не шаги[106], и моей воли не обуздать ни серебряною, ни золотою уздою. Выкуп? За тебя выкуп? Неужели ж ты смел думать, что я, как дербентский лавочник, стану продавать гниль за свежину и черно- совестно требовать за тебя персидского золота, когда ты не стоишь свинцовой дробинки, бир сечма дегмезсын. Ах ты, бесхвостая собака! Да и зачем я продам тебя в горы? Сказки там не считаются работою, а заставь тебя хоть носом лук копать, ты и того не сумеешь. Зачем я возвращу тебя домой? Чтобы ты женился и наплодил целое поколение трусов? Да сохранит от такой мысли аллах! В Дербенте и без тебя зайцев много. Ну, Юсуф! Ты видишь, что я тебя знаю, и знаешь теперь, что льстить я не люблю. Скажи мне, что ты думаешь обо мне самом? Я Мулла-Нур !

Как зарывает ноздри в песок верблюд, почуяв гибельный налет самума, так пал ниц Гаджи-Юсуф от повева этого имени; пал, расплющенный страхом тоньше турецкого шаура[107].

- Аллах, аллах! Мне ли, который за счастие бы почел умыться пылью твоих ног, наложить суд на твою голову! Наузуби Гусейн Али-да (пусть удержат меня от того Гусейн и Али)! Что я знаю? Я ничего не знаю!.. Я желаю только, чтоб твоя рука всегда была мне шапкою!

- Послушай, Юсуф, - грозно молвил Мулла-Нур , - давно я ведаю, что ты большой охотник перенимать и повторять фарсийские нелепости. Но я

---

[106] Почти все горцы и часть горожан дагестанских держатся секты Омаровой, то есть сунни; дербентцы и бакинцы, напротив, - секты Алиевой, то есть шии, как здесь говорят - шаги, и взаимно ненавидят друг друга.

[107] Монета в тридцать пар, около тридцати наших копеек, из весьма дурного серебра.

простой человек: где мне понимать твой ибарат, твой высокий слог! Без всяких обиняков скажи мне, что обо мне думаешь?

- Что я думаю? Пусть шайтан разгрызет, как орех, мою голову - ничего я не думаю, да никогда и не думал; валлага, билляга, не думал! Смел ли я поднять на тебя свою мысль! Что я за зверь? Прах, ничто, пучзат!..

- Юсуф, я не шучу! Я выжму из твоего мозга то, что хочу слышать, или вырву мозг из черепа! Ну!..

- Не сердись, высокостепенный, звездами питающийся эффенди Мулла-Нур ! Не жги меня в пепел своим гневом! Твои повеления родили жемчужины в глупой моей голове, но все-таки эти жемчужины - стеклярус в сравнении с твоими достоинствами. Я думаю, ум твой - ружье с золотою насечкою, заряженное премудростью доверху, стреляющее правдой и никогда не минующее цели. Я думаю, сердце твое - кувшин с розовым маслом, льет через край щедроты. Я думаю, рука твоя всегда отворена сыпать добро для чужого, готова помогать всякому. Я думаю, язык твой - стебель, на котором распускаются цветки справедливости, великодушия, бескорыстия, милости... Я уж вижу между них один, полный росою слов: "Ступай себе домой, добрый человек Гаджи-Юсуф, да поминай добром Мулла-Нур а!". Хорошо я сказал?

- Нечего сказать, хорош ты рассказчик, Юсуф, только плохой угадчик. А чтобы доказать, что ты лгал с начала до конца, вот приговор мой: за то, что ты, будучи беком, то есть воином по роду, позволил без выстрела обезоружить, связать себя слабой женщине, за то, что ты до бесстыдства трусил и унижался перед подобным себе человеком...

- Смерть разве человек? - хныкая, заметил Юсуф.

- Дай мне кончить, а там недалек и твой конец. Кто так сильно боится смерти, тот не достоин жизни: ты умрешь! Завтра ты увидишь последний рассвет свой, а если вздумаешь говорить, то сей же миг кинжал пересечет тебе слово пополам в самом горле. Отведите его в пещеру и свяжите хорошенько: пускай там клянется и молится на просторе до рокового утра!

Мулла-Нур махнул, и беднягу уволокли, как мешок с просом.

- Он умрет со страху прежде смерти, - сказала Гюль-шад мужу, - не пугай его так жестоко, душа моя!

- Ничего! - отвечал Мулла-Нур , улыбаясь. - Это будет ему уроком, что робость не спасенье. Трус умирает сто раз, храбрый - однажды, и то не скоро. Ну, ребята, я на часок оставлю вас: по всей дороге не видать ни одного верблюда, никакого проезжего. Впрочем, если что встретится, моя Гюль-шад поведет вас, и горе тому, кто на один волос уклонится от ее приказа. Прощай, Гюль-шад; мне предстоит встреча немножко важнее твоей. Давно желал я померять плечо с Искендер-беком, и, спасибо Мешеди-Багиру, я его выследил. Если не ворочусь к восходу месяца, ищите моего тела по следу. Ранее, какой бы крик, какую бы стрельбу ни заслышали вы, ни один не тронься с места! И не роптать на то: я еду не на добычу, а на охоту.

Он забросил за спину винтовку и был таков.

Искендер-бек между тем взобрался на каменный пояс, по которому, хотя с большою опасностью, можно было ехать. Направо под ними синела пропасть; налево вставали скалы над скалами, там инде изгрызенные молниями. В иных расселинах еще лежал снег, недосягаемый лучам солнца, и дробные струйки, как стеклянная бахрома, вились через плиты, на которых он медленно таял. Ине было возврата дерзкому путнику, узкий, как острие меча, прилеп не представлял места для поворота коня; неволею должно было ехать вперед, и он ехал, ехал, ехал... Он уперся, наконец, в край треснувшего утеса. В трещине этой, не более шагов десяти шириною, упавшие с вершин лавины образовали гибельный мост, под которым, невидим, ревел и гулил поток, глубоко внизу. На миг сжалось сердце юноши; но мысль о Кичкене опять согрела его. Он еще более ободрился, заметив одинокие следы подков на рыхлом снегу, и быстрою рысью пустился в гортань ущелия, зная, что один миг остановки мог раздавить случайный свод снегу, по которому скользил он, если не разделять точек опоры скоростью. Страшно хрустел и трещал под копытами снег. Не раз оседал он за ним целыми глыбами, оставляя на закраине утеса белую ленту. Конь потел от ужаса и вот-вот, кажется, пробил насквозь пласт, вот рухнут! Но Искендер вздохнул отраднее: за углом, как заря, рассветала яркая полоса, обет выезда, и вдруг, как будто упавший на луче, всадник стал перед ним внезапно. Озаренный в тыл западающим солнцем, он чернел на снежной белизне, как вылитый из чугуна памятник: он был огромен и неподвижен, как памятник.

- Стой! - загремело навстречу Искенд ер-беку.

- Стой и брось оружие, или ты погиб: я Мулла-Нур !

Изумленный сверхъестественным видением, Искендер сдержал было своего коня, но, услышав заманчивое имя противника, он удвоил бег.

- Береги свое, Мулла-Нур , - закричал он, взводя курок, - и прочь с дороги!

- Пускай же судьба решит, кому проехать этою дорогою, - возразил Мулла-Нур , поднимая пистолет в уровень с грудью Искенд ера, остановившегося в десяти шагах. - Стреляй!

- Стреляй ты! - сказал Искендер. - Я не прячусь за коня.

Они с минуту стояли друг против друга с нацеленным оружием, выжидая первого выстрела, - это обыкновенная формула разбойничьих приветствий Дагестана; потом оба опустили стволы.

- Ты - решид (удалец), Искендер-бек! - молвил Мулла-Нур . - Я не хочу разлучать тебя с оружием. Отдай мне коня и ступай куда хочешь!

- Возьми оружие, возьмешь и коня; но покуда есть заряд в дуле, а душа в теле, рука позора не тронет ни этого замка, ни этой узды!

Мулла-Нур улыбнулся.

- Не надо мне твоего ружья, твоего коня, - сказал он, - надобна твоя покорность. Не из добычи - из прихоти своей разбойничает Мулла-Нур ; и беда тому, кто станет поперек его прихоти. Я слышал про тебя не раз, Искендер-бек, и теперь сам уверился, что ты игит. Но я недаром искал встречи с тобою: мы не разойдемся, не сложив рук или сабель. Ахырымджи сюз диим (вот мое последнее слово): поклонись мне, скажи: "будь другом" - и дорога твоя!

- Вот мой последний ответ, наглый хвастун! - кликнул Искендер, прицеливаясь, и спустил курок.

Далеко брызнули искры из дула, но, к удивлению Искенд ера, выстрела не последовало... Только огненный фонтан кипел долго. Он с гневом бросил ружье за левую руку и выстрелил из пистолета; слабо раздался удар, пуля упала к ногам Мулла-Нур а, а Мулла-Нур , сложа руки, глядел на бешенство Искендера и, будто надежный на очарование, насмешливо улыбался.

- Не спасут тебя ни чары, ни латы, - вскричал Искендер. И тут уже сверкнули сабли обоих противников, и тут уже ярость вспыхнула в обоих сердцах, и они оба ринули коней на роковую схватку, - грудь с грудью сгрянулись бегуны, сабля свиснула над головой Мулла-Нур а, удар пал как божий гнев.

Но с глухим треском расселась под копытами сразившихся лавина: она не смогла выдержать тяжести двух всадников. Конь Искендер-бека встал на дыбы в самый тот миг, когда сабля, описав полкруга, падала на Мулла-Нур а и не достигла его; он обрушился. Искендер-бек опрокинулся назад и только этим был задержан в падении. Но оторванная от ущелин глыба садилась, уступала и, трескаясь, клонилась в бездну. Притоптанный своим конем в снегу, Искендер судорожно выбивался, с ужасом прислушивался к гулу падения несчастного Мулла-Нур а, к шороху катящихся льдинок, сорванных с утеса, к зловещему лопанию глыбы, на которой сам он висел над гибелью. Наконец все стихло кругом. Только бездна глухо рычала, точно тигр, когда он пожрал свою жертву, и щелкает языком, зарясь на новую, и лижет еще окровавленную морду. Жалость проникла в сердце Искендера; он ползком добрался до края провала и взглянул вниз: у него захватило дух и померкло в глазах от ужаса.

Летя с конем в глубину по крайней мере полверсты, Мулла-Нур пробил два снежные помоста, вдалеке друг от друга образовавшиеся от падающих лавин. Эти проломы широко разевали пасти свои; но далее, в самой глуби, невозможно было ничего разглядеть: все сливалось в мутный дым, в синеватый мрак, сквозь который временем мерцало что-то, будто

160

глаза какого-нибудь чудовища. И со дна вставал какой-то страшный ропот, будто хрипение умирающего... Искендер отвратил очи и осторожно подполз к коню своему; но желание спасти, или по крайней мере увериться в судьбе Мулла-Нур а, не замлело в нем. Он скоро выехал из гибельного ущелия, проскакал но каменному поясу и спустился вниз, отыскивая исток ручья, текущего по дну теснины, в которую обрушился Мулла-Нур . Ему нетрудно было найти его: гора в этом месте раскололась почти до корня, и белая полоса снегу, залепившего трещину, издали отбивалась на буром поле утесов. Искендер сошел с коня и пешком, ползком почти, решился войти под свод, из которого вырывался быстрый, но мелководный поток. Чем далее - свод этот возвышался и, наконец, сомкнулся высоко над головою, так, что смелый бек мог вольно идти под ним. Свод этот, от паров мерзнущей воды, подернулся ледяною корою; ледяные сосульки гребешками низались по плитняку. Там царствовал мрак и холод могилы. Там гробовой саван снегу задушил, или грозил задушить, все живое; и самый ручей, притаившись на донышке, спешил вырваться на вольный свет, покуда мертвенность не сковала его вовсе. Мороз страха пробежал по всему телу Искендера и сосредоточился на сердце, когда он огляделся, когда оценил всю опасность пути. Но великодушие перемогло чувство самосохранения: он бегом пустился по дну потока кверху и скоро, путеводимый просветом, достиг до того места, где должен был упасть Мулла-Нур сквозь два пробитые им помоста из снегу. Первое, что поразило взоры юноши, была разможенная голова коня, избитого падением, издохшего под грузом лавин. Одна рука и лицо Мулла-Нур а выказывались из-под снегу; остальное было погребено в нем. Смертная бледность лежала на лице павшего, глаза были закрыты, уста не зыблемы дыханием. С неизъяснимою тоскою, с торопливостью отчаяния принялся Искендер отрывать его, тереть полою виски и сердце. Казалось, ни одного члена не было изломано, ни одной раны по телу, только одежда там и сям была изорвана острыми каменьями. И, наконец, грудь Мулла-Нур а ответила вздохом на призвания жизни! Он открыл тусклые очи, он хотел говорить, но звуки замирали на губах, не связанные в слово. Искендер-бек волоком вынес его из ледяной пасти, и только на чистом воздухе совершенно очнулся Мулла-Нур . Со слезами на глазах сжал он руку великодушному врагу своему.

- После бога тебе первому благодарность, - сказал он, - тебе одному вечная приязнь моя! Не за свою жизнь благодарю я тебя, Искендер-бек, а за твою, которою ты жертвовал для моего спасения. Люди обидели меня: я платил им с лихвою. Спасибо тебе, я помирюсь хоть с одним человеком. Много злых качеств дала мне судьба, еще более взвалили их на меня враги мои; но и самые враги не скажут: "Мулла-Нур неблагодарен!". Послушай, Искендер-бек: беда ходит по всем головам без разбора; если она ступит и на твою - мое сердце, моя рука к твоим услугам; а это сердце, эта рука не дрогнут ни от чего в свете. Пусть аллах будет по мне поручителем: я продам за золото, отдам железу свою голову, чтобы выкупить и выручить тебя из беды! Я сказал, я докажу это.

И оба медленно стали всходить на гору: Мулла-Нур хотя чувствовал себя разбитым, однако не согласился сесть на коня Искендерова. Он указал ему незаметную тропинку, которая скоро привела путников к утесу, служившему подзорной башнею разбойников. Закат уже осыпал последними искрами грани Шах-дага, когда они достигли до площадки.

- Вот мой старший брат, - сказал Мулла-Нур своим товарищам, любопытно столпившимся около пришельца. - Ему почет, ему все услуги ваши, при всякой встрече. Кто поможет ему в пустом или в заветном деле, тому я должен до смерти. Кто сделает ему вред, тому я мститель, как за кровь... того не схоронит от моего гнева ни могильная доска, ни волна морская! Пью клятву[108], и пусть она сожжет ядом мою грудь, если не исполню этого!

И Мулла-Нур предложил гостю скромный ужин, за которым лилась веселость вместо вина. Гюль-шад скромно стояла в сторонке, и хотя Искендер-бек узнал уже, что она жена хозяина, однако ж и не подумал просить ее сесть вместе на ковер, поужинать; в каждом краю свои обычаи. Между тем молодой месяц всплыл золотою рыбкою над голубым океаном неба и плескал бледным светом своим в лицо заснувшей красавицы земли, полуодетой сотканием теней и туманов. О, какая тихая, прелестная ночь растекалась тогда по Дагестану! Тихая, как чистая совесть; прелестная, как самая молодость, томящаяся в таинственном огне своих желаний, в радужных парах мечты своей! На востоке, перед очами Искендера, море, подобно хрустальной стене, возникало гранью небосклона с золотой трещиною посередине. Внизу, будто по дну моря, видимого сквозь прозрачную влагу, расстилалась Кубинская долина и побережья Самбура, чуть-чуть потопленные зыбью туманов. Влево тянулись, толпились, мерцали, чернели зубчатые, волнистые верхи Кара-сырта и кюринских, табасаранских, кара-кайтахских гор. Они были безмолвны и чудны, как сонные грезы, облегшие ложе Дива - Шах дага, погруженного в очарованный сон на снеговых подушках своих. И тихо разливался аромат лугов по охладевшим слоям горного воздуха, и усладою журчал невдалеке

---

[108] Татары говорят вместо "присягаю" - "пью клятву". Известно, что это выражение относится к старинному, языческому обряду племен Монгольской плоской возвышенности, у которых присягающие выпускали друг у друга несколько капель крови и пили ее; при этом они еще надевали себе на голову, как утверждает один персидский писатель, юбку старой бабы и произносили: "пусть сделаюсь презреннее этой исподницы, ежели не сдержу моего обещания!"

горный ключ, летя падучею, но не гаснущей звездою с утеса; и все в небе и на земле было очарование, повторенное зеркалом души, не только взора, слышное не только тимпану уха, но и сердца; очарование в воздухе, в камне, в тишине ночи, в сладкозвучной песне природы. О, какое бы юное, любящее сердце не распустилось негою, как ночной цветок, под свежим дыханием южной ночи и не отдало ей своего благоухания в замену капель росы? За дружные советы Мулла-Нур а Искендер отдарил полною откровенностью. С юношеским самоверием он рассказывал о любви своей, о своих надеждах и замыслах.

- О, если б я мог птичкою перелететь через месяц вперед, я бы привез мою Кичкене на эту гору, я бы показал ей все, на что глядеть мне совестно одному, - так оно хорошо; я бы наслаждался ее восхищением, и когда б у нее из уст вырвалось восклицание: "Прекрасно!" - я бы сжал ее на груди и прошептал: "Ты еще прекраснее!". Посмотри, Мулла-Нур , как мило земля, озаренная месяцем, засыпает в тысяче улыбок; но, я верю, милей человеку засыпать под тысячею поцелуев. Счастливец ты: волен как ветер, как орел не знаешь пут, как ему тебе подругой орлица. Не дивлюсь я, а завидую судьбе твоей!

В краю, где война есть не что иное, как разбой, а торговля - воровство, разбойник в общем мнении гораздо почтеннее купца, потому что добыча первого куплена удальством, трудами и опасностями, а добыча второго одной ловкостью в обмане и в обмене. Рыцарство не умерло на Востоке, но восточный паладин, наездник, игит, выезжает погулять не для избавления красавиц от чародеев, а для похищения их себе, не для возмездия притеснителям, а для грабежа встречного и поперечного. Очень часто кидается он в опасность очертя голову, без всякой надежды на выгоды, - из одной неодолимой охоты побуйствовать, истратить на ком-нибудь избыток жизненной деятельности, - чтобы принести домой осколок отбитого оружия или рану на теле и потом весело охать под шумом поздравительных песен соседей. Разбойник - самое занимательное лицо азиатских сказок и поэм, неизбежное лицо напутных анекдотов, и вообще весь быт его так плотно вкраплен в характер народа, его слава так заманчива, а неприступность гор и покровительство жителей, даже ханов, дает столько способов удачно и безнаказанно быть им, что разбои в подвластном нам Закавказье, несмотря на все старания правительства, очень нередки. Непокорные горцы хищничают, вкрадываясь под личиною мирных; мирные делают то же под именем непокорных, - и разве сотый виновник впадает в руки правосудия. Не дивитесь же, меряя Азию европейским аршином, что Искендер-бек от глубины чувства позавидовал разбойнической жизни Мулла-Нур а.

Но грустно качал головою Мулла-Нур , слушая неопытного юношу.

- У всякого есть своя звезда, - возразил он, - не завидуй мне, не ходи по моему следу; опасно жить с людьми, но и без них скучно. Дружба их - безумящий или усыпительный терьяк[109]; зато и вражда к ним горче полыни. Не охотой, а судьбой выброшен я из их круга, Искендер: нас делит струя крови, и не в моей силе перешагнуть за нее назад. Прекрасен вольный свет: но разве нельзя наслаждаться им, не быв изгнанником? Раздолье в глуши человеку; но пустыня всегда пустыня: никакие думы не населят ее, никакие чародейства не оборотят камни в товарищей. Было время, я ненавидел людей; было время, я презирал их; теперь устала душа от того и другого. На один год станет забавы для гордого внушать своим именем страх и недоверчивость; но страх - игрушка, подобная всем другим игрушкам: она скоро опостылеет. Потом наступает злая охота унижать людей, насмехаться над всем, чем они хвастают, обнажая на деле их гнусности, топча под ноги все, чем дорожат они более души... Жалкая потеха! Она забавляет на миг, а дает желчи на месяц, потому что как ни дурен человек, а все-таки он брат нам. На конец концов, отрадно ли, подобясь коршуну, в каждом живом существе видеть только добычу, оставлять в каждом встречном нового врага? При молитве думать о проклятиях, посылаемых заочно на мою голову; засыпать и ждать измены самых близких; пугать собою, не доверять никому?.. И посмотри кругом, Искендер: неизмеримо широки угорья Дагестана, богаты они дарами своими; но в целом свете, не только здесь, нет деревца, которое бы покрыло меня своей тенью и сказало: "Спи спокойно, здесь не тронет тебя вражеская пуля, здесь тебя не выследят, как дикого зверя". Многолюдны ваши города, богач и бедняк теснятся там, но каждый имеет свой угол, каждый укрыт от непогод зимних; а у меня бурка - единственная кровля, мне город не даст ни для дома покоя в стенах своих, ни даже горсти земли на кладбище закрыть погаснувшие очи. Да, Искендер, да! Печаль, как ханская жена, умеет ходить по бархатным коврам и, как серна, прядать на утесы. Ты видишь: я и в пустыне не ушел от нее!

- Ты многое претерпел, Мулла-Нур ? - спросил Искендер-бек с живым участием.

- Не говори, не поминай об этом! Когда поедешь мимо треснувшей скалы, не допытывайся, разбита ли она молниею или разорвана морозом, но проезжай скорей мимо: она может рухнуть на твою голову. В саду садят цветы, а не зарывают умерших; не хочу отравлять твоей юности повестями о моем прошлом. Что было - было: оно не стлеет и не изменится. Что будет - не минует нас: его не отведешь рукою, не отмолишь слезами. Добрый сон тебе, и дай аллах, чтобы никогда не приснилось никому во

---

[109] Опиум, приготовленный шариками с душистою смолою. Употребление его не обще, но велико между азиатцами.

сне, что, случилось со мной наяву! Завтра я укажу тебе самую краткую дорогу к снегам Шах-дага на свершение твоего подвига. Прощай!

И он завернулся в бурку. Прочие давно спали.

Искендер долго думал о происшествиях дня, о судьбе Мулла-Нур а, и когда заснул, странные мечты не раз пробуждали его: то ему казалось, выстрел взрывает грудь, то конь сорвался в бездну - и он летит бездыханен по острым кремням сквозь мрак и холод, - и нет конца паденью! Грезы наши - отголосок настоящей жизни и прежнего хаоса. Крепкий сон - казовый конец смерти.

VII

Тепелярдан ель кими, дерилярдан сел ль кими;
Баш ястуга коймииб; гюз юхуя вермииб.
Он мчался, как ветер по хребтам, как водопад по ущелиям,
Не приклоняя головы на подушку, не предавая очей сну.
Из повести

Одна за одной облетали с неба звездочки, как поблеклые блестки с темно-голубой чадры ночи. Просветлело небо, как взор девственницы, и вот закипел восточный край моря, подобно заздравному кубку; солнце брызнуло лучами на горы. Проснулись все около Мулла-Нур а и, отдав молитвою селям новому сыну вечности, весело принялись холить коней, чистить оружие, готовить завтрак.

- Товарищ твой провел худую ночь, - сказал, смеючись, Мулла-Нур гостю своему. - И знаешь ли где? В пятидесяти шагах отсюда. Ты еще вчерась просил меня послать за ним в поиск, но я пустил это мимо ушей, но хотел беспокоить тебя вестью, какое наказание готовится хвастливому Юсуфу. Возьми его с собой и делай что хочешь... А между прочим, эй, молодцы, снесите-ка поесть нашему пленнику! Я знаю, что для него, как для янычара, котел - святыня[110]. Накормите и скажите, что Мулла-Нур не хочет голодным отправлять его в бесконечное путешествие: пусть он ест плотнее, чтобы мог дождаться второй трубы ангела страшного суда[111].

Тут Мулла-Нур рассказал Искендеру, как жена его перепугала Юсуфа

---

[110] В каждой оде (роте) янычар котел заменял знамя. Ода, потерявшая в бою котел, разбивалась по другим. Обращение котлов вверх дном всегда бывало у них знаком мятежа.
[111] Между первым и вторым звуком трубы ангела смерти протечет сорок лет. - Алкоран.

и как, в возмездие его лести и трусости, он послал его связанного ждать до утра казни. Искендер-бек хохотал до слез. Когда новые друзья позавтракали, Мулла-Нур прижал руку гостя к сердцу и потом к челу.

- Ты у меня здесь и здесь, - сказал он, - я не отведу от тебя глаза, не отниму руки. Теперь ты знаешь дорогу к верху и к подошве горы: спеши быть полезным для своих земляков! Я еду в другую сторону и на иное дело: кто поборет судьбу! Она бросает одного в свет абазом, другого пулею: моего свинца не перечеканить в монету. Прощай, друг, помни Мулла-Нур а!

Вереницей диких голубей, обгоняя друг друга, понеслась шайка разбойников к Тенгинскому ущелью. Скала опустела. Искендер-бек свел в поводу коня до пещерки, в которой наперед указали ему Юсуфа, лежащего ниц с завязанными руками и глазами.

- Встань и приготовься умереть! - произнес Искендер густым басом: ему захотелось продлить комедию, начатую Мулла-Нур ом. Гаджи-Юсуф, трепетный как тополевый лист, поднялся сперва на четвереньки, а потом на колени: ничего в мире нельзя было выдумать уморительнее его тогдашней образины. Вся краска его лица взобралась на кончик носа, как будто спасаясь в самом неприступном месте. Огромные усы, висящие словно крылья огромного носа, были растрепаны и перепачканы глиною; бритая, но не выбритая борода, проседая в отчаянном беспорядке по впалым щекам, еще более обличала их бледность. И весь он был расстегнут и распоясан, будто на карантинный осмотр. И он умильно протягивал к небу у кистей связанные лапки свои; и так жалобно упрашивал помиловать себя, что надо было опоясаться тройным поясом: простой бы лопнул от смеха.

- Ангел Азраил! - восклицал он, - пощади мою голову; она еще не созрела для смерти. И чем я обидел тебя? В чем я виноват перед тобою?

- Не моя воля, приказ Мулла-Нур а казнить тебя. Он говорит: этот недоверок Гаджи-Юсуф, как свирепый тигр, дрался с моим другом, Кази-Магамма[112], и я должен отомстить кровь моих товарищей, зарезанных им во время вылазок из Дербента!

- Кто? Я дрался с воинами Кази-муллы? Я? Осрамлю гробы отцов и дедов того, кто наговорил на меня такие небылицы! Я зарезал многих лезгин на вылазке, я? Аллах, аллах! Чего не выдумают клеветники! Нет, джаным, курбаным, не таковской я человек, чтобы стал воевать против правоверных. Бывало, во время осады, юс-башы кличет: "На стену, на

---

[112] Так зовут горцы славного мятежника дагестанского - Кази-муллу.

стену!". А я шмыг на базар. Мне очередь в караул[113], а я себе храплю всю ночь напролет во славу пророка. Из ружья, правду сказать, согрешил раза три, да и то когда неприятели были верст за пять; а сабли не вынимал, валлаги'ль-азим, билляги'ль-керим, не вынимал! Отведай сам, можно ли ее вынять: она еще при отце моем срослась с ножнами; и я соглашусь охотно, чтоб ею отрубили мне голову... долголетен я буду на земли! Да и за что стал бы я драться с Кази-муллою? Прекрасный он был человек; святой он был человек. Не руби он голов за трубки да за чарки, я бы сам пристал к нему!

- Еще, говорит Мулла-Нур , он такой отчаянный шаги, что с нашим братом суннитом из одного ковша воды пить не станет! А Мулла-Нур поклялся истреблять всех, которые в молитвах своих поминают Али, в упрек Омару!

- Ощиплю я бороду этому Али, ему, да и двенадцати халифам, которых муллы наши зовут имамами (угодниками аллаха). Что они мне? Пхе! вздор, пыль, пуч-зат! Какой я шаги? С какого конца я шаги? Молюсь я только тогда, как некуда деваться; затыкаю уши разве для того, чтобы не слышать имени Алия[114], а в ус себе никогда не дую: черт меня унеси, не дую! Да и рук не опускаю по швам, а, будто поправляя кушак, то и дело складываю их по-вашему, по-суннитски. Воды не пью, не хочу лгать; ни с кем не пью; у меня природная болезнь - водобоязнь. Зато поднеси мне водки не только ваш брат горец, а просто солдатский поросенок - посмотрел бы ты, кто кого перепьет! Спроси об этом у нашего Фергат-бека: он у нас почетный человек, достоверный человек, да и питух такой, что между русскими поискать ему равного, - а, верно, сознается, что я его при всякой попойке спать укладываю. Баллах, биллях, я не шаги! Я сунни: снутри и снаружи. Разве люди эти шаги! Пхе! Утоплю я в армянском бурдюке (в мехе с вином) души этих недоверков шаги!

- А главная вина, за что велел убить тебя Мулла-Нур , - твоя дружба с Искендер-беком, его заклятым врагом. "Еще вздумал этот Гаджи-Юсуф, - говорит он, - провожать на Шах-даг, в мое владение, без спросу, для какого-то шагийского колдовства, этого мальчишку Искендера! Обрадовался невидальщине: по всему свету трубит, что он товарищ самому, чистому, самому благонравному, самому достойному юноше из

---

[113] В утешение господ, посылаемых в караул без очереди, я честь имею доложить, что в слове караул нет ничего христианского. Оно татарское по родословной книге и записано в статье о выходцах из Орды.

[114] Надо сказать, шииты, шаги, имеют кучу вздорных обрядов при молитвах. Здешние сунниты их отвергают. Между прочим, шииты в начале моления вкладывают большие пальцы в уши и дуют на стороны. Руки они кладут на колени; напротив, здешние сунниты складывают их под грудью.

всего Дербента!" Плачь, Юсуф! Голова твоего приятеля слетела уже прежде твоей.

- Слетела? Туда и дорога... Голова была самая лишняя вещь у этого трусишки. А кому спасибо за то, что он попался в руки Мулла-Нур а? Разве не мне, скажи: разве не мне? Я нарочно привел его в западню! Друг? Откуда это известие? Нашли вы мне прекрасного дружка, нечего сказать! Продам я его за полпряника да еще пряник дам придачи! И кто это, признайтесь пожалуйста, выдумал, будто Искендер - самый благонравный у нас юноша? Припечь бы калеными щипцами язык у такого враля. Искендер - такой гуляка, что аллах упаси! Кто первый поздравляет новое винцо в Армянской слободке?.. Искендер-бек! Кто у русских офицеров ест да похваливает богопротивную свинину? Опять Искендер-бек! Кто выплясывает лезгинку на чьей хочешь бурке, не говорю уже - на ковре; кто спит в саду на бубне вместо изголовья? Все-таки Искендер-бек! У нас разве ленивый не целует Искендера, а вы зовете его чистым юношею! Сожгу я бороду его матери!

- Ах ты, лгун, собачья голова! Мало тебе чернить Искендера, так ты принялся и за мать его? Да уж хоть без обмолвок бы бранил ты, кого хочешь без совести разбранить; а то нет в твоих россказнях ни складу, ни ладу. Ну разве могла быть у Искендеровой матери борода?

- Ей-богу, была б длиннее Фетх-Али-шаховой[115], если б она ее не брила. Сколько бритв перезубрила у меня покойница, это известно только моему брусу, больше никому: я не люблю хвастать добрыми делами. Нет, не срамите, но вините вы меня дружбою к Искендеру; отрекаюсь и от него, от его рода и племени. Как может он быть добрым человеком, когда отец его был грабитель, мать глупа, а дядя сапожник!

- Устал я слушать тебя, бесстыдный враль. Протягивай голову: кинжал готов!

- Ох, пощади меня; раба твоего, твою верную собаку! По крайней мере дай мне посмотреть на смерть свою.

- Смотри на свой позор! - произнес Искендер и сдернул с глаз повязку.

Весельчак был этот Юсуф, а умирать не любил: можете же вообразить его изумление, когда, вместо палача, он увидел перед собой смеющееся лицо Искендер-бека, когда вместо свиста кинжала, он услыхал только упреки его.

- Что ты смотришь на меня, будто на моем лбу хочешь прочесть сотое

---

[115] Борода Фетх-Али-шаха, недавно умершего, славилась по всей Персии; она доставала у него до пояса.

имя аллаха[116], ты, кабан, начиненный небылицами, бурдюк лжи, грязный перекресток грехов, базарная лавка всех глупостей? Повтори-ка, смей повторить, проклятый отступник веры, мне в глаза, что отец мой был грабитель, дядя шил сапоги, а сам я пляшу на бурке и на бубне сплю!

Что ж вы думаете, Юсуф сгорел со стыда, смутился, замешкался?.. Напротив, он хохотал, обнимая Искендера.

- Ай да я! - говорил он. - Успел-таки рассердить моего Искендера: умел отплатить насмешкой за насмешку. Что, брат, обжегся? Вперед не ешь чужой грязи, не наскакивай на терновый куст. Ставил силок на сокола, да и поймал ворону! Нашел простака надувать своими затеями! Да я узнал тебя по голосу с первого слова: я различу твой голос, если б ты даже вздумал лаять или мяукать промеж тысячи кошек и собак!

- Ах ты, ртуть бегучая! В тебя и в ступе пестом не попадешь. Ну, пускай ты узнал меня, пускай я поверю, что ты успел меня одурачить: да с чего же ты, беззаконный трус, отдал свое оружие жене Мулла-Нур а? Как допустил раздеть себя бессильной женщине?

- Не хочешь ли ты, чтоб я застегивался на все пуговки перед красавицами? Чье же дело раздевать молодца, как не женское?.. А что, разве не правду я говорю? Мудрено очень, что я растаял, завидевши такую милочку, что я отдал ей все, начиная с чухи до сердца!.. Посмотрел бы я, что бы ты сделал, встретясь с ней, гиоз-би-гиоз оланда, глаз на глаз? Ведь ходит она - галуны меряет, говорит - червонцами дарит. Два глаза и носик ее точно буквы джим, алиф и нун, рядком поставленные, с двумя точками внутри[117]. Ротик так мал, как скважина жемчужины, а пояс мог бы служить мне вместо перстня.

- Особенно если б руки твои были одного размера с твоим носом! Ну, долыгай, Юсуф, поскорее; мне, право, некогда... Так ты из любви дал связать руки?

- Душа ты моя, Искендер, что ж мне делать, что у меня такое мягкое сердце! Не то ремнем - волоском привяжи она меня, так я пошел бы за ней на край света. Да как пристал к ней мужской наряд! У самого падишаха, я чай, нет таких нукеров!

- Ну, ну, надевай, добро, свое оружие! Мулла-Нур   велел его

---

[116] Девяносто девять прозвищ аллаха передал Магомет правоверным, но сотого невозможно узнать человеку в этой жизни: известно только духам-небожителям. Искание этого сотого имени - философский камень для мусульман.

[117] Есть куплет на старинном турецком языке, в котором эта мысль развита с поэтическими подробностями. Азиатцы находят ее злодейски остроумною. Для уразумения этой восточной красоты вот начертание трехбуквенного лица Гюльшады: Ж. Я уверен, что ни один европейский ум не подозревал столько прелестей в лаконическом животе.

выбросить, чтоб оно не заразило трусостью оружия его товарищей. Я уверен, что ты по крайней мере при мне не станешь рассказывать про свой ночлег в этой пещерке. В утешение тебе, однако ж, скажу, что встреча с нами была приготовлена вперед. Нас предал зеафурец, у которого мы завтракали; известил Мулла-Нур а и налил воды в ружья наши. Мулла-Нур схватился было со мною, да оборвался в ущелие.

- А что, уехал он?

- Теперь уж далеко.

- Оборвался? А ведь черт не сломил ему шеи! Зачем не провалился он сквозь землю! Наплюю я когда-нибудь в дуло этого разбойника, заставлю ходить иноходью. Не будь у меня мокры заряды, я бы и вчерась дал ему знать, из каких букв слово хараб (гибель) складывается.

- Если ты будешь его бить по-вчерашнему, похвальными речами, так он скорее умрет от смеху, а ты с испугу, чем от твоих ударов.

- С испугу? Я умру с испугу! Да есть ли что в целом свете, чего бы испугался я?! Баллах, биллях, таллах, я разве самого себя испугаюсь!

И между тем оба бека взбирались по указанной Мулла-Нур ом тропинке. Никакой глаз не отличил бы ее снизу, никакое воображение не создало бы возможности взобраться на столь крутую скалу, но опыт оказывал противное: коленчатые, незаметные уступцы выводили реями до самого венца.

Так многое считают неприступным, недостижным; но когда необходимость или крепкая воля увлекает нас, мы находим, что невозможное есть только трудное, только опасное. Хочу - половина могу.

Достигши вблизи снегов Шах-дага, Искендер-бек отдал держать своего коня Гаджи-Юсуфу, а сам с медным кувшином, бардаком, полез на круть. Солнечные лучи, протаяв верхний слой снега, образовали почти ледяную кору. На ладонь ниже под рыхлым снегом лежала такая же кора; глубже - еще и еще, в подобном порядке, так, что промывающийся под ногами путника слоеный наст очень затруднял подъем. Ослепительное отражение солнца, пылавшего во всей красе, кружило голову Искендера. Перед очами его, по снегу, вспыхивали алые пятна и тысячи радуг пересекались на каждом шагу. К счастию, хребет Шаг-дага не сахарной головой, а крутым порогом проникает в область холода и снежная черта его, во время лета, неглубоко вьется от вершины. Задыхаясь от усталости, пал, наконец, Искендер на снег, не топтанный от века никем, кроме ангелов; но он пал на самом темени.

Слишком чист, нестерпимо чист для человека воздух неба; ослепительно ярок луч солнца. Сыну земли необходимы испаренья земли для дыхания. Ему нужно раздробить или переломить свет, чтобы он мог наслаждаться им. Он ничего не может пить из родника, даже самой истины; родник поражает его холодом или пламенем невыносимым. Так и бек Искендер изнемог на вершине Шаг-дага: грудь его расторгалась от родины воздуха, очи залиты были волнами света. Но если небо замкнуто было для взоров ого лучезарным замком солнца, земля раскрывалась внизу том прекраснее. Зрение, заманенное в сеть оптики, не знало, куда обратиться и что покинуть. Прямо передним, на север, гряда за грядой вставали хребты, идущие от моря до Аварии, дающие ложа рекам Самбуру, Гюльгери, Дар-басу и другим меньшим[118]. Они смыкались между собою множеством ветвей и, пробив параллельною морю каменного волною Кара-Кайтах, изливались хребтом Салатафа в синюю даль. Влево, вблизи, изумрудные холмы ханства Кюринского роскошно купали в воздухе кудри своих плодовых лесов, то взбрасывая на опененные скалами волны флот деревень, то почти поглощая его в глубину зелени. Далее между хребтов, там и сям убеленных снегами, черною полосой тянулись ущелия ханства Кази-Кумык, осажденные враждебными крутизнами вольных обществ Алты-пара, Докус-пара, Ахти, Сиргили, Акуши, Табасарани и, наконец, замурованные в облачном отдалении скалистым берегом Кой-су, под прямым углом, кидающимся с запада на север. А там - горы Султанов Ели-су, рядом с горами Джарскими, крепостью свирепых Глуходаров. А там Шекинская и Шамахинская области, тонущие во мраке гор Карабахских. И все это смешение света и теней, зелени и буризны камня, переливающихся дивными узорами и кое-где затканных золотой ниткою вод, волновалось перед очами, как покрывало, накинутое рукою аллаха на тайны земли. На востоке, будто стальной, повороненный щит, окованный горизонтом, сверкало море под огневой насечкою лучей. И все было тихо, безмолвно кругом; с высоты снегов не было видно никого, ничего не слышно: туда не долетал обаятельный лепет жизни! И вот мир заснул в груди Искендеровой - мир, который носит человек с собой неотлучно, и в пустыню дикую и в святыню молитвы. Привлеченный на темя этой горы своекорыстным желанием овладеть любимою женщиною, он почувствовал, проникнутый благостью небесного воздуха, как недостойны были народного доверия его замыслы. Несчастия беднякам от засухи обступили, стеснили в нем сердце. Сомнение, которое мелькало в нем порой к щедроте божеской, перешло в сомнение к самому себе. "В чистом сосуде подобает зажигать аллаху курение молитвы за братии, а я?.." Он пал на колени и с примирительными слезами раскаяния молился за себя, с слезами умиления - за Дагестан. Наконец безотчетное, темное чувство веры умастило его душу. Он набрал снегу в кувшин, обвязал его чистым полотном и с набожною осторожностью стал спускаться долу.

---

[118] Чай на турецком языке значит река, и потому смешно писать: река Арпа-Чай, река Гюльгори-Чай. Это такой же плеоназм, как понтонный мост и тому подобное.

171

Обратная дорога была гораздо труднее восхода: стопы скользили по насту, крутизна увлекала. Но, даже скатываясь несколько раз, Искендер сохранил в своих объятиях не коснувшийся почвы сосуд надежды, долженствующий увлажить жадные поля. Так по крайней мере думалось суеверным дербентцам; так верил сам Искендер. Соединившись с Юсуфом, он не отвечал шутками на шутки его и дурачества: он уже был исполнен важных дум, и благоговение к своему подвигу, проницая наружу, давало его осанке какое-то гордое благородство. Гаджи-Юсуф не мог надивиться такой перемене.

- Уж не наелся ли он там солнца, - говорил проказник бек сам с собою, - что боится выпустить его из-за зубов вместе с речами! Или не сыграл ли в шахматы с ангелами, что так загордился! Да посею я в его бороду соль, пусть только она вырастет! Какое мне дело, что он стал угрюм, как голодный кади в пост: какая в этом убыль мне? Ведь если он и приморозил себе язык, так ушей, верно, не отморозил. Я все-таки буду говорить; посмотрел бы я, как он запретит мне говорить, а себе слушать?

В Юсуфе тоже, видно, произошло что-то необыкновенное: он сдержал свое слово.

Как ни спешили наши всадники, но была глубокая ночь, когда они домчались до запертых ворот Дербента. Сильно билось сердце Искендера: если б насадить его на бревно тарана, оно бы само пробило стену. Страх, сомнение, надежда то вздували, то стискивали его. Повесив роковой кувшин на дерево, Искендер с тоскою смотрел то на черную стену, грозно и таинственно сомкнутую надо всем, что ему мило, то на мрачное небо: он от всех предметов пытал ответа - будет ли, не будет ли удачи? Он с отрадою увидал наконец, что легкие облачка неслись по небу и, подобно стаду диких коней, прядали через огонь месяца.

- Видишь ли? - сказал он, толкнув засыпающего Юсуфа. - Взгляни на его рога!

- Чего глядеть, - бормотал тот впросонках, - резать его да жарить, возьми мой шомпол и стряпай скорее шишлик.

- Я говорю тебе про месяц, Юсуф!

- А я думал - про барана!.. Страх есть хочется. Месяц? Какой черт месяц! Я, кажется, круглый год не проглотил зернышка.

- У тебя только еда на уме, долгоносый аист; а небось не порадуешься со мною, что по небу ходят облака!

- А ты, каменное сердце, небось не погрустишь со мною, что по брюху у меня ходят мурашки! Облака? Вишь, нашел невидаль: кушай себе их на здоровье; ты ведь с неба воротился. Я бы гораздо больше был рад, если б по небу летали жареные фазаны. Не мешай мне, пожалуйста, хоть во сне обед увидать!

- Постой, постой, Гаджи-Юсуф. Не чувствуешь ли ты в земле сырости?

- Я только чувствую засуху в желудке. Такую засуху, что там, я чай, паук сети раскинул. Юхун яхши олсун (да будет сладок твой сон)!

И он зевнул; и он заснул.

Раным-рано весть о счастливом прибытии кувшина с священною водою из шахдагского снегу электрическою искрою промчалась по сердцам в Дербенте. Все, что могло не только говорить - лепетать, зашумело. Все, что могло ползать, если не ходить, задвигалось. На дворе мечети ужасная была давка, суматоха неописанная; ожидание хода томило всех. И вот, после моления в мечети, все муллы и почетные жители города, с знаменами, исписанными текстом корана, потянулись в голове бесчисленной толпы народа к морю. Искендер скромно нес кувшин; зато Гаджи-Юсуф, выбритый наново, в новой чухе, расправляя свои усы за ухо и закидывая за плеча рукава, к великому соблазну людей степенных, выступал преважно с ним рядом и хозяйничал, будто на своих похоронах. То семенил он впереди шествия, то равнял толпы мальчишек, то, забравшись в середину зевак, разглагольствовал про чудеса, встреченные им на Шах-даге. Одним говорил - он так близко был к небу, что слышал, как чихают гурии. Других уверял, что привез с собой уши Мулла-Нур а. Пуще всего, по его словам, претерпели они от медведей и змей. Шкуру с самого большого, убитого им в рукопашном бою, хотел он привезти домой, да разбойник конь никак не посмел запрячься его тащить. А из змей на Шах-даге в одном месте сплелась рогожка, так, что они принуждены были мостить из камней мост через эту змеиную полосу. Он перестал врать только за недостатком слушателей, потому что все бросились смотреть, как будут выливать воду в море.

С самого утра дул горный ветер: небо подернуто было туманною пеленою, но дождевых облаков не виделось нигде. Когда, после долгой слезной молитвы, главный мулла готовился опрокинуть роковой сосуд в волны Каспия, Искендер-бек с приметным волнением сказал Мир-Гаджи-Фетхали:

- Ага, вспомни свое обещание!

- Вспомни свое условие, - отвечал тот с насмешливою улыбкою. - Судьба твоя не в кувшине этом, а в дождевой туче. Ты угоден мне, если угоден аллаху!

И, говорят, прыснуло море о камни, когда благословенная вода пролилась в его лоно. Прыснуло и зашумело глухо. И черные тучи покатились с гор Табасаранских, как будто в раздумье налегли на край Дербентского угория; но вдруг, широко взмахнув крылами, быстро помчались врознь по небу, словно спугнутые с утеса выстрелом бури. Грянул далекий гром, горное эхо проснулось из мертвого сна, окрестность загудела под вихрем. Листья весело отряхали с себя пыль; мусульманки со смехом выказывали свои личики на совесть ветра, срывающего долой их покрывала; все руки, все очи поднялись навстречу дождя, столь искренно молимого, столь давно ожидаемого, - и дождь проливной зашумел, напояя обильными струями исчахнувшую землю, освежая раскаленный зноем воздух. Невозможно описать, ни оживописать радостной толпы в тот торжественный миг. Шапки летели в воздух и воду! Восклицаниям и молитвам не было конца! Все обнимали, все поздравляли друг друга; всех, однако ж, более был рад Искендер-бек: ему упала с дождем премиленькая невеста.

Предоставляю судить господам философам и естествознателям, явилась ли в этом призванном дожде счастливая игра случая или колдовство. Я просто рассказываю дело, которому был очевидцем.

VIII

Гечме намерд кюрпинсиндан: кой апарсын чай оны!
Ятма тюлкю далдасында: кой джирсын аслан аны!
Не ходи через мост лукавца: пусть лучше быстрина унесет;
Не ложись в тень лисицы[119]: пусть лучше лев растерзает!
Стих-пословица

Что за юность без любви, что за любовь без юности? Ярко светит свеча в чистом воздухе: а какой воздух чище весеннего? И не греть огню без воздуха, не прожить юному сердцу без страсти, где бы то ни было. Правда, высоки стены дворов мусульманских, крепки затворы; но ветер проницает и туда! Глубоко лежат сердца их красавиц, замкнутые за тридесять предрассудков, закованные в тысячу приличий, но любовь, как воздух, находит и к ним дорогу. Кичкене уж любила, не смея самой себе в том признаться. Искендер-бек стал любимою ее мечтой в день, приятнейшим сновидением ночи. Вышивая золотом; сафьянный накременник или подсокольную перчатку для своего незнаемого будущего, она думала: "Что, если б это было для Искендера - карагюздара (черноглазого)!". Какова ж была ее радость, когда суровый дядя с досадою, но решительно объявил ей, что она невеста Искендер-бека! Вспыхнули ее щеки, затрепеталось ее сердце, словно голубь, пущенный на волю. Итак, сбылись ее тайные желания, ее безымянные надежды облеклись в законное имя! Теперь уж она гордо может принимать цветы и поздравления от своих подружек и, сидя с ними за шитьем приданого, хохотать и толковать о своем будущем муже сколько душе угодно. Теперь

---

[119] То есть не ищи покровительства хитреца.

174

уж никто не запретит ей примерять хоть сто раз в день свадебное платье и повторять обычные проделки первого свидания; золотить воображением то, что знакомо ей в быту супружеском, и множить на миллионы наслаждений все, что неизвестно. Ну право, если есть счастливцы на земле, так это женихи и невесты. Что поете вы мне о сладости медового месяца? Медовый месяц, как и все его братцы, родится с рожками и пророчески обмывается в непогоде. Притом, или нынешние пчелы разучились делать мед, или вкус наш испорчен сахаром, только я знаю многих новобрачных, которые уверяют, что медовое варенье, даже розовое, приторно. Иное дело - пора между помолвкой и свадьбою; это приход голодного в столовую; пышный обед развивается перед ним, уже не вдалеке, а на хват руки. Вкус его изощрен аппетитом, взор и обоняние ласкают и манят плоды, перевитые цветами, блюда, жарко дышащие благоуханным паром. Слух обольщен приветным бряцанием рюмки о рюмку или падением серебряной вилки на фарфор. Каждое мгновение множит его нетерпеливость, зато близит к верному наслаждению. Он грызет пустоту, он глотает воздух, зато чародей воображение обращает ему каждого петуха в золотого фазана, предсказывает шамбертен* под каждою длинною пробкою, уверяет, что он может съесть полмира и запить его пол-океаном. И как милыми, как остроумными кажутся люди женихам перед свадьбою и гастрономам в виду обеда. Не скажу, чтоб они казались также милыми и остроумными людям, но все-таки пресчастливое состояние жениха, и если в обеих наших столицах увидите вы кучу невест и женихов вечного цеха, это явный признак утонченности нравов: они вытягивают в канитель эстетическое наслаждение между помолвкой и размолвкой; они каплей по капле пьют амброзию, которой полный глоток отяготил бы всякий благовоспитанный желудок. Но, перед всеми частными и всесветными женихами, тебе пальма, достославный Л.! Только ты вполне постиг сладость предбрачного состояния, которому посвятил три четверти жизни. Скажи, какая красавица в Петербурге не была твоей невестою? Укажи хоть одну звезду бульвара, которая бы не считала тебя женихом? Мне сказывали за диво, будто и тебя попутал Гименей*. Тебе же хуже, если - да! Ты сам узнаешь зевоту, которую бездонно доселе внушал.

Мусульманину вовсе не следовало бы чересчур радоваться женитьбе, потому что он, по закону, может играть вдруг четыре, не включая в то число утешительной перспективы замещения после развода; потому что он каждый угол своего дома украсить может живою статуйкою, купив ее точно так же, как покупаем мы у носячего алебастровых Диан и Психей. Но Искендер-бек, вероятно, знал, а быть может, предчувствовал, что редкий мусульманин дочитывает и первый том четырехтомного романа брака, и потому спешил насладиться всеми радостями первинки. Он не слышал под собою земли, бегая по лавкам; он измучил свою тетку закупками; и, в награду себе за невозможность пройтись даже близко дома своей невесты, - этого требовал строгий обычай, - не переставал о ней думать наедине. "На этом новом коврике будет она сидеть за работою, на балконе у решетчатой двери! В этой узорной чаше станет зерно по зерну выбирать пшено для моего плова! Перед этим зеркалом моя Кичкене в первый раз увидит свое милое личико вместе с лицом мужчины; из этого посеребренного рукомойника освежит свои пылающие щечки; под этим атласным одеялом...". Но, впрочем, для таких мечтаний вовсе не нужно обручального кольца: вы можете, не платя свадебных прогонов, съездить в эту заветную сторону и на собственном воображении, воля ваша, - я не отдаю в извоз своего. А между тем спальня женатого - презанимательная вещь, по крайней мере для холостых.

Но на вешнем льду строил Искендер замок своего счастия: в то время, когда он готовился увенчать его золотою маковкою, судьба простирала на разрушенье свою огромную, неотразимую десницу.

В наши закавказские области вероисповедания Али нередко приезжают из Тебриза или Ис-фагани странствующие проповедники, муллы. Толкуют коран, рассказывают легенды про чудеса своих имамов и нередко вздорными россказнями питают вражду к русским нововведениям. Самая обильная пора на этих ораторов, сказочников и плясунов бывает в месяц мухаррем, который в тридцать три года обходит все месяцы нашего солнечного года. В этот месяц, начиная с первого его дня, шииты празднуют, как я где-то описал, поминки по Гусейну*, сыне Алия, который после гибели отца своего восстал на Езида, сына Моаввии, за халифат, но, встреченный в теснине Кербела, на походе из Медины в Куфу, был разбит наголову воеводою Езида, Обейд-Аллахом, и потерял там жизнь в 10 день мухаррема, 61 года гиджры*. Все это происшествие, драматически изложенное, представляют шииты с большим великолепием, а нередко и с чувством, но ночам, при блеске тысячи светильников. Повесть наша началась по окончании этой религиозной трагедии. Гусейн с детьми своими был уже изрублен в куски по всем правилам военного искусства и по всем правам восточной политики. Остальное семейство его бежало, а голова его отправилась как трофей за седлом гонца в Мекку перед светлые очи торжествующего халифа Езида. Но этим еще не кончается спектакль. Через две недели обыкновенно, на которой-нибудь из площадей, представляют в подробности судьбу бегствующих Гусейнидов и приношение головы Гусейна перед трон злобного халифа. Для устройства этого праздника, со всеми затеями, приезжий из Тебриза мулла Садек остался в Дербенте целый месяц, склонясь на неотступную просьбу почетных граждан и того более на невозразимый звон серебра. Мулла Садек был человек лет сорока пяти, но глядел степенно и ходил с расстановкою, будто семидесятилетний старик; его разговор и молчание равно вышиты были именами аллаха и Алия, вели-аллах (святого божия); четки перебирал он даже во сне, и вообще от него сияло святостью и пахло розовым маслом на двадцать шагов в окружности. Впрочем, Садек, разрабатывая ниву небесную, не забывал округлять и свои земные делишки. Дружбу водил он с немногими, а деньги брал он от всех: истинно был добродетельный человек, - не обидит отказом благосклонного дателя; да, кроме частных подарков, еще согласился (благородная душа!) принять по окончании Хатыля, за весь пот ума и тела, одну сотнягу серебряных рублей, из расходов мечети. Не довольствуясь этим, он хотел прочнее устроить свое житье-бытье каким-нибудь брачным родством; и, поразведав стороной, куда бы выгоднее забросить крючок, наживленный красным словом, решил обратиться к Мир-Гаджи-Фетхали, за племянницей которого, как единственной наследницей, прочуял он изрядное именье.

Вкравшись в доверенность Фетхали похвалами его уму и познаниям, его учености и красноречию, бранью русских за то, что они не умеют отличать такие высокие достоинства, и что, по их милости, потомки истинных имамов стали равны с простолюдинами, и что даже - я аллах! - Алием проклятые сунни сидят с ними рядом, а если служат России, стране раздора и неверия, то нередко распоряжаются мирами как обыкновенными людьми.

- Ай вай! - восклицал он, - пришли последние годы. Суд судов зреет над головою! Скоро, скоро встрепенется рыба Хут, на которой стоит свет, и сбросит с себя долой это гнездо змеиное, этот котел греховный! Правоверные гордятся крестами, и темляк для них стал почетнее бороды!.. Не знаю, право, что сталось бы с колесом Дербента[120], если бы ты, Мир-Гаджи-Фетхали, не служил ему осью веры и мудрости. Почтенный ты человек! Святой ты человек, истинный Гусейн! Не садишься в диване с немытыми армянами и с неверующими свиноедами, донгу с еян кафирляр; не хочешь чернить свози души ни чернилами, ни порохом на их службе. Твоя тагия (политика) - сливки благоразумия! Только одного не мог я уложить в свою голову, одному поверить не хотел, свидетели газрети Алие (святые потомки Алия): глупая чернь, кара халх, толкует, будто ты выдаешь свою племянницу за какого-то безбородого бечонка?

---

[120] Кстати, об имени Дербента. Дербент есть слово персидское, часто встречаемое в географии Востока, и значит застава, крепость, замыкающая ущелие или узкий проход. Оно сложено из двух персидских слов, дер - дверь, и бенд - связка, замычка, скоба. Под именем Демир-капы, железных ворот, его никогда закавказцы не знали. Аравитяне называли Кавказский Дербент - Баб эль-абуаб, ворота из ворот, главные ворота, главная застава.

"Наузу биллях (убежище мое у бога)! - сказал я самому себе на ухо, - этого не может быть; такой благочестивый человек, как Мир-Гаджи-Фетхали, не бросит в лужу перлу пророка, не отдаст простому человеку дочери брата своего, не смешает с грязью крови сеида*. Вель хамду ли'ллях, ве ля иляге илля гуэ! Сбыточное ли дело, чтоб такой кельби Али (такой пес Алия)[121] допустил съесть бесхвостому котенку райскую птичку? Ее же аллах ему отдал под призор! Хейр (нет)! Это хош таплых (это шутка); бир фикир-ды (какая-то выдумка); она родилась в пустом арбузе и разнесена вертучим ветром по базару. Даром бросают такую пыль в бороду Фетхали. Не верю я тому, чего быть не может!"

- А между тем, это правда, - сказал Фетхали с таким лицом, будто его застали в чужом винограднике.

И он рассказал мулле Садеку, каким образом и почему принужден был дать на этот брак свое согласие. Притом же, замечал он, в Дербенте нет пары его племяннице из числа немногих миров. Все они такое старье или такая голь, что если за иного выдать, так свадьбу придется играть на перекрестке, а новобрачным спать на своих башмаках, прогуливаясь.

Мулла Садек два раза погладил свою бороду, два раза пропустил девяносто девять зерен своих четок между пальцев и сказал:

- Все исходит от аллаха, все к нему возвратится. Разве нет достойных Гусейна в стране Ирана, в Персии, в благословенном краю наследников Сефи*? Солнце два раза в день восходит и западает в виляете (владении) шегиншаха (государя государей): так оно неужели не светит в глаза ни одному жениху твоей племянницы? Вели пейгамбар, вааазы пейгамбари (о святой пророк, о завет пророческий)! Если ты хочешь женить светлый месяц на звезде утренней, я пришлю сюда моего двоюродного брата по матери, Мир-Фрейзуллаха-Тебризи, - указательный перст учености, изумруд красоты: борода его считается третьего после шаховой; богат он так, что индеек кормит жемчугом, и со всем тем скромен, как изголовье. Клад, а не человек, валлаги, билляги! Когда он в нашем городе идет по базару, даже те, у которых глаза выколоты, кричат ему: "Гьозим усти"[122], а купцы бьют челом кто пряником, кто изюмом, кто горстью табаку; ни один не сунется без пешкеша (подарочка). Если твоя племянница за него

_____

[121] Впрочем, кельби Али, в просторечии Кельбалай, есть мусульманское собственное имя. Один ширванский хан, генерал-майор нашей службы, его носит, и оно вовсе не доказывает, как думают многие, особенной преданности к Алию.
[122] В Персии множество нищих с выколотыми глазами, жертв каждой политической смуты. Гьозим усти, собственно, значит на мой глаз, но это междометие должно принимать в смысле: клянусь я своими глазами в твоих повелениях!

выйдет, так ей даже в бане все ханум и бегум (все ханши и бекши) станут давать почетное место, - а Тебриз не вашему глиняному Дербенту чета!

Это предложение польстило и гордости Фетхали, потому что он знал, каким уважением пользуются в Персии миры, и ненависти его к Искендеру. Однако ж в нем еще были искры совести. Он возразил мулле Садеку препятствиями со стороны матери Кичкени и со стороны строгого коменданта, который, вероятно, не позволит переселения из русской области. Притом, "что скажут" горожане? На диаляр - важная вещь и на Востоке. Le ce qu'en dira-ton держит в узде парижанина и петербуржца, обитателя Пекина и Шамахи. Это почти совесть людей бессовестных.

- Что скажут? - с насмешкою отвечал Садек. - Скажут, что ты умный человек. Простительно делать ошибки, но исправлять их похвально. И что, в самом деле, за услугу оказал тебе Искендер? Будто бы до него аллах дождя не выдумал? Он тебя поймал в западню: оставь же лучше в западне свой хвост, как лисица, и уйди от него, чем целый век кланяться немилому человеку. Да я научу тебя, как, с помощью пророка, выбраться из обещания, не запятнав своей чести. Откажи Искендеру и расславь по городу, что твоя сестра - при смерти и дала обещание, если выздоровеет, выдать свою дочь не иначе как за потомка пророка, за имама. Этому в Дербенте не один пример. Сестра твоя не выходит из дому; да и дома почти нема как рыба: так на нее, для пользы внуков Алия, можно все взваливать; а слушать ее бредней - будет позор на твою голову. Разве не знаешь, как плотно поколотил Эйюб, алейги'с селям, Иов (мир с ним!), свою жену за то, что она советовала ему поклониться шайтану? А разве мать Кичкене - твоя жена? Разве ты купил ее? Что она тебе? Только сестра; а это четвертью меньше, нежели ничто. Плюнь ты на ее волю!

- А комендант? - со вздохом спросил Фетхали.

- А комендант что за помеха? Разве невесты - запрещенный товар к вывозу? Да пускай себе и запрещенный: можно надуть коменданта, попросить билет в Персию для свидания с родственниками, да и пошел, покатил себе. Обмануть гяура - все равно что приложить кусочек к сердцу Али: три греха с души долой. Тебе же более славы, если ты на черте привезешь дар Каабе*, Меккскому храму, за неимением белого верблюда.

Два лукавца ударили по рукам.

Наутро Искендеру отослана была половина кабына, то есть откупа за невесту, обращаемого обыкновенно на приданое. Искендер-бек чуть не оторвал себе ушей, чтобы увериться, не обманывают ли они его! Нет; весть эта была слишком несомнительна. Возвращенный мешок с рублями лежал перед ним неотвергаемым доказательством; тетка его Аджа-Ханум бранилась так искренно, что слов ее нельзя было принять за шутку. Сначала, оглушенный неожиданным отказом, он сидел бледный, безмолвный, с неподвижными очами, как тело, только что охладелое в

179

труп. Но скоро юная кровь зажглась негодованием, и оно вырвалось наружу буйным потоком угроз и проклятий. Быть столь близким к счастию, подносить уже к устам заветную чашу - и вдруг вместо желанного, драгоценного питья выпить горькую обиду, облиться несмываемым позором! О, это заставило бы вспыхнуть самое ледяное сердце, закипеть самую ползучую кровь! Никогда любовница не кажется нам так прелестною, так любимою, как похищенная изменой или судьбой. Тогда любовь нарастает на весь ужас разлуки, а бешенство за разлуку раскипается всем пламенем страсти. Искендер-бек неистовствовал: разбил вдребезги хрустальный кальян свой, выбросил за окно зеркало, изорвал в клочки свою круглую подушку, вытолкал в шею нукера, который явился было с неуместными услугами. Он упал от изнеможения, но злость не потухла вместе с силами: он грыз подушку и плакал. Наконец рассудок взял верх, но если гнев, если безнадежная любовь покинула голову, они тем не менее терзали его сердце. Два дня и три ночи, обманутый в самых законных своих надеждах, юноша не мог спать, не хотел есть. Но потом азиатская природа передвоила все бурные чувства в тихий, медленный яд желания и мести. Он перебирал и отвергал все средства отмстить вероломному Фетхали, не подвергая себя опасности от русского правительства. О, если б это было при ханах, - удар ему кинжалом в бок, и все кончено! И Кичкене стала бы его собственностью, после месячного бегства! Теперь иное!.. Теперь надо!.. Искендер углубился в размышление, как это надо? А перед ним давно уже стоял Гаджи-Юсуф. Право, за вычетом хвастовства и трусости, этот Гаджи-Юсуф был предоброе создание. Горесть товарища тронула его: если б умел, он бы заплакал, глядя на безмолвную задумчивость Искендера. Он тихо коснулся плеча хозяина и, хотя разодет был как свежепривозный кашенг, франт из Тебриза, однако сказал свой селям самым степенным голосом.

- На хабер (что нового)? - спросил очнувшийся Искендер.

- Пришло три корабля с хлебом: народ веселится.

- Если б пришли три корабля с мышьяком на отраву всем дербентцам, я бы радовался один более, чем теперь они все вместе.

- Помилуй, Искендер, за что такая опала! Не хочешь ли ты подражать Эгри-Абу-Талебу[123], который еще в люльке на кого-то рассердился и до сих пор косится на целый свет? Пришло - пройдет!

- Ты слышал, Юсуф? Верно, уж слышал! Ну, рассказывай, что про меня шепчут в Дербенте?

- Ничего не шепчут, на всех базарах и перекрестках только в бубны бьют, что тебе отказала мать Кичкени.

- Мать? Мерзавец этот Фетхали!.. Убью его и уйду, скроюсь в горы!

___

[123] Эгри - косой.

- А что, разве тебе Кара-даг дядя?[124] Видно, ты еще не лакомился просяными чуреками, душечка Искендер. Велика хитрость убить да уйти, и потом по конец жизни облизываться на дым родного города! Анасыны, бабасыны... Гораздо лучше побить порядком этого Фетхали - и гайда в Баку! Там, если тебя оседлала такая охота жениться, ты можешь на пробу купить себе жену на два, на три месяца. Прекрасное это заведение - метеги[125], для удобства путешественников, черт меня покарай, прелюбезное! Я сам женился на четыре месяца; да, слава аллаху, бежал до срока от моей красавицы. Рад, что ноги унес! Бывало, сплю и боюсь - откусит она мне нос из нежности. Так-то, Искендер-бек! Отведай сам, правду ли я говорю, и, воротясь, - об заклад побьюсь, - ты за спасибо пешкеш* привезешь Фетхали, что он не отдал тебе племянницы.

Искендер-бек был угрюм и безмолвен.

- Душечка, цветок ты, Искендер-бек! Ты ничего не слышишь, будто уши по воду послал; а печален так, словно сердце твое забили в фелаку (лещотку) и отдубасили по пятам. Экая невидаль - невеста! Брось только горсть червонцев на улицу да закричи: "Гель, гель, гель!" - набегут свахи словно куры. Надоедят тебе жены, вспомни меня, надоедят!

Искендер не внимал ничему.

- Да и об чем ты так грустишь, Искендер? Что за звезда твоя невеста! Что за красавица такая! Глаза у ней один больше другого, а сама так смугла, что ты разоришься на одни белила; да к тому ж, кажется, немножко кривобока. Видел, брат, я ее не раз!

Искендер-бек схватил Юсуфа за ворот.

- Ты ее видел? Где ты видел ее? Как ты дерзнул поднять на нее свои пьяные глаза? Говори же, бездельник, когда и как ты ел ее своими глазами?

- Ради аллаха, пусти Искендер-бек!.. Разве не видишь ты, что я шучу?! Ты знаешь, что я глаза ношу всегда в кармане, а карманы мои все в дырах. Где мне видеть ее! Да и на кой черт стану я заглядывать на эти двуногие жемчужины! Пропадай они, право: я не пахарь таких нив! Я умильнее погляжу на свиной бурдюк с кизлярским чихирем, нежели на женщину. Эй, не женись, душечка Искендер-бек! Беда тебе - жениться: ты такой ревнивец, что аллах упаси!

В соседстве с русскими молодцами тебе придется стоять всю ночь на карауле и целый день, как рахтарщику*, осматривать и щупать, кто входит

---

[124] Кара-даг - Черногоры.

[125] Метеги, мути - временный брак, позволенный у шиитов, но не везде употребительный. Впрочем, и сунниты Северного Дагестана допускают его из корысти, даже с русскими. Он облечен всею законностью, но только низший класс народа занимается такою торговлею

и что вносят в твой дом. Ну уж что за люди эти русские. Только поставят их постоем - смотришь-глядишь, они уж приятели с нашими молодушками! Подкатится яблоком, рассыплется бисером, а там... Знаешь ли ты Муллу-Касима, того сухопарого зверка, про которого говорят, что с него снята была кожа для таинственной книги Джефр[126]. Ну, мой ага, этот Мулла-Касим, старый ревнивец, купил себе беду под белою чадрою и не спускал с нее глаз. Что ж вышло? Он по три раза в неделю отворял ворота одной подружке хорошенькой женки своей и сидит, бывало, у ворот, чтоб не дать жене на проводах выглянуть па улицу; а эта подружка и был русский офицер в женском платье! Оба приятеля схватились за бока от смеху.

- Мужчина? Под чадрою? Это прелесть! Это единственно! Спасибо тебе, Юсуф; разутешил ты меня этим рассказом.

И бек Искендер чуть не задушил гостя в объятиях.

- Ну да прощай, душа моя! Мне теперь хлопот целое стадо. Я сегодня ночью представлять буду фиренг эльчиси (франкского посла) при дворе Езида: так надо заранее умудриться, как мне влезть в узкие шальвары! Пусть выкроит шайтан себе подметки из кожи этих гяуров за адскую выдумку тесных мундиров и панталон: в них так же ловко двигаться, как в железных тисках. Недаром, право, носят они на шее удавки: запалю я гробы их отцов да сам и огонь залью! Не попадайся мне теперь ни один русский петух: разом ощиплю весь хвост на султан для треугольного папаха! Я уж задал жгучей травы[127] комендантскому павлину; перестанет он хвастать своим ли веером. Да и русской водке достанется: какой я буду кяфир, если не вытяну стакана четыре? Яхши олсун, Искендер-бек, яхши олсун! Увидишь, я таким выйду на Хатыль полным франком, что солдаты будут говорить мне: "Здравия желаю, ваше благородие!".

- Советую только переменить тебе имя Юсуфа на Аллах-верды![128]

- И, разумеется! Аллах-верды - прекрасное слово. "Бог дал" вино, так черт не отымет. Ох, служба, служба! Горька она и в нашем правоверном платье, а в кургузом и того втрое. А еще говорят, будто я мало служу. Неблагодарные!..

Юсуф удалился, разговаривая сам с собою про безумие Искендера:

- Рехнулся бедняга; без сомнения, рехнулся! То он несносен, как

---

[126] Написанная иероглифами, будто бы Алием, обо всем, что было и будет до конца света. Поверье шиитов.

[127] Истаут, так зовут татары перец.

[128] Аллах-верды - бог дал, обыкновенное восклицание того, кто пьет; кто подносит, говорит: "сизин кейфиниса (на здоровье вам)" или просто: "яхши олсун (да будет благо)". Искендер смеется над пьянством Юсуфа: впрочем, Аллахверды (Богдан) - обыкновенное собственное имя.

пустая бутылка, то хохочет, будто исфаганского нагильчи (сказочника) слушает, то бранит меня, словно капитан, то обнимает ни за что ни про что. Жаль!

И, молодецки закинув рукава за плечо, он пошел, переваливаясь, по улице и напевая стихи в честь Гусейнова побоища при Кербеле:

Неджа кан агламассын даш бугюн!
Кеселибты етмиш-еки баш бугюн!

Как сегодня не прослезиться тебе, камень, кровью?
Сегодня отрублено семьдесят две головы!

Зато Искендер вовсе не думал об отрубленных головах; ему Юсуф приставил новую своим рассказом. Яркая мысль - пробраться к своей милой под чадрою - озарила его сердце. "Я шел законною дорогою, - говорил он себе, - и она привела меня к пропасти. Теперь я, во что бы то ни стало, дойду до своего окольными тропинками. Теперь все связи мои разорваны, и не мною. Пусть же узнает Фетхали, что значит разбудить барса и потом дразнить его. Бесславием, похищением - всем готов теперь я добывать вырванную у меня Кичкене. Да! Я оденусь женщиною, но докажу, что я не мальчик: сегодняшний ночной праздник сблизит меня с бесценною, - пускай дорога к ней помещена остриями кинжалов! Неслыханную между мусульманами дерзость сделаю я; но разве не такова моя обида, моя любовь?" Так рассуждая, или, верней, безрассудствуя, Искендер обшивал сам свои шальвары кружевным позументом, как носят мусульманки; примерял купленное для будущей невесты покрывало, учился подбирать его по подолу и около рта, ходить смиренно, говорить тоненьким голосом. К сумеркам он мог бы представлять на Хатыле сестру Гусейна, верно, лучше своих собратий. "Сурьма по бровям и темнота ночи скроют остальное", - думал он; однако боясь болтливости своего нукера в таком деле, где бросал на ставку свою голову, он услал его пасти коней на траву. С трепетом сердца ждал он ночи; но день не хотел умирать, как богатый дядя. Наконец-то, наконец заревой барабан сказал его сердцу отрадную весточку. Пламенники, напитанные нефтью, замелькали по улицам и вот слились в одном месте в багровый дым зарева... Скоро придет время.

Пустяки говорят, будто мы только в первый раз любим крепко и пламенно. Одно верно, что мы только в первый раз любим сладостно; потому что тогда все в любви нам ново, потому что мы верим тогда неизменности любви и взаимному для ней геройству. Проходят лета, и незваный гость опять стучится в сердце: он подает очки свои, которые разлагают все мечты, показывают все цветы, всех бабочек, в настоящем их виде, и говорит: "Это линючая краска, бесполезное насекомое. Черт возьми твой микроскоп, опытность! Я хочу роз, а ты подаешь мне скляночку с духами. Скажи мне, счастливее ли я стал, узнав, из чего составлена слеза и какой нерв движет улыбку? Счастливее ли, умеряя сильные чувства, чтоб не нажить аневризма? Счастливее ли, что, завидя в ком-нибудь, даже в самом себе, вспышку прекрасного чувства, я говорю: "Знаю, чем это кончится!" Холод и пустыня тем ужаснейшие, что опять дают угадчивость уму, а не избавляют от страстей, от чувства".

Искендер плавал в безызвестном для него океане любви, искал Нового Света счастия, который, новому Колумбу, живописался на воображении полным сокровищ и восхитительным новизною. Но если б вы спросили его, какие он имеет к успеху залоги и для чего выбрал эту дорогу, для чего хочет он видеться с Кичкене? Он бы не умел дать отчета и самому себе. Счеты изобретены, конечно, не влюбленными. Все, что он мог бы отвечать вам, состояло в словах: "Я так решил! Я на это решился!" С богом!

Начернив огромную бровь, которая, по последней моде, должна была соединять, как мост, оба уха, и налепив на щеки две золотые звездочки, Искендер заткнул за пояс, стягивающий атласный дун (род бешмета), пистолет, обвил голову маленьким тюрбаном, закутался весь до ног в белую чадру с каймою и робко пошел к нижнему магалу. Спрятавшись подле дома Кичкене в ворота, он выждал, покуда она вышла с двумя подругами, и, не теряя ее из виду, чтоб после не утратить вовсе меж тысячи покрывал, отправился по пятам ее до самого места представления. Площадь, улицы кипели пешими и конными зрителями; кровли домов покрыты были купами и рядами женщин, живописно рисующихся в белых и цветных чадрах. Драма еще не начиналась; на возвышении, приготовленном для Езида, говорил пролог мулла Садек, а два других стояли на ступенях, крытых ковром, махальными чувствительности, и при каждом трогательном описании громко кричали народу: "Что ж вы не плачете? Плачьте!". В ответ на это раздавалось обыкновенно вверху и внизу оглушающее хныканье; потом поток красноречия снова пробивался сквозь жужжанье. Почти в лихорадочном жару взбежал Искендер за Кичкене по крутой лестнице чужого дома, беспрестанно прикасаясь к женщинам, на плоскую кровлю. На ней уже было до сотни мусульманок, сидящих, стоящих, бегающих взад и вперед и более или менее озаренных блеском множества мангалов, поднятых на шесты. Женщины встречались, целовались, болтали без умолку, смеялись без удержу. Все они одеты были в лучшие платья, увешаны золотыми звездами и монистами; и все это не забывали они выказывать при встрече с знакомыми, широко распахивая чадры.

Тот, кто не знает азиаток, не знает и половины азиатца, хотя бы он жил с ним сто десять лет запанибрата. Вместе с туфлями мусульманин надевает непроницаемую личину, и вне гарема не покажет родному брату своему ни дна души, ни дна кошелька; притом же, страсть хвалить нравы и обычаи своего народа, свойственная всем народам младенчествующим, обладает им вполне. Послушать каждого из них, так вы подумаете, что это целое поколение праведников, что у них все мужья и жены ходят между строчек корана и никогда не помыслят вильнуть в сторону. Только в семье смеет мусульманин быть самим собою, потому что жена и дети для него вещи, которым не обязан он ни малейшим отчетом. В отместку ему жена бывает собою всегда, кроме его присутствия. Покорная, предупредительная, почти безответная раба мужу, который для нее свет, публика, власть - все, она вознаграждает себя за домашнее принуждение на гулянье, в садах, в бане со своими соседками. Вы скажете, что подруги ей домашние, а домашние - чужие. Они откровенны между собою, ибо между ними нет иной ревности, кроме за наряды. От этого выходит двойственный мир, совсем отличный от европейского, - мир, более недоступный для мужчин, чем для женщин, потому что муж перед женой разоблачается вполне, она перед ним - вполовину. Теперь вообразите, что вы каким-нибудь счастливым случаем вкрались в доверенность мусульманки или подслушали ее болтовню с подругою, заглянули в гарем хана vue d'oiseau[129], и вы, конечно, узнаете больше, нежели мусульманин захочет вам сказать, больше, нежели может сказать. Вообразите и то, как загадочно изумлен был ничего не знающий юноша Искендер, брошенный в середину женских нескромностей, в середину женщин, большею частию прехорошеньких, он, который сроду не говорил ни с одной, кроме старух; он, который если и видел их личики, так это в почтительном отдалении, и то на миг. Он пожирал их глазами, напрягал слух и ум, чтобы уловить и понять долетающие до него отрывчатые фразы. Напрасно! Они оставались для него, как останутся, вероятно, для многих моих читателей, загадками.

"Ах, душечка, молодица моя! Эй, джан, джюван! Какая у тебя прелестная баги (головное украшение). А мой скупец был в Зинзилях да в гостинец привез только шелковый треног: правда, затканный золотом, да что мне в этом пользы? Его не наденешь ни в мечеть, ни в баню". - "Нет, мой муж, хоть и прихотлив, а ничего для меня не жалеет; грех на это жаловаться. Надарил мне кугу вещей за то, что я до жаров не спорю за летний обычай". - "Слышала ли ты, Фатме-Ханум, что мой старый черт в Баке взял другую жену? Я в слезы; а он мне: "Разве мне там без плову жить!". Муж только до семи гор обязан жене верностью. Шах-Сейн, вай-Сейн! Да разве, когда он переедет за семь, от меня до него будет только шесть? Отплачу я ему за это! Берет другую жену, а сам даже джума-ахшамы (кануна недели) не справляет: такой беззаконник!" - "Наверное

[129] Мимолетно (франц.).

ли?" - "Как, моя жертвочка, не наверное! В русской земле вышел указ, чтобы все женщины носили туманы по-нашему. Я сама видела, что и здешние начальницы перестали гневить аллаха, надели-таки беленькие шальвары... Да и пора была! Бывало, по горе идут, при ветре..." - "Чудесный дала ты мне ваджибет, Шекер-Ханум; тысячу раз тебе за него спасибо: тело от него точно персик становится". - "Не умеет Аспет-Ханум готовить долмы*, вовсе не умеет: хоть бы на свадьбе такой есть, не только на похоронах, так горек покажется". - "Умерла? Сама виновата! Умела с чужим любовь водить, умей концы хоронить; а то муж только со двора - она в гости, да еще с фонарем". - "Так он до смерти ее заколол?" - "Насквозь, джаным! Тут же и душу Азраилу отдала".- "Надоели мне мои ребятишки, баджи (сестрица); хоть бы подросли поскорее, а то такие крикуны, что голову разломит!" - "Ох, сестра, от маленьких детей болит голова, от больших - сердце! Пристал ко мне мой Мешгеди: купи да купи ему жену, а ведь жена не свистулька... дорог стал этот товар: откуда я возьму денег!" - "Ай вай, какой стыд! С армянином, с переводчиком! Разве мусульман или русских ей недостало?.. Любой армянин с придачей двух кусков зерр-бафта и четверти греха не стоит!" - "Прелесть манер, чох испаи тегер, душечка! И прелегенький! Он называет его тегеранским; наподобие буквы джим; да, кажется, такими узорами переберу я всю азбуку. Преученый человек муж мой!" - "Ох, не поминай, сестрица! Вот точь-в-точь такой затейник был покойный муж мой; бывало, как начнет учить мою малютку, так она шепчет, шепчет... Аллах веку ему не продлил, а то бы читать ее выучил..."

Восклицания: "Башлады, башлады (началось, началось)" прервали все россказни. Все кинулись смотреть на драму. Езид, в красном кафтане, в зеленой чалме, сидел уже на троне; по левую его руку, немного ниже, бог весть по какому преданию, сидел европейский посол, в фантастическом мундире русского покроя, в треугольной шляпе с огромным султаном, при европейской сабле и шпорах. Приближенные Езиду и шейхи арабских племен в белых чалмах обнимали трон полумесяцем. Европейского посланника играл Гаджи-Юсуф, но он, затянутый в непривычном наряде, беспрестанно путаясь в портупее и шпорах, беспрестанно поправляя шляпу, которая прогуливалась по бритой его голове, был так уморителен, что наверное не заманил никого быть европейцем. Огромный нос его и еще того огромнейший султан из петушьих и павлиньих перьев дали повод к жаркому спору между женщинами.

- Шах-Гусейн! вай Гусейн! Сестрицы, посмотрите-ка, что за зверь сидит по левую руку проклятого Езида? - закричала одна хатынь, госпожа.

- Это лев, - пресериозно отвечала ей соседка. - При мучителях, османских халифах, всегда дежурил какой-нибудь лютый зверь: чуть не понравится кто-нибудь, сейчас того отдавали на завтрак.

- Лев-то лев, - возразила другая, - только он тот самый, что плакал над гробом Гусейна, а не в службе у Езида; плутяги чауши (десятские) подсмотрели, что он жалеет нашего имама, да и взяли под караул. Слышите ли, Езид говорит ему: "Прийми мою веру"; а он только сморкается: это значит - не хочет.

- Какой лев? - насмешливо произнесла другая. - Это птица!

- Как же, птица! - возразила та. - Разве у птиц хвост на голове? Это грива; так, грива и есть.

- Совсем не грива, а хохол попугая: должно быть, этот попугай был у Езида мирзою (секретарем); видишь, как халиф ласкает его, а тот воркует не по-человечески!

- Племянница ты попугая, душа моя!

- Львиная ты мордочка, сестра моя!

Спор сделался общим. Одни говорили - птица, другие утверждали - зверь. Однако ж сторона, восставшая за попугая, перемогла: женщины всех стран отменно любят попугаев. Надобно сказать, что красный нос Гаджи-Юсуфа всего более способствовал этому мнению; только и в нем возникли расколы. Иные думали, что нос у этой птицы природный, иные спорили, что он накладной. Все это доказывало, что каждая из почтенных мусульманок, там сидевших, могла бы выдержать профессорский экзамен в невежестве истории естественной и сверхъестественной, о которой шло дело; а дело шло своим чередом. Бедный Юсуф, никак не воображая, что подлинность его носа и его человечества подвержена такому сомнению, говорил приветственную речь Езиду. "Государь мой, повелитель Френгистана (таков был смысл ее), заслышав о твоих победах, прислал меня просить о дружбе и союзе с тобою". Езид отвечал, что покуда ему нет досуга управиться со свиноедами, что он дарует им мир и время покаяться, но если они не примут шекксиз китаб (несомненной книги) законом, так он объявит им джигад (войну за веру) и начнет систему обрезания с голов. В это время радостная весть о разбитии воеводой халифа враждебного ему Гусейна приходит вместе с трофеями. Пуки стрел, сабель, кольчуг, мешки с добычею рассыпаны к ногам Езида; подносят на блюде голову Гусейна. "Вот участь всех, кто мне противится! - гордо говорит посланнику халиф, и сброшенная его ногой голова катится по ступеням. - А этот человек был родственник Магомета, хотел быть халифом; многие звали его пророком, заступником молитв, имамом; и что теперь он? Прах!" Фиренк-Эльчи осмеливается спросить, неужели у них мода так обходиться с пророками. "Со лжепророками", - гневно отвечает Езид. "В таком случае легко можно убедиться, ложный был он или настоящий, - продолжает франк. - Голова Гусейна! - примолвил он, обращаясь к голове, уже воткнутой на копье, - если ты истинно пользовалась откровением бога мусульман и если вера, тобой проповеданная, не обман, скажи мне символ ее, и я, христианин, клянусь обратиться в мусульманство!" И голова отверзает мертвые уста; молитва "ла иляге илл аллаху, эшгеду, энна Мухаммеда ресулю'ллах", как труба, раздается в воздухе. Пораженный, убежденный чудом, европеец падает ниц, восклицая: "Мусульманам, шагиям (я мусульманин, я шиит)!" - "Ты глупец, - говорит ему Езид, раздраженный примером дерзости для своих последователей, - ты стоишь казни. Отрубить ему голову!"

Гаджи-Юсуф, которому так же ловко было сидеть на стуле, как на копье, особенно с грузом винных паров в голове, не дожидаясь удара, покатился на пол. Эта потеря равновесия, приписанная ужасу, произвела необыкновенный эффект. Павшего франка утащили, подменили куклою, и срубленная голова его запела стихи в честь Гусейна.

Под шумок между тем Искендер подсел рядом к Кичкене: дух у него занимался от радости, сердце обливалось невыразимо сладким пламенем. Он был подле нее, касался ее, чувствовал жар ее щек, аромат ее дыхания; и он был мусульманин, и ему только что минуло двадцать лет! Он не мог выдержать искушения, когда Кичкене, привстав, чтобы лучше взглянуть вниз, оперлась рукой на его колено.

- Кичкене, - произнес он тихо, - встань; мне нужно сказать тебе два слова, - и он крепко сжал ее руку, подымаясь.

Мысли задумчивой Кичкене были полны Искендером: его искала она в потоке лиц, озаренных факелами, его взор надеялась встретить между тысячами взоров. Не Езид привлек ее на представление, не Езид занимал теперь. Уверенность поглядеть хоть еще разик на жениха, которым ее поманили и которого отняли потом без причины, поглотила все ее внимание; каково же было ее изумление, ее страх, когда голос, которого эхо было сердечное воспоминание, прозвучал ей на ухо! Крик замер у нее на устах, она не имела силы, ни жестокости сопротивляться. Искендер-бек увлек ее на самый темный угол кровли; зрительницы так заняты были Езидом и Эльчи, что их внимания нечего было страшиться.

- Я люблю тебя, Кичкене, - сказал он испуганной красавице, - горячо люблю! Ты видишь, на что я решился, для того только, чтобы поглядеть на тебя, сблизиться с тобою; можешь угадать, на что решусь, если ты скажешь: "Искендер-бек, я тебя не люблю"... Да или нет, милая?

Глаза его пылали, жгли; правая рука сжимала пистолет. Бедная девушка трепетала, робко озираясь. Казалось, она бы рада была, если б кто ее выручил; казалось, она прокляла бы того, кто помешал бы ей слушать эти страшные и вместе чарующие слова.

- Искендер! - наконец произнесла она, послышав резкий взвод курка, - я твоя жертва; только не сгуби себя, не обесчести меня... Позволь мне уйти!.. Я бы рада обнять тебя, как пояс сабли... но ты знаешь, какой человек мой дядя!

188

Звонкий поцелуй раздался, и звук этот тихо сошел на нет, не прерываясь. Краткий миг дан любви на Востоке, но она, как сновидение, умеет умещать в него тысячи оттенков, тысячи происшествий, всю долговременную борьбу европейской страсти.

- О, не говори мне про утреннюю зарю, азизым! Как можешь ты любить свою завистницу?.. Так ты соглашаешься, не правда ли? Ты соглашаешься, бесценная, кыматсиз! Мы увидимся завтра ночью!

Никто не слыхал, что сказала Кичкене, но на лице Искендера отразилось - "завтра". Мнимые подруги расстались.

Не знаю, как провела ночь после такой поучительной встречи милая Кичкене; но Искендер-бек заснул сладко и скоро: есть грехи, после которых спится лучше, нежели после доброго дела. Если б вы увидали тогда его прелестное лицо, покоящееся под улыбкою неги, вы бы сказали, что сами видите гирлянду мечтаний, обвивающую беззаботное чело юноши.

IX

М. Т.
Эпиграф из алкорана[130]

На послезавтра от окончания празднества тризны по Гусейне в крепости Нарын-Кале у комендантского дома был большой съезд беков, по случаю какого-то царского дня. Нукеры и уздени[131] в блестящем вооружении водили и держали коней под попонами, расшитыми шелком с бахромою из кистей. Живописные купы табасаранских, каракайтахских и дербентских владельцев разговаривали между собою у фонтана или на площадках лестниц, беспрестанно пересекающихся как на театральной

---

[130]На некоторых главах Корана вместо обычного заголовка, бисмеле, Магомет ставит какие-нибудь две буквы арабской азбуки. Смысл их, говорил он, известен одному аллаху, со слов которого Джебраил* писал эту книгу.

[131] Уздень, üzden, слово татарское, сложенное из двух, Uz и den, сам и от, то есть от себя (зависящий), сам собою (живущий). Оно известно только в Лезгистане и напрасно присвоено русским черкасам. Это род наших инородцев. Они обязаны ханам только службою во время войны да разъездами в гонцы: другой подати не платят. Живут иногда особыми селениями; чаще рассеяны между рабами ханов, кулами, происходят первоначально от воинов, покорителей туземцев; умножены вольноотпущенными. Чем глубже в горы, тем они воинственнее, независимее и многочисленнее.

декорации. Вверху обсаженная тополями караульня венчала эту картину своими белыми аркадами и сверкающими иглами штыков.

Зала была полна почетных гостей и граждан. У дверей комендантский переводчик что-то рассказывал с жаром: его слушали и расспрашивали со вниманием. Везде шептались; старики пожимали плечами; видно было, что произошло недавно что-то необыкновенное.

- Да, - продолжал дильмачь, - разбойники разломали потихоньку простенок и влезли в спальню Сулейман-бека; он проснулся тогда только, когда один из них стал снимать оружие над его постелью. Разумеется, он выхватил из-под подушки пистолет и выстрелил наугад, но, видно, дал промаха. В это время двое других, которые успели в соседней комнате связать жену его, и в сенях работника, подоспели на помощь двум возившимся около Сулеймана: темнота мешала видеть друг друга, и потому он успел нанести несколько ран наступавшим, прежде чем был сам ранен. Наконец многие удары по голове кинжалом оглушили его; он упал замертво. Между тем выстрел и крик растревожили соседей, и покуда они зажгли фонари, сбежались и разломали ворота, разбойники разбили сундуки, очистили их и ушли, убежали, так что следу нет.

- И неужели ни одного не могли поймать или отыскать по приметам? - спросил кто-то из приезжих.

- Поймали вблизи одного их товарища: он, видно, поставлен был на карауле. У него около тела обвита была веревка, конечно для того, чтоб спустить молодцов через городскую стену. За поясом нашли заряженный пистолет и кинжал. Ну да кинжал, правда, он имел право всегда носить по званию бека!

- Бек? Не может быть, чтобы какой-нибудь бек захотел участвовать в разбое! - вскричали многие.

- А почему бы и не так, - возразил мирза, насмешливо посматривая на некоторых. - Есть беки, которые вздыхают по ханском правлении. Молодежь любит погулять, не то чтобы из добычи, а для удальства.

- Да-с, пойманный вчера с поличным был бек из лучшей фамилии. Вы удивитесь, когда я скажу, кто он! Он Искендер-бек-кальфаси-оглы! Комендант рассматривает теперь донесение кала-бека и дежурного по караулам, а Искендера вы сейчас увидите: его велено привести с гауптвахты.

Все, кому было это новостью, вскрикнули от удивления и сожаления. Как! Тот юноша, которого поведение признано было в один голос целым городом за примерное, попался участником в уголовном преступлении, в воровстве и ночном разбое?..

Впрочем, нашлись люди добрые, которые говорили, что им это нисколько не удивительно, что Искендер-бек был всегда скрытен, что пороки не ждут возраста, что они всходят несеянные, нелелеяныые.

Людей обыкновенных всегда увлекает наружность, особенно в худом, потому что для них лестнее предполагать в каждом, наравне с собою, три четверти худого, чем три четверти хорошего, - а наружность обвиняла Искендер-бека кругом. Выход коменданта прервал жужжанье суда и осуждения.

Он был из того небольшого числа людей, которые постигают азиатский характер в тонкости. Ласков с разбором, для того чтоб привет его ценился выше подарка: строг без грубости, которая отравляет самую справедливость. Он не подражал тем начальникам, что воображают пленить азиатцев братаньем, пожатием рук, объятиями на оба плеча, доверием в оба уха, и кончают тем, что становятся игрушкою и притчей всех себе подвластных. Не принадлежал он и к разряду тех, что думают вселить к себе почтение острасткою и заменить прозорливость шумом, зато, кроткий и важный в своих сношениях с мусульманами в домашнем быту, он был непреклонен в решениях; но, достойный представитель русского правительства, он приучал любить его за справедливость и уважать за силу. Невообразимо трудно править областью, составленною из многих разнородных стихий, совершенно противоположных сущностью и наружностью нравам и понятиям европейским. То, что у нас считается преступлением, у них нередко похвально; что у нас терпимо, у них рождает кровавую месть; и на равнине - так, в горах - совсем иначе. Притом же, по необходимости допущенное тройственное судопроизводство, то есть русское, ханское и третейское, по старинным обычаям, шариат*, затрудняет равно следствие и решение. Тут мало быть законоведом и беспристрастным: тут надо быть сердцеведцем этого народа. Горцы вообще прямодушнее, зато непокорнее; горожане - плашмя перед властью, зато вы не найдете в свете людей, умеющих лучше ее обежать или провести. Лукавцы и кляузники, они с удивительною сметливостью угадывают и разрабатывают в свою пользу слабости тех, кто ими правит. Не находя в этом коменданте пищи для своих козней, и того менее им пощады, они сначала крепко невзлюбили его, поперечили ему, клеветали на него потихоньку. Тот все шел и, наконец, увлек их прямой дорогой. Он явился в залу в полном мундире.

Положив правую руку на сердце и потом при поклоне сжимая ею свое правое колено, ряды беков и граждан жужжали приветы начальнику, деланья счастия всему дому падишаха. Комендант кланялся всем, говорил немногим о делах: иного журил за невысылку подвод или обвиненных, других благодарил за успешное поручение; подал руку двум или трем владельцам, отличным своею преданностью России; пригласил некоторых к обеду.

- Благодарю вас, агаляр, - наконец сказал он собранию, - что вы навестили меня в праздник, радостный для всех подданных русского императора: сегодня мы празднуем память рождения одного из царских сыновей. У нас - один бог, один падишах, и мы каждый по-своему помолимся богу, чтобы он сохранил здоровье нашего падишаха для общего нашего счастия. Господа окружные беки! Вы слышали, я думаю, о грабеже, случившемся здесь прошлого ночью. Я имею все доказательства, что он совершен не жителями Дербента, а прихожими горцами. Прошу вас поэтому употребить все средства, открыть и представить ко мне виновных; с моей стороны будут посланы доверенные беки разведать об участниках и укрывателях. Здесь уже делаются обыски и допросы. Ну что, - сказал он, обращаясь к мирзе, - увещевал ли мулла Искендера признаться, и что говорит он сам?

Мирза отвечал, что Искендер стоит в своей невинности по грабежу. Что ж касается до прочего, он признает себя неправым, хотя без всяких преступных намерений. Веревку взял он, по его словам, чтобы спуститься с городской стены в поле погулять; ему стало душно внутри города: а кто ж пойдет за город без оружия ночью, когда и днем всякий вооружается?

- Неуместные прогулки! - заметил комендант. - Тут что-то кроется, хотя я никак не могу согласить с этим грабежом всегдашнего доброго поведения Искендер-бека. Введите его сюда.

Искендер-бек, по общему обычаю, вошел в шапке, но без туфлей, почтительно поклонился коменданту, гордо собранию и скромно стал на указанное место.

Комендант вперил проницательные очи в обвиненного; юноша покраснел от мысли, что его подозревают, но взгляд его был ясен и неробок.

- Никогда не ожидал я, - произнес, наконец, комендант, - видеть тебя перед собою, Искендер-бек, как преступника!

- Не преступление, а судьба привела меня перед суд, - отвечал тронутый Искендер.

- Знаешь ли ты важность вины, в которой обвинен ты?

- Я узнал только здесь, в чем меня обвиняют. Сознаюсь в своей ветрености; чувствую - все обвиняет меня: но я непричастен к этому делу, видит бог!

- Люди должны уступать явным доказательствам, и потому, покуда сомнения на тебя не рассеются, ты должен быть арестован. Впрочем, если найдешь из почетных гостей моих законного поручителя, я избавлю тебя от заключения.

Комендант знал, что в беду падают, как в пропасть, вдруг, но в преступление сходят по ступеням, и не хотел ожесточить суровостью неволи, может быть, невинного молодого человека, тем менее, что он имел все средства надзора за его сношениями. Искендер-бек окинул

192

глазами собрание, как бы спрашивая взором: "Кто за меня будет порукой?". Но беда, как зараза, удаляла от него всех. Все потупляли очи, поглаживали бороду и молчали.

- Что ж, никто? - сказал комендант.

- Сизин ахтиарын! - отвечали все кланяясь, - ваша воля!

- Я ручаюсь! - произнес Гаджи-Юсуф, протолкавшись из-за долгобородых вперед.

Комендант улыбнулся: разумеется, гости чуть-чуть не засмеялись. Он нахмурился: и у всех вытянулись лица до пояса.

- Для меня странно, господа почетные граждане Дербента, что вы, беспокоя меня просьбами выпускать на поруки ваших отъявленных мошенников и не раз ручаясь за таких людей, которые, презрев порукой, бежали в горы, не хотите успокоить молодого бека, которого неделю назад признали за самого достойного, которого я, по вашим же свидетельствам, представил к награде, в числе пропущенных отличившихся во время осады города Кази-муллою. От суда не скроется его преступление, если он виновен, и оно примет полную меру наказания; но покуда он не судим, но осужден, он ваш товарищ и его примерная прежняя жизнь стоит какого-нибудь внимания. Впрочем, порука - дело добровольное. Искендер-бек, отправляйся домой: я сам за тебя порукой.

Комендант раскланялся, чтоб ехать на церковный парад.

Слезы, сладкие слезы благодарности брызнули из очей растроганного юноши. Никогда не ожидал он от русского, от начальника, такого великодушия, и тем сильнее оно на него подействовало. Он готов был пасть на колена перед комендантом, поцеловать его руку как у отца, рассказать тайну любви своей, которую из него не исторгла бы пытка, - тайну, которая и теперь вела его в вечную ссылку, с тяжким именем преступника.

Между тем татарская знать отхлынула из залы коменданта. Самые завзятые честолюбцы, не успев своими частыми поклонами выработать у начальника пары слов, оставались назади и, пережидая друг друга, чтоб выйти последними, готовы были выдержать по нескольку пинков от мирзы, только бы успеть остаться минутку за дверями, - потом важно надеть у порога туфли и, с значительно гордым видом, расталкивая завистливую толпу, за тайну молвить кое-кому: "Ну, уж замучил меня комендант расспросами да поручениями!". Есть свои, есть и общие коньки у всех народов, а татаро-персияне, как известно, народ конный по превосходству.

Жаркое утро золотило каменный помост большой дербентской мечети, но свежая тень келий с востока, зыбкий шатер огромных чинаров посреди и прохладная галерея, висящая на воздухе у северной стены, давали приют целому народу премиленьких татарчат, распевающих перед муллами свои уроки[132]. Подобно жужжанию пчелиного роя, струились в воздухе голоса их и, казалось, перекликались с приветным шумом фонтана, плещущего, сверкающего в глубоком водоеме. Около него резвилось несколько мальчиков и девочек, черпая воду звонкими кувшинами. У открытых дверей мечети сидели старики, грея солнцем и рассказами о бывалом свои холодеющие сердца. Два-три всегдашних или случайных нищих теснились под сводом ворот. В углу, на брошенной бурке, отдыхал какой-то путник: вся жизнь, все случайности мусульманской жизни виделись тут в лицах. Надежды и воспоминания, заботы гражданства и краткий отдых боевого пути сошлись, по обычаю, под мирную сень святыни, простертую равно для богача и бездомного, для довольного и несчастливца.

Невдалеке от путника разостлал свой коврик мулла Садек. Святой муж готовился назавтра выехать из Дербента и потому сводил свои счеты, выкладывал барыши и, мурлыча про себя похвалы собственному уменью обтачивать свои дела, с счастливым лицом макал тонкие лаваши[133] в чашку кислого молока с чесноком - лакомство татар; то макал тростинку в медную чернильницу, заткнутую у него за поясом в виде кинжала, и что-то записывал на листке лощеной бумаги, наперед заботливо отгоняя мух, чтобы они нескромною лишнею точкою не переиначили смысла рукописи[134]. Умилительно было глядеть на него, как он жевал с душевным наслаждением свой завтрак и потом еще с большим восторгом считал на ладони карманные деньги. Он так был погружен в созерцание серебряных созвездий, с таким вниманием разбирал стертые подписи на русских четвертаках и персидских двуабазниках, что вы бы могли его почесть придворным астрологом шаха или одним из членов Академии Надписей. Он не слыхал и не видал, что перед ним минут пять стоит и канючит бедный лезгин, у которого давно уже дербентская грязь служила вместо подошв, а дагестанское небо вместо бурки; у которого сквозь лохмотья видно было все тело, а сквозь тело, наверно, можно бы увидать желудок, если б нашелся человек, чтоб его в этом подозревать. Бедняк так жалобно просил милостыни, бир аллах учюн (ради единого для всех бога), так жадно глядел на завтрак муллы Садека, что не грех было побожиться: он не ел ни крошки хлеба с последнего новолуния. Грех было не тронуться его положением, но черствое сердце сребролюбца не размягчит

---

[132] Замечательно, что у татар читать и петь выражается одним и тем же глаголом, охумах.

[133]Лаваши - в лист бумаги сухие блины. Их подают при обедах вместо закуски и салфеток.

[134] Известно, что татарское письмо опускает гласные, а точки служат титлами для различения подобных букв, связи и движения речи.

сострадание, и совесть напрасно изломает над ним зубы. Мулла Садек поднял глаза на нищего, надвинул на брови папах и принялся считать эхад, ашурат, мият, альфат (единицы, десятки, сотни, тысячи)...

- Я три дня не ел, мой ага, мой эфенди, мой пир![135] - говорил несчастный, протягивая руку.

- Эхад, ашурат, мият, - повторял мулла Садек.

- Один грош спасет меня от голодной смерти хоть на день, а тебе отворит ворота райские навек.

- Ашурат, мият, альфат, - твердил Садек.

- Ты мулла: вспомни, чему учишь всех из куръ-ан-и-алишан (из высокостепенного корана); не первый ли долг мусульманина - милостыня?

Мулла Садек потерял счет и терпение:

- Убирайся ты к черту, суннитский недоверок! - вскричал он с сердцем. - Разве для таких, как вы, мошенников выдумал аллах милостыню? Для вас есть трава в поле и палки в городе: вот все! Есть сила, так вы разбойничаете; нет силы, выманиваете у правоверных шаги родные денежки да после над ними смеетесь. Нет тебе от меня ни куска чурека, ни гроша; сам я дорожный человек, да и последнее отнял у меня проклятый земляк ваш, Мулла-Нур , когда я ехал сюда: облупил, словно каштан, разбойник.

Путник, безмолвно до сих пор лежавший в углу, приподнялся на руку, разгладил свое угрюмое лицо и учтиво спросил раздраженного рассказом муллу.

- Неужели Мулла-Нур был так безжалостлив и бессовестен, что пустил такого почтенного, святого человека, как он, нищим? Я слыхал, - прибавил он, - будто Мулла-Нур грабит очень учтиво, очень полюбовно и редко берет с головы более двух рублей серебром.

- Двух рублей? Аллах я аллах! Это такой жид, что не задумается вынуть у вас последние два глаза! Да низвергнет его имам Али в джегеннем и сварит в том золото, которое у меня он отнял! Даже на мой верблюжий плащ позарился, волчья душа!

- Суннет-герчек (обрезанная правда)! - сказали человек пять дербентцев. - Мулла Садек приехал к нам, будто из Ноевого потопа выплыл: мы складывались, чтобы одеть, снарядить, вознаградить его. Да будет проклят этот разбойник Мулла-Нур !

Путник встал на ноги, улыбаясь; слышно было, как брякали его стальные поручи о кольчугу; он достал из кармана червонец и, показывая бедному лезгину, сказал:

- Прокляни Мулла-Нур а, и он твой!

---

[135] Пир - человек, угодный богу делами или страданиями. У суннитов.

Лезгин быстро протянул было за ним руку, но потом остановился в раздумье.

- Мулла-Нур помог деньгами в нужде моему брату и многих земляков моих выручал из беды. Я не знаю его в лицо, но по сердцу знаю: возьми назад свое золото; я не продаю проклятий.

Странник с удивлением поглядел на изнемогающего от голода бедняка, с укором - на богатого муллу. Богач бросил проклятие вместо милостыни в суму нищего. Нищий не хотел проклясть за глаза незнакомого разбойника за спасение жизни! Странник всунул пять червонцев в руку удивленного лезгина, ударил по плечу муллу Садека, сказал обоим:

- Есть бог правды в небе, есть добрые люди на земле! - и скрылся.

У ворот мечети был привязан конь его; он сел на коня и тихо стал спускаться по искривленной улице к базару. Миновав шумный базар, он въехал в переулок, на котором стоит дом кала-бека, то есть полицмейстера дербентского. Там, под широким навесом ворот, сидел обыкновенно кала-бек, окруженный просителями и чаушами, творя суд и расправу. Он был уже старик, но славно чернил свою бороду, носил чуху, испещренную бафтами, галуном, и в знак памяти по удалой молодости держал четырех жен да трех наложниц; опорожнял каждый вечер à huis clos, за запертыми дверями, по нескольку бутылок шипучего, и если б не носил огромных зеленых очков на носу, морщин на лбу и дебелого пуза в кушаке, вы бы могли его почесть молодым человеком. В этот день кала-бек был не в духе. Небогатые жители жаловались ему, что, платя наравне с богатыми за орошение полей с мареною, они имеют менее их воды на полосу. Упрямцы эти никак не могли вдолбить себе в голову, что по законам азиатской гидростатики неотменно разливается вдвое больше воды на полоску того, у кого вдвое более земли. Уж он, уставши кричать, сбирался было писать выкладку этой задачи на пятах непонятливых слушателей, когда таинственный путник соскочил перед ним с лошади.

- Селям алейкюм, Мугаррам-бек*! - произнес он.

Мугаррам-бек вздрогнул, будто скорпион кольнул его ниже кушака. Восклицание замерло на губах; пальцы и рот разинулись от удивления. Положив руку на пистолет, путник наклонился над ухом кала-бека.

- Послушай, Мугаррам, не тронь старого знакомца. Я приехал сюда не для своей, а для твоей пользы. Я сослужу тебе славную службу; пойдем только в твои покои. Там я скажу тебе такую тайну, за которую ты мне, а весь Дербент тебе вечное спасибо! Впрочем - если ты заикнешься или мигнешь своим, чтобы схватить меня, так знай, что в этом пистолете пуля да шесть картечей, и - сейчас с базара кремень. А когда твой желудок переварит все это, то двенадцать молодцов отомстят за мою гибель. Ты знаешь, что я не люблю хвастать. Пойдем!

И весело, как будто он предложил кала-беку удалую гулянку, пошел незнакомец по лестнице. За ним, кряхтя, можно сказать скрипя, потащился испуганный кала-бек. Что и о чем толковали они битые полчаса, не мог я дознаться даже от болтливого чауша, имевшего похвальную привычку подслушивать у дверей. Знаю только, что незнакомец преспокойно сел на коня, которого с почтением подвели ему. Бросил полтинник нукеру, поддержавшему ему стремя, и, озираясь на все стороны, выехал из городских ворот. Дня через два рассказывали, будто это был знаменитый Мулла-Нур , будто кала-бек послал догонять его дюжину нукеров, но что он показал им только подковы своего скакуна. Кажется, это сказка.

А между тем бедный юноша изнывал в стенах своего дома. Злобный случай привел его вблизь того места, где совершилось злодеяние, и он вместо сладостного поцелуя свидания на уста получил тяжкий удар обвинения в самое сердце; но он лучше хотел отдать поруганию собственную честь, нежели запятнать доброе имя невинной девушки. Разлука томила его, но неизвестность терзала еще более; медленность суда - ад для всех жителей Азии; они охотнее перенесут неправую казнь, чем справедливую проволочку. И не думайте, что это привычка: нет, это природа Востока. Мгновенное решение паши или джемаата меслаата[136], шериата, каково бы оно ни было, чего бы ни стоило для жителя Востока, всего милее подробного, беспристрастного, милосердного приговора европейского суда. Азиатец живет только в настоящем, потому что сегодня его так прекрасно, а завтра так неверно. Завтра дунет ветер с юга и навеет гнилую горячку, холеру. Завтра он купит себе чуму в тюке хлопчатой бумаги. Завтра он поедет в путь и оборвется с утеса, будет измолот буйною рекою, растерзан тигром, кроющимся в камышах, застрелен из-за куста разбойником или кровоместником. Перемените природу Востока, дайте его жизни европейские условия, перелейте в нашу форму нравы его обществ и тогда требуйте от восточных терпеливости в ожидании неумытного суда, твердости в неволе; но покуда над ним дышит тлетворный, хотя прелестный климат, покуда он окружен опасностями на каждом часу и каждом шагу, он не перестанет быть фаталистом и ценить настоящий миг выше всего в обеих жизнях. "О! - восклицал нетерпеливый Искендер, - скорей бы смерть или вечные оковы на снегах Сибири, чем это ядовитое подозрение русских, которые научили себя любить, и насмешки земляков моих, которых ненавижу более, чем прежде. Лучше умереть от сабли, чем умирать от пилы!" И он, запертый замком честного слова, прыгал, как тигр в своей клетке, рвал с досады рукава платья, плакал, как дитя.

---

[136]Собрание старшин у кавказских народов, совет, суд по корану или по преданию.

В сумерки, в тот час, когда мусульманские улицы пустеют, а дома оживляются голосом и светом, когда отовсюду несется звук чаш и подносов, повсюду разливается благоухание плова, упитанного пряностями, в сумерки, когда семейный мусульманин отдыхает душою, а одинокий горюет вдвое у пустынного своего огонька, - Искендер-бек послышал, что в его окно что-то прожужжало и упало на пол. То была привязанная к камню записка. "Мулла-Нур - Искендер-беку привет! Лучше быть невинному в неволе, чем виноватому на свободе: верь этому! Я все знаю и все делаю для выручки тебя из беды; аллах да устроит остальное! Терпи, надейся: оправдание недалеко!"

И в самом деле, на другой день Искендера потребовали к коменданту, но он не успел еще дойти до него, и его уж двадцать голосов поздравили с счастливою развязкою. "Шюкюр аллах! Аллага шюкюр! - раздавалось навстречу и по следам его. - Разбойники пойманы. Они собрались к Бахтиару делить добычу и были захвачены все вдруг: четверо из них лезгины, двое горожан, в том числе сам хозяин. У этого бездельника нашли двойную стену, за которою заложенные воровские вещи несколько раз избегали обысков. Теперь воровское гнездо разорено, и честные люди могут спать спокойно. Допросы оправдали Искендер-бека, так что имя его стало белее и слаще сахару!"

Неблагодарность не была пороком Искендер-бека: он так мало занял у своих земляков! Тронутый, пристыженный великодушием начальника, он открыл глаза на достоинства русских, и убеждения, долго огреваемые, толпой втеснились в его сердце. Великое дело вера! Она воскрешает все воспоминания, убитые равнодушием, и облекает их в юношескую красоту, в силу непобедимую. Веря, мы рассыпаем доблести одного человека на целый народ или, смотря на него сквозь призму любимой нами доблести, видим все его поступки добродетелями. Одна идея тогда закрашивает, поглощает все другие и, сердцем переплавленная в чувство, загорается нередко сокрушительною страстью. Будь это фанатизм, будь это приязнь, будь это любовь - это всегда будет достойно уважения, потому что оно искренно, потому что исток его чист. Искендер-бек так же пылко привязался к русским, как прежде не любил их от глубины сердца. Он рассказал все коменданту, и похождения своей любви и превращения своей ненависти; он просил одной только возможности доказать службою свою привязанность. Его пожурили за нарушение обычаев; его похвалили за доброе намерение. Комендант заключил словами: "Искендер-бек, ты сам испытал, до чего могла довести тебя непозво-ленная склонность! Ни бог, ни люди не прощают преступления своих заветов: ты обвинен был напрасно в одном деле, но спроси у своей совести - был ли ты прав в другом? Разве одна лишь кража вещей позорна?.. Смирись же перед судьбой своей и знай, что неправдой не загладить неправды, не купить счастья; знай и то, что добрый человек ничего не делает втайне: ночь и тайна - одежда разбойников и обманщиков. Будущее счастье твое в твоем сердце, твоем усердии. Русские умеют отличать и награждать достойных".

Искендер-бек избавился от неминучей беды, но избавление есть отрицательное благо; оно радует на миг и притом не приливает капли счастия в кубок жизни. Тяжко было юноше расстаться с мечтой - сестрой его сердцу, с мыслию обладания, которую он привык звать кровным правом своим. Поцелуй, полуданный-полусорванный с уст Кичкене, как роскошное эхо тысячу раз повторялся в его сердце, пожигал жаждою его уста. Он припоминал все подробности последней счастливой встречи с милою: душа замирала в нем от ее голоса, слышимого эфирным ухом воображения. Он с сладким трепетом смыкал очи от незримых искр, брошенных неотступным видением; простирал руки, чтобы обвить их около стройного стана красавицы, так сладострастно перехваченного извивом парчового архалука. Он кидался как безумный с ковра, желая зубами сорвать золотую пуговку[137], замыкающую от дерзкого взора целый мир очарования, и приходил в ярость, встречая воздух вместо своей невесты. "Нет! - восклицал он, - вздор писал ко мне Мулла-Нур ; я готов преступлением купить себе Кичкене и уверен, что с ней буду счастлив на голой земле, под кровлей света! Волею или неволею заставлю ее бежать со мною в горы. Окунуть хоть на час свое сердце в блаженство, - и потом я готов съесть его медленно".

И милая Кичкене грустила в одиночестве: и она узнала счет в часах разлуки, в долгих безрадостных часах. "Роза прижалась к груди моей и пролепетала: "Взгляни на меня: я весна!" Соловей пропел мне свою заветную песню: я назвала его радостью. Искендер-бек взглянул на меня и поцеловал меня: я в нем узнала любовь! Но где же роза, где соловей, где Искенд ер мой? Куда улетело мое счастье?"

X

Биримис екимис олды;
Екимис биримис олды.
Шарада в лицах

Буйно клубится Тенга, спертая в узком ущелий, но не тяжкая сила огромных озер пробила насквозь огромный хребет, чтобы излиться ниже;

---

[137] Восточные женщины-мусульманки вовсе не употребляют поясов: исключения чрезвычайно редки.

не под бременем веков треснул он; нет, он раскололся до сердца ада в раннюю пору мироздания, когда растопленный гранит кипел еще под самою пятою его и кора земли, остывая, расторгалась легко от взрыва паров. Бури многих столетий не смыли со стен Тенгинского ущелия черного клейма огня. Серные и селитряные полосы и пятна видны повсюду, где текло его бурное дыхание. Целые скалы, брошенные землетрясениями с вершин, нахмуренных над бездною, завалили низ трещины и стали дном быстрого потока. По ним, как по ступеням, катится он, гневный и шумный; злобно грызет волнами ложе свое, как бешеный зверь мечется на стены, хлещет пенною гривою, ревет громом и наконец, разбив грудью свою темницу, весело скачет по Рустамской долине, мелькает между деревьями леса, исчезает в холмах, не пойманный ни в одно колесо мельницы. Угрюмы и дики окрестности тенгинской пасти; ужасен самый зев ее. Правый берег далеко на долину бросает тень своих отвесных утесов; левый, уклоняясь немного в сторону, вгоняет в воду конную тропинку, бегущую сквозь клиновидную рощицу. Далее нет иного пути, кроме ложа водострема; волею и неволею путник должен въезжать навстречу быстрине и, положа свое спасение на крепость ног коня, пробиваться выше и выше. Бока этой пропасти, надвигая свои громады над громадами до самых облаков, грозят раздавить его; рев потока оглушает, клич орлов наводит зловещий страх на сердце, вечный сумрак и холод бросают трепет на тело. Беда неопытному всаднику, если он, без проводника, решится на борьбу с этим текущим адом в час дождевой ростепели или в пору таяния снегов! Беда, если судьба приведет его встретить здесь разбойников; а это место любимо разбойниками, потому что бегство и защита в нем невозможны, потому что крутые повороты и узкость проезда продают в их руки каждого проезжего, поодиночке. Здесь-то Мулла-Нур , с двенадцатью человеками, остановил три полка карабахских и ширванских всадников, возвращавшихся с богатою добычею из похода генерала Панкратьева* восвояси. При самом спуске в реку он предстал им, вооруженный с головы до ног, на лихом бегуне; бросил на землю бурку и сказал: "Приветствую вас, товарищи; да будет высок ваш порог, как высоко вздымалась ваша рука над врагами. Аллах даровал вам победу и добычу: мубарек ольсун (поздравляю с этим)! Сделайте ж и меня участником вашей радости; не требую, не прошу: дайте мне, из чести, от доброты своей, каждый что захочет. Подумайте, братья: вы несете дары своим домашним, вы теперь богаты, - я беден, и у меня нет крова, и за минутный покой я должен платить золотом. Впрочем, знайте, братья, - люди у меня отняли все неправдою, но правдивый аллах оставил мне храбрость, щедрый аллах отдал мне в удел пропасти и голые утесы, презренные вами. Я властелин их, и никто без моей воли не перейдет через мои заповедные теснины. Вас много, вы храбры, однако если

200

вздумаете пробиться силою, много потеряете крови, еще больше времени, прежде чем я и удальцы мои ляжем трупом: за меня будет драться каждый камень, каждый орел этого ущелия, я сам, до последнего зерна пороху, до остальной капли крови. Решайтесь: вам много терять, мне нечего. Я называюсь Свет, Нур, но жизнь моя хуже тьмы".

Ропот пробежал по толпе карабахских всадников; многие негодовали: "Мы стопчем Мулла-Нур а подковами, - говорили они, - посмотрите, сколько нас и сколько их. Вперед, вперед на разбойников!". Но никто не хотел быть первым; отвага уступила место расчету. Согласились не на дань, а на дар. "Мы добровольно уделяем тебе, сколько кому вздумается, - говорили всадники и, морщась, бросали на бурку Мулла-Нур а мелкие монетки. - Силою ты бы у нас не взял гвоздя из конской подковы!" - и поодиночке проезжали мимо. Мулла-Нур кланялся, лукаво улыбаясь. "Мудрено ли стричь дагестанских баранов, - говорил он после, - когда я снял волну с карабахских волков! И напрасно жалуются на неурожай в этом году: мои камни дают хорошую жатву; надо уметь только взяться за дело, так не только с каждого вьюка - с каждого дула можно снять по арбузу".

Но в начале того лета, в которое развилась наша повесть, нигде ничего не было слышно про Мулла-Нур а: он будто в воду канул. Удалился ли он в Шекинскую область, бежал ли в Персию, убит ли кем в глуши гор, - не знал, не ведал никто. А между тем керваны тянулись за керванами из Кубы в Шамаху, по самой ближней дороге через Тенгинское ущелие, не встречая обычного взимателя пошлины. Перекат людей и денег совершался свободно; никто не был остановлен Мулла-Нур ом. И хотя известная честность и умеренность его никогда не отпугивали от горной дороги через Кунакенты купцов и путников, однако ж все были очень рады кончать путешествие бесплатно и безостановочно.

Выехав из Кубы с рассветом, достопочтенный мулла Садек к полудню достиг уже того места, где река Тенга вырывается на волю из тисков ущелия. Скупой до высшей степени, он никак не решился нанять проводника, чтоб не разрознить своего любезного семейства червонцев и рубликов, нажитого в Дербенте. Уверенный в Кубе всеми насчет безопасности дорог, он более всего надеялся на два серые предыдущие дня, которые не могли много растопить снегов, и потому русло Тенги полагал проездимым. Но день его выезда из Кубы был ясен и жарок. Июньское солнце пекло нестерпимо, так, что странствующий мулла несколько раз перебрасывал с плеча на плечо разгоревшееся свое ружье: оно жгло его набожную спину. Он рад был, добравшись в тень леска и утесов прибрежных, но очень не рад, увидя вздутую реку. Тенга кипела, бушевала, росла. Как ни велико было его желание поспеть к празднику курбан-байрама (жертвоприношения) в Шамаху, где надеялся получить порядочную плату за свои проповеди, потому что свет новомесячья имеет магическое свойство расплавлять сердца мусульман в щедрость, - только страх погибели заглушал в мулле Садеке зуд корыстолюбия. Кровь охолодела в нем, когда он взглянул на громады, висящие над его головою, на влагу, ревущую под ногами. "Черт возьми! - подумал он, - если б эта река текла жидким серебром по яхонтам, я бы и тогда не решился кинуться в нее без товарища. Ну, не настоящий ли я был осел, что не нанял в Рустах проводников? Пожалел червонца, когда мне каждый час дороже двух!" И он с тоскою обвел взорами окрестность: она была пуста и безмолвна. Одно эхо, осужденное на вечную каторгу пения, вторило грозному шуму мятежных вод. Однако ж, приглядываясь пристальнее, он заметил в лесу пасущуюся лошадь под седлом, которому баранья шкура служила вместо чапрака; и немного далее - среднего роста, доброго с виду татарина в простой серой чухе без всякого оружия, кроме кинжала. Мука, обелявшая бороду, шапку и платье этого человека, доказывала его ремесло. Мулла Садек ободрился.

- Эй, приятель! - закричал он незнакомцу, - ты, верно, здешний, верно, знаешь все броды этой безумной реки?

- Здешний, - отвечал тот, работая над черствым чуреком. - Как мне не знать всего житья-бытья Тенги, когда она течет сюда сквозь мое решето; и с моего позволения! Эта речка - моя рабыня: она у меня ходит в колесе выше ущелия; толчет и мелет без отдыха.

- Кстати же ты мне попался, добрый человек! Да благословит тебя аллах, если ты сослужишь мне службу, проведешь сквозь это ущелие.

- Погоди до ночи, - хладнокровно возразил мельник, - вода стечет, конь мой насытится, я сам отдохну от дальней дороги, и тогда в четверть часа мы проедем до этой живой дороге. Теперь опасно.

- О, ради самого аллаха, ради святых Алия и Гусейна, ради молитвы моей (я ведь мулла), проведи меня без замедления, теперь же, сейчас, в этот же миг!

- А, да ты шаги! - с презрением произнес мельник. - На кой же черт мне твои молитвы и благословения! Разве для пророка в джаганнем? Для нашего брата сунни призадумался я бы в такое полноводье пускаться в проводники, а для недоверка шаги и в засуху не поеду.

- Полно, полно упрямиться, душа ты моя, череп ты мой, меным таджисарым! Аллах прольет на тебя щедроты свои за то, что ты сделаешь добро мулле.

- Будь ты муллой хоть над всеми собаками, моим муллой не будешь! Аллах утопит меня середи реки, если я проведу этот конный грех к людям.

- Куда брюзгливая у тебя совесть, молодец ты мой! Проведи безопасно: я заплачу тебе. Лицо мельника зашевелилось улыбкой.

- А что ты мне дашь за мой пот? - спросил он, почесывая бородку.

- Если ты умудришься вспотеть по такому холоду, я дам тебе два абаза.

- Не возьму двух рублей серебром. Баллах, таллах, менее червонца не поеду! Твоими абазами не подкуешь коня, если он сорвет подковы по этому дну. Да, правду сказать, и червонца вместо головы не приставишь: а тут не мудрено сломать ее!

Пошли переторжки. Мулла Садек, которого корысть сделала почти храбрецом, настаивал ехать. Мельник упрямился в цене и поставил-таки на своем. Мулла Садек согласился.

Вручив проводнику повод коня, мулла совершенно предался его воле, его опытности, и недаром. Проводник беспрестанно переезжал от одной стены к другой, избегая глубины или водопадов; то направлялся в самый бой быстрины, то, обогнув камень, возвращался почти на прежний след. Каждый шаг открывал и поглощал новые виды, но мулла Садек был не из тех людей, что находят прелесть в ужасе; он вздрагивал при каждом всплеске, летящем через седло; тень утесов лилась на него холодом страха; страшную песню напевали ему клубящиеся около валы. Когда конь скользил по гладкой, подобно зеркалу, плите и, несмотря на отчаянные усилия, съезжал в глубь кипучую, он проклинал свою дерзость, свое корыстолюбие, он молился громко, желая заглушить молитвою сознание грехов. Впрочем, мятежница совесть слышна бывает людям только в неминучей беде или в тяжкой болезни; а чуть миновало, чуть отдало - сейчас на замок эту крикунью, долой голову петуху, который нас будит так рано! Щипли его, жарь его, подноси на блюде своему сластолюбию! После воздержания - двойной аппетит: смотришь, ото всех обещаний и намерений исправления не осталось даже косточек. Мулла Садек, в тисках опасности, почувствовал необыкновенную нежность к святой, безупречной жизни и, надавав Алию девяносто девять заветов не кривить душой для стяжания золота и хорошеньких жен, - стал прежним скупцом и сластолюбцем, едва ущелие расступилось долиною. Золотой, веселый луч солнца просыпался на него как червонцы, которых ждал он в Шамахе. Зелень манила его, как покрывало красавицы, которую купит он на эти червонцы. Он вздохнул отрадно и оглянулся на пасть теснины, как на страшный, на зловещий, но вздорный сон; он уже гордо закричал проводнику своему: "Пошел скорее, гарам-заде! Тэз гит, тэз!".

Но рано, слишком рано ободрился наш странствующий мулла. Широкая река, поглощаясь вдруг жерлом ущелия, прядая внезапно через зубчатый порог, кипела тут ужаснее чем где-нибудь. Отшибенные волны ниспадали навстречу набегающим вновь и, споря, сливались в шумный водобой. Проводник остановился в самом снопе быстрины, где огромные лучи влаги распрыскивались друг о друга, и оборотил коня своего.

- Ну, мулла Садек, - сказал он, протягивая руку, - берег в десяти шагах, пора к расплате. Ты видишь, что я недаром заслужил червонец!

- Червонец? Есть ли в тебе душа, приятель? Шутишь ты, что ли? Разве не знаешь, что в червонце три монеты[138], то есть пятнадцать абазов! Этак за каждый шаг по полуабазнику придется! Что я тебе, серебром мост разве мостить стану! Пхе! Велика важность - проехать сквозь эту лужу: тут курица без башмаков ноги не промочит, а рыба пешком взойдет. Полно брат; с тебя будет и двух абазов: возьми-тка их, да с богом!

- А уговор? - сердито сказал мельник.

- Вынужденный уговор, любезный мой, пустяк; это и в коране сказано. Где мне, горемычному путнику, заплатить тебе такую пропасть денег! Меня уж и то обобрали здесь мошенники до кожи, так, что я, даром мулла, а беднее всякого фагера стал[139]. Не хочешь брать? Твоя воля! Вот же тебе мое благословение вместо платы. Что ж ты не едешь?

- Я не тронусь с места, покуда не сведу с тобой счета, - грозно возразил проводник, - а счет мой не за один сегодняшний проезд будет. У тебя нет совести, мулла Садек, но есть память. Ты расславил в Дербенте, для того чтоб выманить у легковерных горожан лишнюю дюжину червонцев, будто Мулла-Нур ограбил тебя, пустил почти нагого: скажи теперь, бесстыдный лжец, где и как это было?

- Никогда не говорил я этого! Пусть покарает меня аллах, не говорил! Пусть не Азраил, а шайтан примет мою душу; пусть я в этой жизни не найду воды для омовения, ни огня закурить трубку!

- Набивай грех на грех, венчай обман ложью, топи в проклятиях черную душу свою! Помнишь ли двор мечети, Садек? Помнишь ли, что ты сказал нищему, что рассказывал путнику, лежавшему на бурке? Разве не ты был тогда передо мною, разве не я видел тебя лицом к лицу?

Мулла Садек расширил испуганные очи; страшное сомнение закралось в его сердце. Черты лица мельника, омытые водою, совершенно изменили свое выражение; густая черная бородка, проглянув из-под мучной пыли, орамила смуглое лицо. Из-под сдвинутых бровей засверкали грозные очи. Однако ж, не видя на нем никакого оружия, мулла Садек почувствовал выгоды свои и схватился за винтовку; но прежде чем он успел оборотить ее, дуло пистолета уперлось в его грудь.

- Шевельни усами, не только пальцем, красноголовая баба, и ты отправишься вниз головою по реке проповедовать рыбам, чтобы они не

---

138 В наших закавказских областях так зовут рубль серебра.

139 Фаг ер, собственно, значит бедняк, нищий (факир), но нередко присваивают это имя, по обещанию, странствующим в веригах дервишам (род монахов). Фагеры эти - великие обманщики и тунеядцы. За Кавказом они пришельцы и редкие гости.

пили водки! Брось ружье, сними долой саблю! Аллах не для персиян выдумал железо. Твое дело обмеривать народ в лавке, обманывать его на кафедре[140], лгать везде; только не твое дело битва, не твое добро отвага. Не шевелись, говорю я тебе, сын собаки; мне не надо на тебя тратить даже пороху: стоит пустить повод твоего коня - и ты труп!

Бледный как воск, трепетный как плат на ветре, стоял мулла Садек, схватившись обеими руками за гриву коня, следя обоими глазами малейшее движение пистолета, направленного ему в сердце. Бедою прыскал и шумел под ним прибой; смерть зияла из руки разбойника; он вовсе потерялся между двумя гибелями; он невнятно роптал:

- Помилуй, я мулла!

Я сам мулла, - возразил разбойник, - более чем мулла, хотя не муфти, не муштаид[141]: я - Мулла-Нур !

Со стоном упал Садек на шею лошади, закрыв одной рукою свою шею, - будто роковой кинжал замахнут уже был над его головою. Долго, злобно смеялся Мулла-Нур испугу Садека, но, наконец, велел ему подняться и сказал:

- Ты обесчестил меня рассказом своим перед дербентцами, ты уверил всех, что я отнял у тебя последнюю копейку, последнюю рубашку, я, который отдаю нищему кровью купленный кусок хлеба, я, который ни с одного купца не взял более червонца в жизнь мою, и то не для себя - для товарищей моих; а мои товарищи, если б не висела над ними моя рука, грабили и резали бы встречного и поперечного бессовестно, беспощадно. Мало этого: ты хотел обмануть в условной плате проводника за опасный труд, оттого только, что считал его беззащитным бедняком; готов был пулею заплатить ничтожный долг свой... убить меня!..

- Сжалься, помилуй! - вопиял Садек.

- Пожалел ли ты нищего, умирающего с голода? Пощадил ли бы ты меня, если б я не предупредил твоего выстрела? Бездушный, корыстолюбец, злой грешник!.. Толкователь святыни, ты чеканил деньги из каждой буквы корана, и, проповедник мира, ты для выгод своих смущал семейства, разлучал сердца. Я знал тебя и дал спокойно проехать мимо; ты не знал меня и оклеветал. В первый раз и добровольно ты стал предсказателем своей судьбы, собственным судьею. Да будет! Завтра ты без обмана можешь рассказывать в Шамахе, что я тебя ограбил. Вынимай все деньги, которые выподличал в проезд свой!

Тяжко было расставаться скупцу с родною деньгою, но с жизнию еще

---

[140] Муллы не составляют исключительного класса и нередко занимаются торговлею, ходят на бой, водят караваны.

[141] Муфти - духовный глава суннитских мулл, муштаид, правильнее муджтегид, - то же самое для духовных Алиева исповедания.

страшнее. С жалобным стоном, будто из него щипцами вырывали душу по кусочку, вынимал он из переметных сум серебро и бросал в полу Мулла-Нур а, сжимая крепко в руке каждый рубль, будто в надежде, что серебряное масло останется на пальцах.

- Все, - наконец произнес он, вздыхая.

- Ты, я думаю, и в могиле червей обманывать станешь, Садек! Если не хочешь узнать, сколько в моем пистолете картечей, то вернее считай, сколько у тебя в кармане червонцев. Ты отдал мне сто двадцать рублей серебром, но у тебя есть еще золото и мелочь - и мне известно количество каждого!

Прослезился мой Садек, бросив последнее в кису Мулла-Нур а, как плачем мы, бросая горсть земли в могилу родимого брата! А между тем буйная река кипела и ревела кругом; а между тем пистолет разбойника все еще грозил груди ограбленного муллы. Вытащив его на берег, Мулла-Нур сошел с коня и велел ему сделать то же, У бедняги сердце так сжалось, что его можно бы уложить в грецкий орех.

- Еще дело не кончено, - произнес Мулла-Нур . - Ты разбил свадьбу Искендер-бека, ты же должен уладить се по-прежнему. Чернильница у тебя за поясом: пиши к Мар-Гаджи-Фетхали отказ за своего брата. Скажи, что он не хочет, не может жениться на его племяннице, что он уехал в Мекку, заболел со скуки, умер от безделья. Выдумай что хочешь, только бы Искендер-бек непременно стал мужем своей прежней невесты: не то я прежде срока женю тебя на всех гуриях! Пиши, то есть лги: лишняя ложь не разорит тебя!

- Никогда! - вскричал отчаянный мулла Садек. - Этого никогда не будет! Ты отнял у меня все, что имел я; но что могу я иметь, отнимешь вместе с душой.

- В самом деле? - произнес Мулла-Нур и ударил в ладоши: двенадцать разбойников, один другого рослее, один другого страшнее, возникли на этот звук будто из земли и обстали муллу Садека, пронзая его свирепыми взглядами.

- Почтенный мулла хочет писать, - сказал им Мулла-Нур , - приготовить все, чего пожелает его присутствие!

Один лезгин почтительно вытащил кинжаловидную чернильницу из-за кушака Садекова; другой подал ему листок бумаги, вылощенный, с золотыми рамками; третий обдул тростинку, очинённую на восточный лад... Между тем Садек шептал:

- Не хочу, не стану писать! - но, окинув робким взглядом долины и убедившись, что в таком пустыре напрасно ждать избавителей, со вздохом принялся за дело. Сначала, однако ж, оно шло очень плохо:

Он восемь раз перо в чернильнице купал, И восемь раз в нее, со страху, не попал[142].

Потом губка, намоченная чернилами, показалась ему так тверда, что он долго не мог выдавить из нее ни капли; потом мозг его зачерствел хуже самой губки.

- Пиши хоть своею кровью, думай хоть шапкою! - вскричал сердито Мулла-Нур , заметив, что Садек возится с пером и трет пальцем лоб свой, - но пиши скорее, не то я поставлю у тебя над бровями такой дюзир[143],что один разве бес догадается, на какую букву походил нос твой.

Как скоро послание Мир-Гаджи-Фетхали было готово, и печать Абдулу мулла Садек-ибн-Ахмед, то есть раба божьего муллы Садека, сына Ахметова, приложена краскою подобно замочку последней строки, Мулла-Нур высыпал на голову чуть живого проповедника все деньги, прежде у него отнятые.

- Вот твое золото, Садек: возьми его назад и скажи, кто из нас двух корыстолюбец, кто вор?.. Впрочем, это не дар, а плата: ты должен за нее позолотить мое имя в Шамахе, зачерненное тобою в Дербенте, и сказать в тамошней мечети мне похвальное слово. Ступай, но помни завет мой; и если ни благодарность, ни страх не заставят тебя исполнить его, то знай наперед, что моя пуля найдет тебя и на тайной дороге и на шумном базаре, в объятиях твоей жены в гарем-хане и на крыльце тебризской мечети. Ты испытал, что я все знаю: я докажу тебе, что все могу!

Обрадованный мулла Садек только тогда поверил, что его избавление - не сон, когда счел до последнего абаза свои милые денежки. Страх, чтобы Мулла-Нур не раздумал, вытеснил удовлетворенное сребролюбие, и он, бросившись на коня, понесся вперед без оглядки.

Через два дня мулла Садек, к немалому удивлению шамахинцев, разлился красною рекою похвал - умеренности, великодушию и бескорыстию Мулла-Нур а, которого назвал он не разбойником, а покровителем дорог, львом с сердцем голубя. Каждый раз, что какой-нибудь из слушателей клал руку на кинжал или под полой коварно шевелилась ручка воображаемого пистолета, он бледнел, он заикался, - и потом опутывал бесконечною цепью сравнений Мулла-Нур а, нанизывая на него звезды и цветы, наряжая его в кожу всех вельмож зверинца. Народ шептал промеж собою, что достопочтенный мулла, наверное, хватил лишнюю полдюжинку пилюль терьяка.

Вероятно, что письмо, доставленное к Мир-Гаджи-Фетхали от приятеля Садека, с приличным увещанием со стороны Мулла-Нур а, возымело полное действие. Через неделю после встречи в Тен-гинском

---

[142] Стихи Петрова*.

[143] Титло в виде двоеточия.

ущелий ночная тишина Дербента смущена была скрипом зурн, сопелок, ударами в бубны, кликами и песнями толпы; летучее зарево от множества пламенников, подобно огненному змею, забагровело из тесных улиц: то везли невесту в дом Искендер-бека из дома родительского. Пешие и конные, мужчины и женщины окружали шатер, под которым, как луна в облаке, скрыта была красавица Кичкене. Приветы и восклицания рвали воздух, вслед и с кровель раздавались ружейные выстрелы: и ни одного из них не было вниз[144]; казалось, весь Дербент ожил любовью и радостью счастливца Искендера.

А Искендер-бек чах от нетерпения, страстная лихорадка пробегала по нем то ледяною, то пламенною щеткою... Заслышав гром поезда, он двадцать раз подбегал к воротам, не слушая выговоров тетки своей, строгой почитательницы причудливых, важных обрядов свадебной встречи. И вот, едва он выставил в двадцатый раз свою голову в чуть отворенную дверь, какой-то всадник протянул к нему стальной перчаткою одетую руку.

- Аллах версын тале, Искендер! - произнес он,- бог пусть дарует тебе счастье!

И, крепко пожав руку изумленного бека, поворотил коня и как раз носом к носу столкнулся с Гаджи-Юсуфом, который и тут нашел средство втереться в число поезжан и хозяйничал в голове брачных проводов. Гаджи-Юсуф так был поражен этим неожиданным явлением, что бросил поводья и в ужасе вскрикнул:

- Мулла-Нур ! Пощади!

Смутился поезд. Крики: "Мулла-Нур ! Здесь Мулла-Нур ! Держите, ловите разбойника!" раздались по всем переулкам. Конные родственники и друзья дома невесты кинулись вслед за ним, но он летел как стрела по извилистым, кривым, неровным улицам Дербента, сыпля искры на мостовую. Впрочем, так как ворота городские были давно заперты, уйти ему было невозможно, а скрыться от преследователей некуда; его держали на виду, в него стреляли. Доскакав до моря, замкнутого с обеих сторон стенами, входящими в воду, он остановился. Буйно плескал и крутился перед ним прибой; враги настигали... Но вдруг нагайка его мелькнула сквозь мрак, и он исчез в пенящихся и ревущих валах Каспия.

Долго, пристально смотрели прискакавшие на берег всадники в глубь

---

[144] Если невеста за ветреность подвергалась нареканию, то насмешники, при проезде мимо ее, стреляют вниз, а не вверх, как обыкновенно. Такие шутки, однако ж, редко проходят даром, и за холостой заряд подобные зоилы рискуют получить в бок заряд с приложением свинцу. Мусульманин будет хладнокровно слушать, если вы браните его мать и деда, гроб отца и его собственную колыбель; но за брань жены он держит ответ не за зубами, а за кушаком.

ночи... Только белелись и сверкали там брызгами буруны, расшибаясь о подводные гряды.

- Он утонул! Он погиб! - наконец закричали они в один голос.

Громкий смех и пронзительный свист отвечал им за стеною.

Плотно сомкнуты двери Искендер-бека. Тишина в его спальне. Веселость ищет шуму и толпы, счастие любит уединение и безмолвие: не станем же смущать блаженства новобрачных. Я только, раскланиваясь с читателями, удостоившими милую Кичкене проводить до самого полога, переведу им первую половину татарского эпиграфа моей последней главы: это значит -

Каждый из нас стал двойной...

Остальное потрудитесь отгадать.

ЗАКЛЮЧЕНИЕ

Оджах-дан чихар дюшман[145].
Из родного племени возникают враги.
Пословица

Меркло. Тучи плескались, как волны, по небу - грозили залить ледяной остров Шах-даг. Только одно его темя блистало еще снегом, пылало огнем солнца, как душа поэта, как жерло вулкана. Другие хребты слева, справа, отовсюду вздымались великанскими головами один над другим, один за другим все выше, и синее, и мрачнее, подобно чудовищным валам, вздутым божиим гневом в страшный день потопа.

Под кипучею пеной облаков, казалось, они идут, идут грозные, крутятся, падают горами, расступаются безднами; прыщут и воют! Ливень бичует, хлещет, гонит их, догоняет нас. Дорога шумит и несется водопадом... проливается небо, земля тонет!.. Это уже не обман зрения!

- Скорее, скорее, чапархан*, скачем в гору! Еще миг - и нам не выбиться из этого внезапного озера!

Слава богу, долина за нами! Мы едем уже по суходолу. Кони храпят и дымятся; дайте вздохнуть коням! Люблю встретить бурю лицом к лицу; любуюсь ее гневом, как гневом красавицы, и радостно крещусь, приветствуя первый гром. Привольно, весело мне, свежо на сердце. С наслаждением глотаю капли дождя - эти ягоды полей воздушных. Полной

---

[145] Оджах - наш очаг, пепелище, камин (âtre); в переносном смысле: семья, род, племя. У нас есть пара к этой татарской пословице: "не вспоя, не вскормя, ворога не сыщешь".

грудью вдыхаю вихрь... О, в буре есть что-то родственное человеку! Дремлет чайка в затишье, но чуть взыграло море - она встрепенется, раскинет крылья на высь, с радостным криком взрежет ветер, смело поцелуется с бурунами. Таков и дух мой! С самого младенчества я любил грозы. Гром для меня всегда был милее песни, молния - краше радуги. Бывало, когда все бежали под кровлю, я под дождем бродил по целым часам, прислушиваясь к говору и реву туч, или стоял, томясь желанием уловить памятью дивный узор, которым перун вышивал черный плащ бури.

Ах, посмотрите сюда, взгляните сюда, ради бога! Небо прорвалось на западе, и разделенные лучи его просыпались, как огненные стрелы из колчана архангелов. А там, а кругом еще клубятся сизые тучи; распадаются, разматываются прядями ливня, и ветер то волнует, то разбрызгивает их своим крылом. Вдруг все затихло, дождь перестал, ветер пал ниц, будто со страха, и недаром... ужасный удар перуна разразился над головою, упав в двадцати шагах впереди. Все кони сели назад, как убитые в лоб! Оглушенный, я схватился рукой за глаза, мне показалось, они сожжены молниею! Открываю их, озираюсь: все целы, только разбитый дуб курится вблизи каким-то серным дымом да земля дрожит еще, гудит еще робким ответом на грозный зов грома.

Львиной страстью любит небо землю нашу: поцелуй его - всепронзающая молния; его ласки развевают в прах утесы, плавят металлы, как воск. Но разве не такова любовь всего великого, всего сильного на земле? Земная скудель не выдерживает небесного пламени; алмаз тает в лучах солнца. И все равно, вырывается ли она из сердца или приемлется другим сердцем, - погибнут оба. Молния расторгает и облако, в котором родилось, и скалу, на которую пала. Пепел и развалины след ее.

Но кто, дерзкий, осмелится сказать, что гроза бесполезна, что природа разрушает не для того, чтобы творить? Ответствуй за нее, разлив Нила и пожар Москвы.

Пусть даже на целый век осудит природа какой-нибудь край на пустыню или кого-нибудь на гибель в страшный час своих переворотов... это лишь жертва очистительная, это урок смертным. Не беспокойтесь о погибшем! У нас одна жизнь, у бога две для нас. У нас один свет, у бога вселенная, у бога вечность в запасе. Думаете ль вы, что напрасно для мира, что случайно открыт был из-под лавы столетний труп Геркуланума*, этот город-мумия?

Порочны люди, окруженные всеми угрозами законов и стихий: можно судить, что бы из них было, если б океан не грозил залить их, а землетрясение - поглотить каждый миг, если б они ходили не под топором и не по могиле. Как ни привычны мы к напоминаниям о смерти голосом природы, но я не верю, чтобы самый закоренелый злодей не вздрогнул, когда труба Страшного суда воет раскаленною лавою иль когда перст необычайной бури пишет молнией по ночи зловещий приговор Вальтазара*.

Если б грозы и не очищали воздуха, не приносили никакой вещественной пользы для земли, то уже одно нравственное впечатление на умы людей ставит их в число величайших явлений природы. Семена божьего страха глубоко западают в сердца, размягченные перуном, и если хоть одно раскаяние зазеленеет на них добрым намерением, заколосится добрым делом - человечество больше выиграло, чем напоением целой нивы.

Стихает... Изредка светлые капли дождя носятся, перепадают по воздуху, как изорванные знамена после боя веют тучи. Гром, будто рокот бегущих с гор колесниц, гудя, исчезает в отдалении. Ущелье вторит последнему храпению умирающего там ветра. Вот и пелена новорожденного солнца - радуга; вот и само солнце, дитя бури, - но где же буря? Не говорил ли я, что все прекрасное гибельно лону, в котором оно зачато! Посмотрите! Этот чинар расколол корнем гору, а она лелеяла его, когда он был ничтожным желудем и нежным стеблем. Рождение Цезаря стало смертным приговором его матери.

Чтобы дать жизнь - надобно отдать жизнь. Мысль убивает блеском своим, чувство - жаром, и тем скорее, чем сильнее оба.

Но тот, кто оставил после себя хоть одну светлую, новую мысль, хоть один полезный для человечества подвиг, не умер бездетен. Воспоминание - тоже потомство.

- Куда ты ведешь меня? - закричал я проводнику, заметив, что он своротил вправо.

- В гору, - отвечал тот, не вынимая изо рта своей трубки. - Река теперь от дождей непроездима! Лучше дать агача* два крюку по хребту, чем сидеть у берега и ожидать, покуда стечет вода.

- Я не буду сидеть и не буду ждать: поезжай на Тенгинское ущелье... Ну!

Татарин поглядел на меня с головы до ног, пожал плечами и, проворчав: "Сенын ахтиарын (твоя воля)", поехал влево.

Скоро сквозь обнаженный еще лес приблизились мы к берегу, издали встреченные шумом спертых каменными воротами вод. Потом влажный холод повеял в лицо с отвесных скал противоположного берега, наконец я въехал в тень самого ущелья.

Гляжу вверх и роняю шапку, прежде чем глаз мой досягает до гребня стен, построенных природою; гляжу под ноги, и сердце замирает, прежде чем ступить в разъяренный поток. Страшно тяготеют надо мной эти громады, мнится, хотят упасть, уже зыблются, уж рушатся!.. Страшно кипит, и плещет, и воет Тенга, огрызаясь волнами на плиты, замедляющие

211

бег ее. Сыро, душно, темно в теснине, она глядит полуразверстою могилою, но есть и у могилы, как у всякой бездны, свое обаяние... что-то невольное манит, тянет туда броситься... я брошусь, туда!..

- Чапар, ступай впереди, показывай брод! День вечереет, а мне пора!

- Нет, ага, - хладнокровно отвечал проводник, - наш староста при тебе мне наказывал не ездить по реке, я не смею ослушаться. Ты утонешь, тебе ничего, а с меня ведь спросят ответа, зачем я ввел тебя в беду. Да, правду сказать, в такую полноводь я и сам к молодой жене ехать не решился бы.

Я показал ему червонец.

- Дай хоть пулю, не только монету, и тогда не поеду, Мне своя голова еще не надоела. Посмотри на скалы, черной полосы нигде не видать, значит: вода все идет на прибыль.

- Послушай, приятель, - сказал я ему, - если ты не поедешь впереди, то посмотрел бы я, как ты поедешь за мною.

И с этим словом поскакал я к берегу, но подъехать к нему было гораздо легче, нежели с него съехать. Проклятое четвероногое, на котором сидел я, видно, тоже помнило наказ рустамского[146]98 старосты и никак не хотело купаться в мутных волнах Тенги. Однако ж несколько ударов нагайки придали ему достаточное количество бодрости, чтоб спрыгнуть в воду, но никак не более. Упершись по грудь в воде, оно с стоическим хладнокровием выносило град ударов острыми турецкими стременами в бока да семихвостой персидской плети по крестцу, не включая в то число браней на всех готических и семитических языках. Эта борьба не могла длиться, я принужден был поднять коня на дыбы - и в этот миг ринуть его вперед силою всех подстреканий; он пошел нехотя, но пошел. За мной с кислыми, длинными лицами готовились съезжать гуськом один за одним двое русских и татарин-проводник, споря, кому последнему.

Не успел я проехать пяти шагов против течения, вдруг какой-то всадник, вооруженный с головы до ног, схватил за уздцы моего коня. До сих пор не могу объяснить себе, откуда он взялся и отчего я так внезапно его увидел? Вывернулся ли он из-за утеса, обогнал ли он меня или встретил? - ничего не знаю. Знаю только, что когда я поднял на него изумленные взоры, он стоял передо мной смело, на сильном коне. Эриванский папах, закинутый назад, вполне открывал его загорелое, но приятное лицо, опушенное короткою черною бородою. Он был среднего роста, широкоплеч, строен. Из-под чухи с откидными рукавами сверкала кольчуга с бляхами, насеченными золотом. Кроме ружья, за спиной его, на крюке, прицеплен был коротенький мушкатон, какие носят одни

---

[146] Деревня Русты лежит верст на восемнадцать от Кубы, в долине между хребтом и ею. Там я переменил лошадей.

турки. В петле пояса, над кинжалом, выглядывал пистолет, два подобных висели в сквозных кобурах седла.

- Ахалсиз-ми-сен? - сказал он мне, не отнимая от поводов руки, одетой стальным налокотником и кольчатою поручью. - Разве ты безумен?

Железное кольцо правой руки моей невольно упало, на курок пистолета[147]. Я стал на стременах, чтобы измерить дерзкого, гнев у меня отнял слова. Я не скоро нахожусь в нежданных порывах гнева.

Впрочем, этот всадник очень мало заботился о моем пистолете и негодовании. Он преспокойно оборотил моего коня и, можно сказать, вытащил меня на берег. Потом слез с седла, отдал подержать своего жеребца проводнику и, подошедши ко мне, учтиво молвил:

- Не сердитесь, ага, на мой поступок. Это было не только для пользы - для спасения вашего[148]. Река бушует необычайно от снеговых и дождевых потоков, до того, что проезд по ней в этот час просто невозможен. Я жилец этих скал; конь мой знает это ущелье лучше, нежели свою торбу, но я разве от смерти решился бы отважиться на нем проехать по Тенге за хребет. Переждите час, много два, я сам провожу вас, пусть только на пядь стечет вода!

Спутники мои, хваля доброго человека, уже треножили коней. Мне самому, смешно стало сидеть, надувшись, верхом и держаться за курок, когда никто не грозит нападением или обидою. Я спрыгнул на землю, сбросил с плеча бурку и, пригласив знаком руки незнакомца сесть рядом, сказал, складывая под себя ноги:

- Делать нечего. Волею и неволею остаюсь здесь. Я никак не думал, что Тенга ест гостей своих и что у ней есть приятели, которые встречают этих гостей не очень ласково.

Незнакомец мрачно улыбнулся.

- Я горец, ага, - возразил он, - я всегда считал лучшим вытащить из воды человека хоть за бороду, чем утопить его за ноги. Персияне золотят для жен своих миндаль, зато золотят на них и кинжалы. Горец подает не крашеную[149], но верную руку на приязнь и не кланяется врагу, подбираясь ловчей поразить его в сердце. Впрочем, если я неприветливо помешал вам утонуть, тахсырумдан кеч (извините меня)! Я мало жил с русскими и давно забыл то, что знал!

---

[147] По дагестанской привычке, я ношу на большом пальце железное кольцо, для удобнейшего взвода тугих курков азиатского оружия.

[148] Хотя местоимение ты не считается у татар неучтивостью, но люди образованные предпочитают в разговорах с равными и высшими местоимение вы, сиз.

[149] Прошу вспомнить моих почтенных читателей, что на всем Востоке мода красить концы пальцев хенною, или, как там ее зовут, тагарахною.

Горячая мысль промелькнула у меня в голове: эта встреча, эти приемы, эти речи...

- Твое имя? - спросил я быстро и неожиданно. Незнакомец в это время высекал огонь на трубку.

- Мое имя? - ответил он. - Я еще не сделал его[150]. А я бы хотел, чтобы мое имя могло смущать и страшить целые дружины, как пушка тревоги; чтобы каждый злодей бледнел, слыша его, как внемля шелесту крыл ангела смерти. Не воли, а силы недостало такому желанию, и меня теперь вместо блистательный, щедрый, правдивый победитель Мулла-Нур зовут очень креста - разбойником Мулла-Нур ом!

- Ты - Мулла-Нур ? - вскричал я, вскочив с бурки и хватаясь за шашку.

В моей голове закрестили разные мысли... схватить, убить его... он был один, а нас четверо; с другой стороны, думал я, кто дал мне право убить беззащитного, а взять его открытою силою, живьем нечего было и думать. Притом: за что бы я стал преследовать человека, который оказал мне услугу?..

Мулла-Нур хладнокровно, однако ж пристально глядел на меня и, как будто угадав мое колебание, положил трубку на землю и дважды хлопнул в ладоши. Следуя взором за его взорами, я взглянул вверх, - более десяти ружей из-за камней на утесах, из-за пней деревьев наведены были прямо мне в голову... Спутники мои уже спали, закрывшись бурками... Я вздрогнул.

- Это, - сказал он, улыбаясь, - для того, чтоб доказать тебе, что мне нечего бояться! - Он хлопнул... стволы исчезли. - А это, чтоб показать тебе, что при мне ты безопасен. Людская честность не совсем еще для меня изверилась, однако ж я нахожу: кольчуга - самая прочная рубашка, а пистолет - самое мягкое изголовье, и всегда держусь правила: верь немногим, а берегись всех! Если я когда-нибудь погибну изменою, то, конечно, не в западне доверчивости. Это не касается до тебя... я не знал тебя в лицо, не помню твоего имени; но я знаю твою душу и помню все, что про тебя мне рассказывали. Вчера я был в Кубе и сведал: ты скоро должен отправиться в Шамаху, стало быть, я ждал тебя. Ты гость мой и дорогой, хотя невольный гость.

Он хлопнул три раза, и через две минуты стал перед нами, сбежав с утеса, молодой татарин, щегольски одетый. Шубка его была подбита хорьковым мехом, чуха обложена широкими галунами, и пряжки на перевязях патронницы и рога, надетых накрест, сверкали золотою насечкою. Мулла-Нур ласково глядел на него, когда он разостлал маленькую скатерть, положил на нее чурек, сыр и несколько яблоков.

---

[150] Надобно пояснить, что имя и слава однозначащи на татарском языке и оба выражаются одним словом ад.

- Буюр, ага[151], - сказал он мне, предлагая вечерю. - Не чуждайся ничьего хлеба, это дар аллаха, а не человека, и, переломив его со мной, ты не обяжешься мне приязнию. Этим же самым кинжалом, которым отрежешь ты кусок, можешь пробить мое сердце, когда служба твоя того потребует, и я не обвиню тебя. Аллах, аллах! Люди сосут одну грудь и потом отравляют друг друга, а я стану ждать дружбы от пришлеца за то только, что он вкусил от одного со мной хлеба!

- Яхши олсун! - примолвил я, ломая чурек. - Да будет во благо!

С каждым мгновением любопытство мое узнать этого человека покороче возрастало. Изучить дикий ум, сбросивший с себя все условные путы общества, вглядеться в игру страстей, отданных собственной воле, - да это находка, которая не всякому дается или по крайней мере не всяким ловится!

- Знаешь ли, Мулла-Нур , - сказал я ему, - что я очень хотел, даже искал тебя увидеть и очень рад, что неожиданный случай свел нас.

- Только увидеть, только поглядеть на меня, как на ручного тигра, желал ты, наравне со многими своими земляками? Да, вот судьба моя: одни бегут меня из страха, другие следят из любопытства! Никто не придет пожалеть, утешить меня! Впрочем, сожаление и утешение сносны только из уст друга. Не прошу их, не хочу их! Извини меня... в одиночестве бог знает откуда берутся чудные прихоти, странные мысли: они сыплются невольно на голову первого встречного, как осенние листы с дерева. Видно было, что Мулла-Нур тронут; он поник головою, потом весело взглянул и примолвил, желая переменить разговор:

- Ты глядишь наездником... у тебя, верно, хорошее оружие? - и в рассеянности протянул он руку к моему пистолету, заткнутому за поясом.

Ружья у обоих нас были уже сняты и дружно висели на одном сучке: этого требовал азиатский этикет. Следственно и очевидно, что, отдавая свой пистолет Мулла-Нур у, я безусловно предавался его власти. Кроме очень двусмысленной славы, ничто не ручалось мне за честь разбойника, а богатая оправа под золотом и чернетью дорогого венецианского ствола еще более умножала искушение. Я очень хорошо знал, что самый бескорыстный азиатец растает при виде отличного оружия, неподкупный прежде ничем... знал, что за оружие на Кавказе нередко льются реки крови, продаются деревни и целые стада; но показать недоверчивость значило бы признаться в робости... Все эти мысли вместились в один миг; я вынул пистолет из чехла и подал Мулла-Нур у.

Я уверен, что он без всякой думы попросил посмотреть мое оружие, но потом взвесил важность своей выходки и уже с намерением длил опыт.

---

[151] Буюр значит прикажите, благоволите, но угодно ли, а иногда так же, как слово бали (так), значит; чего изволите?

Несколько раз взводил и опускал он курок, уставя на меня дуло, а между тем взглядывал на меня исподлобья. Но будь он в десять раз проницательнее, он и тогда бы не увидал на лице моем тени того, что происходило внутри: я спокойно курил трубку. Никто в свете не ценит лучше азиатцев полного доверия и отваги. Я заметил уже, что Мулла-Нур был сам не свой от удовольствия. Когда он отдал мне пистолет, глаза его сверкали.

- Чудная вещь, - сказал он, - железо и оправа стоят друг друга, а в твоей руке стоят, верно, двух!

- Ты еще не заметил в нем лучшего, - молвил я, - это полка с пружиною, новой кубачин-ской выдумки: пожми огниво - из него отпадет на полку золоченая покрышка, чтобы порох не развеялся и не отсырел, а при выстреле она сама входит в прежнее место. - Я показал ему секрет этой выдумки, он очень занимался ею, вскрывал, закрывал: азиатец ребенок, когда дадут ему в руки оружие. Он дивился также пистонному ружью моему: выстрел без кремня был для него непонятным чудом. Впрочем, ему гораздо более понравилось мое азиатское с золочеными кольцами ружье.

- Вот это иное дело, - говорил он, - легко, ловко на коне, не то что твое фиренское, с лопатою вместо приклада.

Спустив на ноготь лезвие моего кинжала и щелкнув в него раза два над ухом, с видом знатока, он с нежностию вертел его в руках.

- Настоящий Базалай* - отец Базалай, - сказал он. - Знаешь ли, какую штуку выкинул он в Дербенте с поддельными под его имя клинками? Раз толкается он на базаре, а носящий кричит: "Кинжалы, базалаевские кинжалы!". Покупщики кинулись к нему на пробой; подходит и сам мастер, а его никто не знал в лицо. Досада взяла его, что всякий кузнец подрывает его славу, он вынул свой кинжал и пересек им более дюжины самозванцев-клинков легче свечек и бросил их пристыженному обманщику в лицо. Конечно, у него был заветный клинок, однако и твой хорош, он мне очень, очень нравится.

Не надобно долго жить с азиатцем, чтобы понять этот намек. Я отстегнул с пояса ножны и, приложив правую руку к сердцу, поднес левою кинжал Мулла-Нуру.

- Пешкеш сана,- сказал я. - Прошу принять. Он рассыпался в благодарениях.

- Это будет мне всегдашний памятник по тебе; в замену, ты позволишь, ага, предложить тебе мой. Он, правда, не так красив, на нем не написано золотом молитвы, зато никакая молитва не спасет, никакая кольчуга не удержит от его удара!

И Мулла-Нур положил серебряный рубль на пень, взмахнул кинжалом и две половины упали наземь.

Я, конечно, не потерял в промене. Кроме внутреннего достоинства, странность его получения от знаменитого разбойника наверно чего-нибудь да стоит. Я буду хранить его всегда.

- А вот, - сказал он с глубоким вздохом, снимая с сучка свою винтовку, - вот причина всех моих бед, всех грехов моих! Она мне досталась от отца, как семейная святыня, и я сберег ее как святыню!

Он одушевлялся, глядя на свое сокровище, бросая его на приклад, лаская рукой блестящий, сереброструйный ствол. На другой стороне реки, на высоком белом камне, бегала маленькая серенькая птичка: Мулла-Нур приложился по ней, выстрелил, и птичка без головы упала на месте. С самодовольным видом взглянул он на меня; потом, заряжая снова, примолвил медленно:

- Да, это ружье дороже крови, за него пролитой! Многим оно стоило жизни; мне более чем жизни - счастья, более нежели счастья - родины!

Я с участием глядел на Мулла-Нур а. Тяжкая тоска отзывалась в последних словах его, тоска, глухо ревущая из сердца, как лев, замкнутый в пещере, обрушенной скалою. Бурные чувства вздымали грудь его, зажигали взор, струились по лицу.

- Это тайна? - спросил я Мулла-Нур а.

- Что на свете есть тайного, кроме нашего сердца? Рассветает ночь, крывшая злодейство; дремучий лес находит голос на обвинение; расступается хлябь моря и выдает утопленное хищниками добро. Могилы, самые могилы не скрывают во мраке своем преступлений, и с червями зарождаются в ней мстители. Я видел: русские узнавали по внутренностям жертв прошлое, как идолопоклонники, предки наши, угадывали по ним будущее. А когда можно заставить говорить мертвецов, кто заставит молчать живых?.. Тайное скоро становится явным, и базарная молва нередко трубит о том, что было шепотом сказано между двоими. Нет, моя жизнь не тайна, мои похождения может рассказать тебе последний мальчик в Кубе. Он убил своего дядю и бежал в горы! Вот вся повесть обо мне, и она не ложь, но полна ли она? Но справедливо ли осудит меня по этим словам всякий, кто их услышит? На это могу отвечать только я. Пусть отрубят мне голову: что ж найдет в этой голове судья для объяснения моего преступления? Пусть вырежут сердце: как отгадает в нем врач пружины, которые двинули на убийство?.. А в этом вся важность для меня! Только это зову я на суд совести, все остальное - дело случая, все остальное пусть как хотят судят в людском диване. Тяжело мне думать об этом! еще тяжелее рассказывать, и между тем оно меня душит... Мучительно вырывать зубчатую стрелу из раны, но и оставлять в ней нестерпимо...

Мулла-Нур опустил голову на грудь и трудно дышал... С безмолвным участием глядел я на него, не желая неуместными вопросами пенить желчи, и без того кипучей.

И вот он будто пробудился из глубокого сна, повел взорами окрест, покачал головою и потом, устремив своя черные, выразительные очи на меня, молвил:

- Я положу свое сердце на ладонь твою и расскажу тебе все.

И он рассказал главные случаи своей жизни; но только сначала обращался он ко мне; потом, разгораясь на бегу подобно колеснице, рассказ его превратился в какую-то жалобу, в какую-то прерывчатую исповедь, в чудный разговор с самим собою!.. Казалось, он вовсе забыл, что тут есть слушатель. Была ли то необходимость облегчить сердце, сбросив с него накипь страстей; была ли то жажда оправдания: безотчетное, но святое чувство уважения - дань мнению, равно общее и невинно страждущим и отъявленным злодеям? - не знаю. Не смею уверять, что я записал рассказ Мулла-Нур а вполне, еще менее - во всей силе... Я многого мог не понять, многое забыть. Притом, как передам я обаяние истины чувств, не выраженных, а вырвавшихся из возмущенной души? Чем заменю ужасно живописную природу, перед лицом которой была встреча эта? Холодным ли чернилам блеснуть горючей слезою? Враны ли буквы, на белом поле безжизненной бумаги, нарисуют в воображении эти громады гор, проливающих на нас влажные гробовые тени свои, и Тенгу, вырывающуюся из удушающих объятий великанов-утесов?

Река стекала, грозно перекликались над головою орлы. Мулла-Нур с жаром рассказывал мне свою повесть, и речь его походила на бушеванье горного потока, на крик пустынного орла при добыче.

СПИСОК